한국을 보는
중국의 본심

한국을 보는
중국의 본심

초판 1쇄 2011년 12월 15일
    4쇄 2012년 1월 9일

지은이 | 정덕구

발행인 | 김우석
편집장 | 서영주
책임편집 | 주은선
편집 | 배경란 조한별 임보아 박병규 박근혜 한진아
마케팅 | 공태훈 김동현 신영병
홍보 | 김혜원
디자인 | 한충현 성윤희 박라엽 김영주
교정교열 | 중앙일보 어문연구소
제작 | 김훈일 임정호
저작권 | 안수진

펴낸 곳 | 중앙북스(주) www.joongangbooks.co.kr
등록 | 2007년 2월 13일 제2-4561호
주소 | (100-732) 서울시 중구 순화동 2-6번지
구입문의 | 1588-0950
내용문의 | (02) 2000-6415
팩스 | (02) 2000-6120

ISBN 978-89-278-0283-9 03300

값 15,000원

한국을 보는
중국의 본심

이성적 친구 감성적 타인

정덕구 지음

중앙books
JoongAng Ilbo

프롤로그

★

중국은 한국을 왜 째려보는가

나는 이 책을 쓰기 위해 중국을 수십 번 왕복하며 다양한 사람들을 만났다. 다양한 이야기를 들었고 한국에 대한 각종 저서, 논문, 언론, 보도, 인터넷 댓글까지 뒤져가며 중국 사람들의 속내를 들여다보는 데 진력했다. 그러나 그 노력은 나의 진만 빼놓을 뿐 종합적인 견해를 갖기에는 부족하고 단편적인 것이었다. 중국 당국, 중국 기업인, 중국 학자, 중국 언론인, 중국 시민 남녀노소별로 모두 생각이 각양각색이었고 시간이 흐를수록 진화하고 모호해지는 것이 특징이었다.

그래서 집중적인 토론을 통해 체계적인 정리를 해야겠다는 생각으로 토론의 파트너들을 찾았다. 2003년에 이어 2010년 가을 학기 강의는 이런 이유로 중국에 장기 체류하면서 집중적인 토론 모임과 병행하게 되었다. 어느 정도 정리가 되었지만 이를 분류하고 다듬는 데 또다시 1년을 집중해야 했다.

나는 2009년 11월 어느 날 중국 정부 부처 최고위 당국자와 오찬을 같이 했다. 그때 그 당국자는 나에게 중국의 중진국 진입 정책에 대해 조언을 요청했다.

그때 나는 중국이 해서는 안 된다고 생각하는 세 가지를 제시했다. 국력이 커지더라도 OECD에 조급하게 가입하지 말 것, 그리고 홍콩을 병합하지 말 것, 마지막으로 향후 10년간 배추 속이 꽉 찰 때까지 미국과 심하게 다투지 말 것을 주문했다.

지난날의 이야기이지만 참으로 뜻밖의 의견에 대해 그는 눈이 커지면서 의아해하다가 그 의미를 이해하고는 파안대소로 화답했다.

중국은 앞으로 어떤 변화를 거쳐 어떤 모습으로 우리에게 다가올 것인가? 사실 한국과 중국은 중국이 공산화된 1949년부터 1992년 수교를 맺기까지 약 43년의 단절을 경험했다. 일반적으로 이 정도 되면 단절의 당사자들은 과거의 교집합 속으로 다시 진입하기가 쉽지 않다. 그러나 한국과 중국은 무려 5000년이나 되는 오랜 세월 동안 역사적 교류를 면면하게 이어온 당사자들로서 두 나라 사이에 43년이란 결코 짧지 않은 단절 정도는 전혀 힘을 발휘하지 못했다. 특히 수교 이후 20년 동안은 어떤 나라들이 그랬을까 싶게 경제적으로 밀접한 관계를 이어왔다. 단절의 40여 년이 언제 그랬냐는 듯 가볍게 봉합돼 버린 것이다. 이뿐만이 아니다. 양국은 지난 30여 년과 마찬가지로 최소한 향후 30년 동안은 동아시아 시대를 주도하는 국가로서 상호 보완적 생존 관계를 이어가야 할 운명에 있다고 보인다.

중국은 지난 30여 년 동안 끊임없이 변화하고 진화했다. 이 과정에서 갈등도 적지 않게 겪었다. 대변혁이라고 해도 좋을 조정 역시 계속됐다. 이로 인해 발생한 모순 역시 없을 까닭이 없었다. 그러나 중국은 이를 뛰어넘으면서 성장 발전했다. 단언하건대 한·중 사이의 관계도 중국의 변화와 진화의 흐름에서 벗어날 수 없다. 물론 향후 현재의 정치, 경제, 사회 현상들과 국제 관계 등이 그대로 존속 내지 유지되기는 어려울 것이다.

특히 다음 3년에서 5년은 또 다른 30년을 잉태하는 산고의 기간이 될 가능성이 없지 않다. 이 기간 동안 지난 30여 년 동안 정치, 경제, 사회의 발전 과정에서 농축된 모든 성취와 찌꺼기들이 한데 어우러져 새로운 변곡점을 지나게 될 것이 자명하기 때문이다.

지난 30여 년 동안 중국이 이룩한 업적은 놀라운 것이라고 하지 않을 수 없다. 이는 시스템에서 상당히 장점이 있는 중국 정부와 여러 단계의 검증을 통해 발탁된 뛰어난 지도부가 국민들과 함께 어우러져 이뤄낸 인위적인 업적이다. 그러다 보니 내부에 여러 가지 비용 요소가 잠복해 있을 수밖에 없다. 압축 근대화 과정에서 나타나는 전근대, 근대 나아가 탈근대가 공존하는 불안정한 시대가 지금 눈앞에서 그대로 온존한 채 굴러가고 있다는 얘기이다.

속이 덜 찬 배추 중국

경제를 배추라고 보면 중국의 배추는 엄청나게 커졌다. 그러나 이 배추에는 문제가 있다. 외면적으로는 그럴싸하나 속은 아직 차지도 않았다. 마치 덩치 큰 아이와 같다. 각론으로 들어가 보면 진짜 그렇다. 시장경제 체제는 30여 년 유지해 왔으나 아직 완전히 성숙했다고 하기 어렵다. 게다가 계획경제 정책, 통제된 사회 정책들은 여전히 힘을 발휘하고 있다. 당연히 이들은 상호 얽혀 다양하고 복잡한 갈등 구조를 엮어내고 있다.

설상가상으로 이 과정에서 생각보다 너무 커져버린 덩치에 상응하는 국제 사회에서의 비용 청구 역시 거세지고 있다. 당장 금융위기를 겪고 있는 유로존이 목을 매듯 손을 내밀고 있는 현실이 그렇다. 문제는 중국이 이를 외면할 수 없다는 사실에 있다. 지나치게 해외 시장에 의존하고 있는 국부의 창출 구조 탓에 외부 압력을 거세게 받을 수밖에 없는 여건인 것이다. 중국이 12차 5개년 계획을 통해 덩치보다 속을 꽉꽉 채우려는 노력을 기울이는 것은 이런 현실과 깊은 관련이 있다. 또 수출보다는 내수에 의존하고 누적된 부실 요인을 구조조정하려는 것 역시 크게 다르지 않다. 나아가 개혁과 개방을 외부의 압력이 아닌 자신들의 방법과 선택에 따라 유연하게 이루려고 하는 것도 같은 맥락으로 풀이할 수 있다.

당연히 한·중 관계 역시 이런 상황을 배경으로 변화할 가능성이 높다. 또 중국의 한반도 정책 및 한·중·일 경제 협력 체제와 한·미·일 안보동맹에 대한 입장, 중국의 동아시아와 세계에 대한 시각 역시 이런 중국의 전략 수정과 연관돼 변화의 길을 가게 될 개연성이 농후하다. 만약 이 변화가 순탄하게 진행될 경우 중국을 중심으로 하는 향후 30여 년의 국제 질서는 새로운 틀을 만드는 계기를 맞게 될 수도 있다.

중국은 미국의 대외 정책과 일본의 쇄락을 연결해 보면서 두려움을 갖고 있다. 미국이 80년대 중후반부터 일본에 대한 강력한 견제로 일본을 위축시켰다고 보고 미국의 전략을 중국의 미래에 대입해 보면서 강한 경계심을 키워간다.

이와 연장선상에서 한·미·일 동맹이 결국 중국의 숨통을 조이고 견제할 것이라고 믿고 한국을 미국의 동아시아 전진 캠프로 여긴다. 한국과 미국이 같은 배를 탄 공동운명체로서 그 안에서 무엇을 하는지에 대해 관심과 의심의 눈초리로 뚫어지게 째려보고 있는 것 같다. 중국은 내심 한국 뒤에 보이는 미국 때문에 불안하다. 더불어 한국에 강한 경계심을 갖는다.

최근 한국과 중국 사이에 약간의 갈등 기류가 감지되고 심지어 일부에서는 그대로 표출되고 있다. 이는 천안함 사태 등을 다루면서 나타난 중국 정부의 준비되지 않은 대책의 실행 과정에서 나타난 갈등으로 보인다. 그러면서도 중국은 한·중 사이의 경제적 이익 균형을 소중히 여기고 겉과 속이 다르기는 하나 전략적 동반자 관계를 맺고 우호적 노력을 다하는 것으로 보인다.

그렇다면 과연 중국은 한국을 어떻게 보고 있을까? 째려볼까? 무시할까? 무서워할까? 의심할까? 미워할까? 좋아할까? 존경할까? 천안함 사태와 연평도 도발 사건 이후 표출된 갈등은 어떤 방식으로 봉합될 수 있을까? 향후 30년에 중국을 좌우할 다음 3년 내지 5년 내의 변화에 한국은 어떻게 대응할 것인가? 중국은 진짜 한때 관계가 그럴 수 없이 좋다가 획 돌아서버린 애인처럼 그렇게 한국을 보고 있는가?

일부에서 감지되듯 중국이 세계 전략의 전환을 위해 미국, EU, 일본, 러시아 등 강대국과의 관계에 우선순위를 두면서 한국을 섭섭하게 하고 있는가? 아니면 이제 중국도 클 만큼 컸으니 다시 한국을 무시하면서 변방국가로 인식하던 옛날로 돌아가는 것이 아닌가?

의문들이 꼬리를 물고 이어질 수밖에 없다. 시원하게 결론부터 말해야겠다. 중국은 한국을 무시하지 않는다. 무시할 수도 없다. 더 중요한 사실은 무서워하지도 않는다는 것이다. 한국 역시 중국을 결코 무시하지 않는다. 아니 오히려 앞으로 수십 년 동안에 걸친 긴밀한 관계가 생존권을 유지하는 데 결정적인 밑거름이 된다고 생각한다. 한국은 미국과 가까운 관계가 어디까지나 북한이 있기 때문이라고 주장한다. 또 글로벌 금융위기에서 벗어나려는 전략적 선택과 맥을 같이한다고 강변한다.

다시 말해 미국과의 밀착이라기보다는 제2차 세계대전 이후 미국이 한국에 씌워준 핵과 안보, 금융과 통화, 국제 정보와 외교력의 우산 등 세 가지 우산에 대한 의존도가 세계 경제위기의 반복 과정에서 더욱 높아졌을 뿐이라고 생각한다. 따라서 서로 변심한 애인이라는 감정은 적절치 못하며 편견이라고 단언한다.

전환기의 한·중 관계

중국은 향후 본격적으로 전환기에 진입할 수밖에 없다. 그렇게 되면 한국에서 전환기 관리와 관련한 경험을 전수받을 필요가 있다. 솔직히 말해 한국은 전환기 관리에 실패해 위기를 겪었지만 이를 극복하고 선진화의 길을 닦아온 대표적인 나라라고 할 수 있다. 한국은 박정희식 개발 경제의 후유증과 세계화 추세 등 전환기의 진행 과정에 적절히 적응하지 못한 가운데 급기야 1990년대 후반에 이르러서는 급격한 개방과 정치적 변혁을 극복하지 못하고 동아시아 금융위기에 휩쓸리고 말았다.

그 결과 재벌 체제의 붕괴와 금융 시스템의 개혁이 진행되는 가운데 정치, 관료, 재벌의 삼각 균형추도 무너졌으며 급기야는 사회 지배 구조의 위기까지 겹치게 됐다.

한국이 정치, 경제, 사회 각 분야에 걸쳐 전환점을 이룬 위기 극복 경험은 향후 10년간 중국이 추진하는 12차와 13차 5개년 계획 기간 중에 집중적인 조명을 받을 가능성이 농후하다. 중국은 이미 수출 주도 하의 공업화에 성공한 30여 년간의 과정에서 한국의 경험을 일부 전수받은 바 있다. 그랬던 것처럼 전환기 관리 과정에서의 좌절과 실패, 나아가 극복 과정에서도 중국은 많은 교훈을 얻을 수 있을 것이다.

바야흐로 한·중 관계는 제2단계로 진입하고 있다. 이 단계에서 중국의 방대한 내수 확대는 한국의 성장 잠재력을 키워 향후 30년 동안의 생존 터전을 제공할 것으로 보인다. 수교 20년을 바라보는 지금 한·중 관계는 많이 변했다. 친한 관계인 것 같기도 하고 모호한 관계인 것 같기도 하다.

최근 환경적 요소를 고려할 때 이제 양국 국민 사이에 존재하는 마음의 거리도 좁혀져야 한다. 한국과 중국 사이에는 기억하고 싶은 또는 기억하기 싫은 역사도 존재한다. 한국인들은 중국에 대해 트라우마도 갖고 있다.

중국은 한국과 오래전부터 형제국 사이를 유지해 왔다고 주장하면서 우월감과 친밀감을 동시에 나타내고 있다. 이것이 한국인들의 마음을 불편케 하기도 한다. 한편 이제 세계 초강대국 반열에 서서 구멍 난 세계 경제를 메우고 원조하고 도와주는 나라로서의 자긍심, 세계 우주 경쟁에서 과학 기술 수준에 대한 과시욕 등 점차 안하무인의 태도로 발전하는 중국인들의 변화를 보면서 한국인들은 불안해한다.

중국인들 중엔 한국에 대해 속국 의식과 문화적 종속 의식을 갖고 있다고 믿는 한국 사람들이 많다. 한국인들은 임시정부 시절 장제스 총통에 대한 고마움을 기억하고, 냉전 시대에 북한을 도와 인해전술을 펼쳤던 중공군에 대한 기억도 많이 갖고 있다.

한국에는 아직도 '3월 하늘 가만히 우러러보면 유관순 누나가 생각나고' '동북공정 이야기를 듣고 보면서 광개토 대왕을 그리워하고' '천안함 사태를 보면서 1·4 후퇴를 떠올리는' 세대가 많이 생존해 있다.

중국인들은 탈냉전 이후 한국이 중국의 롤 모델이 된 적도 있었고, 그들보다 훨씬 잘산다는 이유로 중국을 경시하고 미개하게 생각했던 일부 한국인에 대한 나쁜 기억도 떠올린다.

중국인들은 한국사람 개개인을 보면 매우 우수하고 억척같아서 경쟁하면 자기들이 질 것 같은 마음이 생기고 그러면서 매사에 똑똑한 한국인을 경계하고 얄미워하면서도 겉으로 무시하는 태도를 취하는 2중적인 면을 갖고 있다. 그래도 아직은 배울 것이 있다고 믿으며 경제적으로 긴밀해지려고 하는 중국인들의 현실 감각이 돋보인다.

관계의 균형점을 찾다

한 가지 분명한 것은 양국 관계가 부단하게 변한다는 사실이다. 따라서 이런 관계를 인정하는 기초 위에서 미래를 보는 눈을 가질 때 한·중, 한·미, 남북 관계를 슬기롭게 풀어나갈 수 있다. 균형점을 찾아 상호 이해의 폭을 넓히는 것이 보다 필요하다.

이러한 난제를 붙들고 씨름한 지도 어언 3년이 흘렀다. 그사이에 양국 간에는 많은 일들이 있었다. 좋은 일과 함께 나쁜 일도 많았다. 서로에 대한 오해와 질시도 쌓여가고 서로 불편한 사건들도 자주 생겼다. 두 나라 사이에는 서로가 생존에 꼭 필요한 파트너라는 인식이 더욱 깊어지고 있는 것도 사실이다.

이제 또 한편의 미완성 교향곡을 세상에 내놓아야겠다. 공부가 더 필요하고 생각이 보다 정치해져야 함을 알면서도 우리 국민의 중국에 대한 생각이 조금이라도 빨리 정돈되는 것이 좋겠다는 뜻에서 조기 출판을 결심했다.

중국을 본격적으로, 직업적으로 전공하지 않은 경제·사회 정책 연구가로서의 시각도 국민에게 도움이 될 수 있다고 여기면서 얼굴 두껍게 용기를 내어 보았다.

　　『한국을 보는 중국의 본심』이 출간되기까지 많은 분들이 도움을 주었다. 지난 10년간 중국 언론, 논문집, 인터넷 댓글 등을 뒤져 한국 관련 사항을 정리하는 데 도움을 주었던 중국 난징차이징(南京財經) 대학 우진훈 교수, 베이징 대학 국제관계학원 박사 예비생 최민욱 군은 이 작업의 의미에 대해 뜻을 같이하고 매우 특별한 도움을 주셨다.

　　중앙일보 유상철 중국연구소장과 홍순도 〈인민일보〉 한국판 대표, 기타 많은 중국 전문가들의 촌평은 이 책을 갈고 닦아 독자들이 잘 이해하도록 하는 데 많은 도움을 주었다. 이 책의 출판 과정에서 좋은 책을 만들겠다고 회사의 모든 역량을 다해 노력해 주신 중앙북스 임직원 여러분에게 감사드리고, 무거운 내용의 책은 잘 읽지 않는 이 세상에서 고독한 집착을 계속하는 나를 의기소침하지 않도록 격려해 준 가족에게도 고맙다는 말을 전한다. 또한 지난 5년 동안 눈물 젖은 빵을 먹으며 니어재단을 지켜주신 동료 여러분의 성심에 감사드린다.

2011년 12월
여의도 니어재단에서 정덕구

목차

⭐

흔히들 한국과 중국의 관계를 일의대수(一衣帶水)라고 한다. 굳이 구구한 설명을 할 필요도 없다. 지도만 봐도 진짜 강 하나를 사이에 둔 것처럼 매우 가까운 사이라는 단어의 뜻이 그대로 피부로 느껴진다. 요즘에는 이런 사실을 중국 랴오닝(遼寧)성 단둥(丹東)시 압록강 강변에만 가도 실감할 수 있다. 바로 건너에 북한의 신의주가 지척에 보이는 것이다. 과거 대륙 북방의 중국인들이 감정적으로는 자신들의 남방 동포들보다 지척의 한국인들을 더 친근하게 느낄 수밖에 없었던 것은 크게 이상할 것도 없다. 그러나 양국은 긍정할 수밖에 없는 태생적 한계도 분명히 가지고 있다. 무엇보다 양국의 체제가 그렇다. 안보 입장도 다르다. 경제 발전의 방향도 큰 차이가 난다. 통일의 방식은 더 말할 필요조차 없다. 양국 국민의 정서와 관점 역시 더 이상의 설명을 필요로 하지 않는다. 기본적으로 서로 다르기 때문에 이해를 하더라도 참으로 극복하기 어려운 한계들이다. 당연히 서로 다름을 인정해야 한다. 그렇지 않고 다르다는 사실만 줄기차게 주장하면 곤란하다. 서로 고통만을 느끼게 된다. 양국 간의 미래는 밝을 수가 없다.

1장

달라도 너무 다른
한·중 시선

한·중 협력은 적과의 동침이다

중국은 지금 전 세계로 확산돼 가는 K-POP 열풍을 비롯한 한류의 진원
지였다. 수년 전부터 일본이나 동남아, 유럽에서 연일 벌어지고 있는 희귀
한 광경들은 어느 날 갑자기 하늘에서 뚝 떨어진 것들이 분명 아니다. 지난
세기 말에서부터 금세기 초까지 이미 중국에서 벌어졌던 모습의 데자뷰라
고 해도 절대 지나치지 않다. 실제로 지금은 이미 전설이 된 김희선이나 안
재욱, 핑클, 베이비복스 등은 당시만 해도 중국에 떴다 하면 구름 관중을
몰고 다닌 전력이 있다. 투숙하는 호텔 앞이 미어터지거나 지나는 도로가
마비가 되는 것은 그래서 별로 이상한 일도 아니었다. 물론 지금도 이런 열
기는 완전히 죽지 않았다.

후진타오(胡錦濤) 국가주석 겸 총서기가 한국을 방문한 2008년 8월 청와대
만찬에서 '대장금'의 주인공 이영애를 만난 것은 다 이런 분위기가 반영된

것이다. 더구나 이때의 만남은 이영애의 열혈 팬인 후 주석이 은근하게 만남을 원한 탓에 성사된 것으로 알려지고 있다. 더욱 놀라운 사실은 당시 중국 네티즌의 반응이었다. 이영애가 세계 최강대국으로 부상하는 중국의 최고 지도자를 만나서 좋겠다는 것이 아니다. 중국 네티즌은 후 주석이 좋겠다며 부러워한 것이다. 이뿐만이 아니다. 한 여자 가수는 방송에서 "돈이 떨어질 만하면 중국에 간다"는 말을 해서 실망한 중국 팬들로부터 폭탄 비난을 들었을 정도로 사랑을 받고 있다. 부자가 망해도 3대는 먹고산다는 말이 있듯 중국의 한류는 과거보다 못해도 여전히 현재진행형이다. 중국의 한국에 대한 감정은 "그럭저럭 괜찮다"는 뜻인 "하이커이(還可以)"라는 중국인들의 상투어처럼 아직은 괜찮은 듯하다.

혐한의 뿌리

그러나 최근 들어 분위기가 묘하게 바뀌고 있다. 혐한(嫌韓) 내지는 반한(反韓) 감정을 우려하는 사람들이 증가했다. 분위기를 확실하게 파악할 수 있는 현장인 중국에서뿐만 아니라 한국에서도 그렇다. 한때 오랫동안 한류 열풍에서 헤어 나오지 못했던 중국에서 왜 이런 분위기가 형성되고 있는 것일까? 어떻게 13억 명에 이르는 엄청난 인구의 마음이 이처럼 일사불란하게 빨리 변해 버릴 수 있는 것일까? 더구나 세계인들이 만만디(慢慢的)라는 말을 모두 알 정도로 중국인들은 느리기로 유명한 사람들 아닌가. 기질대로라면 세계적으로 한류 열풍이 꺼지더라도 분위기 파악 못하고 마지막까지 한류에 열광하고 있어야 하는데 말이다. 이상하다 하지 않을 수 없다.

하지만 곰곰이 생각해 보면 한국에 대한 부정적인 이미지의 생성은 당연한 것이라고 해야 할 게다. 무엇보다 양국은 너무 가까이 붙어 있다. 교류역시 빈번해지고 있다. 미운 정 고운 정 다 들었다. 자연스럽게 갈등을 겪을 수밖에 없다. 한마디로 자연적인 현상이라는 얘기이다. 사실 이런 현상은 동서고금을 통틀어도 별로 이상한 일이 아니다. 우선 중국 춘추전국시대를 보자. 먼 나라와는 교류하고 가까운 나라는 공격하는 것이 외교 및 군사 전략의 기본이었다. 『손자병법』에 원교근공(遠交近攻)이라는 전략이 공연히 한자리를 떡하니 차지하고 있는 것이 아니다. 유럽의 양대 강국 독일과프랑스의 관계를 봐도 그렇다. 역사가 기록된 이후 장기간 관계가 좋았던경우는 거의 없다. 오죽했으면 1, 2차 세계대전 때 서로 너 죽고 나 살자 식으로 총부리를 겨눴겠는가. 하기야 그랬으니 지금도 외견상 그렇게 보이지않아도 양국의 사이는 좋을 수가 없다. 이 점은 모든 나쁜 것에는 프랑스라는 말이 다 들어가는 독일 사람들의 프랑스 사람들에 대한 감정만 살펴봐도 알 수 있다. 이를테면 일을 잘 못하는 것은 프란쬐지셰 바이제, 즉 프랑스식 방법이다. 또 큰 덩치의 사람들답지 않게 싫어하는 바퀴벌레가 프란쬐지셰 피시, 프랑스 물고기이다. 중국인의 혐한이나 반한 감정은 충분히있을 수 있는 것이다. 하기야 반중 감정이나 혐중 감정 역시 장난이 아니니까 더 이상의 설명은 사족이 되지 않을까 싶다.

그럼에도 중국인들의 한국에 대한 부정적 감정에는 좀처럼 이해하기 어려운 부분이 존재한다. 바로 자신들이 생각하는 '역사 왜곡'에 대해 쌍지팡이를 들고 나올 때가 그렇다. 거의 증오에 가까운 혐한 감정을 드러낸다고해야겠다. 이해를 돕기 위해 사례를 하나 들어보자. 단오절은 원래 중국에서 유래했다. 그러다 한국에 와서 더 큰 명절이 됐다. 특히 강릉에서는 거의 독보적인 문화재로 정착했다. 강릉시가 2007년 자신들의 버전으로 변용된 강릉단오제를 유네스코 무형문화유산으로 등록한 것은 크게 이상할 게 없었다.

그러나 중국에서는 난리가 났다. 한국이 자신들의 문화재를 강탈해 갔다는 여론이 전국적으로 일었다. 반한과 혐한 감정 역시 들끓었다. 이 와중에 1년 후에는 한국인들이 자신들의 국부인 쑨원(孫文)마저 한국인으로 둔갑시키려 한다는 말도 안 되는 엉터리 기사까지 터져 나왔다. 중국인들은 더욱 흥분할 수밖에 없었다. 심지어 쑹창(宋强), 왕샤오둥(王小東) 등 일부 민족주의적 색채가 강한 오피니언 리더들은 한국인들에게 본때를 보여줘야 한다는 강경론까지 펼쳤다. 최근 들어 중국이 한국의 아리랑과 씨름뿐 아니라 김치까지 자국 문화로 유네스코 문화재로 등록하려는 움직임을 보이는 것은 다 이런 현실과 맥을 같이한다. '눈에는 눈, 이에는 이'로 대응하려는 반발 정서가 너무나 극명한 것이다. 역지사지라고 나름 이해하지 못할 바는 아니나 지극히 극단적인 반응과 대응이 아닐까 싶다.

동북공정으로 대표되는 중국의 역사 왜곡이 이슈가 되는 반대의 경우 역시 크게 다르지 않다. 중국은 지난 세기 말까지만 해도 자국 외의 주변부 소수민족 역사에 대해서는 별로 눈독을 들이지 않았다. 아니 비교적 정확한 역사 인식을 가지고 있었다고 해야 옳을 것 같다. 예컨대 저우언라이(周恩來) 전 총리가 그랬듯 고구려 역사도 분명한 한반도의 역사로 인정했다. 그러나 구소련 연방국들이 속속 독립한 이후부터 언제 그랬냐는 듯 입장을 바꾸기 시작했다. 게다가 개혁·개방에 따른 경제 발전에 따라 자국 역시 세계적인 강국으로 부상하면서 아킬레스건인 소수민족 문제가 이슈로 부상하자 더욱 본격적으로 나섰다. 55개 소수민족에 대한 역사 내지 문화를 자국의 것으로 바꾸기 위해 노력을 기울였을 뿐 아니라 이 과정에서 서남 공정, 동북공정을 본격적으로 추진하기 시작한 것이다. 당연히 한국은 반발했다. 중국 역시 가만히 있지 않았다. 자연스레 반한, 혐한 감정이 반작용으로 분출됐다. 2008년 베이징 올림픽 성화 봉송 때 서울에서 중국 유학생들이 일으킨 일종의 난동이 대표적인 사례가 아닌가 싶다. 따라서 이 경우 역시 마찬가지다. 먼저 뺨을 때린 쪽은 중국인데도 한국보다 더 흥분하고 있다고 봐야 할 것이다.

물론 부언이겠지만 입장을 바꿔놓고 생각할 경우 중국의 처지가 전혀 이해가 되지 않는 것은 아니다. 또 대체로 다투고 상처를 주는 면에서 한국의 반중 내지는 혐중 감정 역시 많이 퍼져가고 있다고 할 수 있다. 서로 바람직하지 못한 일이라 하겠다.

주도권 싸움과 민족적 우월함

그렇다면 양국은 왜 역사 문제에 있어서만큼은 그 간극을 좁히기 어려운 것일까 하는 의문이 생기지 않을 수 없다. 많은 이유가 있을 것이다. 그러나 대체로 다음과 같은 이유를 꼽을 수 있겠다.

우선 역사상 끊이지 않았던 주도권 싸움이다. 동아시아의 역사를 회고해 보면 잘 알 수 있다. 중국 대륙과 한반도에 위치했던 역대 왕조들 사이에는 주도권 싸움이 없었던 적이 드물었다. 누구는 호전적이었고 또 누구는 평화주의자였다고 이분법적으로 주장하기 어렵다. 어느 쪽에서 싸움을 먼저 걸었든 분명 격렬한 싸움이 존재해 왔던 것은 부인하기 어려운 사실이다. 더구나 양국 모두는 '유교 문화권'의 대표국가들이다. 공히 전통과 관습을 중시한다. 특히 '부모님을 해친 자는 불구대천의 원수'라고 일반적으로 믿는다. 만약 윗대에서 이런 주도권 싸움을 했다고 가정하면 이런 경향은 후손들에게 그대로 전해진다. 피해자와 가해자가 누구냐를 따질 필요도 없다.

더불어 양국이 20세기에 이르러 서로 대립되는 '이데올로기'의 영향을 강하게 받고 성장했다는 사실도 감안해야 한다. 현재는 물론 '전략적 협력 동반자 관계'라는 호칭까지 쓰면서 서로를 대하기는 한다. 그러나 협력 관계 앞에 '전략적'이라는 한정된 수식어를 붙이는 이유가 도대체 무엇인지에 대해 의문을 갖지 않을 수 없다. 양국의 협력 관계는 어디까지나 '적과의 동침'에 지나지 않는 것이다.

둘째, 현대사의 차이를 들 수 있다. 두 나라는 모두 20세기 초반에 진정한 의미에서의 '현대국가 수립' 과정을 겪었다. 따라서 20세기 초반은 두 나라가 현대화 과정에서 겪은 초기 경험의 시기라고 말할 수 있었다. 그러나 중국은 문화대혁명을 겪으면서 전통과 역사를 거의 모두 잃어버렸다. 그나마 다행인 것은 개혁·개방의 바람을 타고 정신을 차리기 시작했다는 사실이다. 하지만 이때에는 이미 한국이 경제적 주도권을 잡았다. 그런 다음에는 유네스코에 세계문화유산 등재다 뭐다 하면서 중국의 신경을 날카롭게 했다. 지금도 하고 있다. 현재 중국은 대국으로 불려도 좋다. 또 진정한 중화(中華)로서의 민족적 자존심을 가지고 있다. 그럼에도 한국에 대한 묘한 피해의식이 존재한다. 이 상황에서 역사는 어쩌면 그들의 근본과 관련된 일일지도 모른다. 절대 양보할 수 없다는 생각을 하는 것이 당연하다. 그렇다면 한국은 어떨까? 역시 마찬가지라고 해야 한다.

마지막으로 동아시아의 지역적 한계와 민족주의다. 동북아시아의 역사는 어느 국가의 전유물이라고 보기 어렵다. 한국과 중국 등 동북아시아에 자리를 잡고 살던 국가와 민족들은 역사를 통해 끊임없는 전쟁과 이주를 경험했다. 당연히 정착 과정을 공유하고 있다. 조상과 후손의 뿌리 개념이 모호할 때도 왕왕 있다. 그러나 지금의 상황은 마치 유산 상속을 이유로 형제간에 갈등을 벌이는 추태가 연출되는 것과 크게 다르지 않다. 설상가상으로 한·중 양국 모두는 민족적 우월감에 빠져 있다. 중국은 과거 중국 대륙에 자리를 잡았던 역대 왕조들보다 넓은 영토를 지배하고 있다. 하지만 반도의 작은 나라에 무시당하고 있는 것이 현실이다. 또 중국이 보기에는 한국은 변방인 주제에 중국보다 미국과 더 친하다. 자존심이 상할 수밖에 없다. 화가 나는 것은 기본이다.

한국 역시 자존심에 관한 한 중국에 뒤지지 않는다. "너희들은 두뇌 싸움에서 우리에게 밀린다. 바둑을 보라. 게임이 되지 않아야 하는데도 우리에게 눌린다. 스포츠는 또 어떤가. 팀워크 싸움인 축구에서 너희들이 우리에게 이긴 적이 있는가. 그런 너희들에게 우리가 질 이유도 양보할 이유도 없다. 앞으로도 작은 고추가 맵다는 사실을 보여주겠다. 우리도 한때는 동북아시아를 호령했던 우수한 민족이다"라는 생각을 한다. 역사 문제에서 이처럼 양국은 자신들의 민족적 우월주의와 자존심만 내세우고 있지 협력을 이루지 못하고 있다. 이대로 간다면 양국이 서로 평행선을 그리는 것은 당연할 수밖에 없다. 오해는 점점 깊어지고 있는데 말이다.

물론 양국의 역사 분야에 대한 갈등을 위에 열거한 세 가지 원인으로 포괄하는 것은 무리라 하겠다. 하지만 위와 같은 요소들이 양국의 화합과 이해를 저해하고 오해와 미움만 만들어내고 있는 것은 분명한 사실이다. 어쩌면 우리는 처음부터 끝나지 않을 싸움을 하고 있는지도 모른다.

하지만 민족주의에 근거한 반한 정서가 점증하고 있으나 이를 부정적으로만 볼 수 없다. 50여 년 떨어져 있었던 시공을 메우는 과정이며, 이웃에 대한 호기심의 발로요, 서로를 이해해 나가는 학습의 장일 수 있다. 반한 정서도 또 다른 관심의 표현이다. 서로 무관심한 가운데 민감한 문제가 터져 바로 극단적으로 치닫는 것보다 사고와 판단의 완충지대가 만들어져 가는 과정이라고 볼 수도 있다. 2011년 1월, 소말리아 해적에 납치된 삼호주얼리호를 한국군이 전광석화처럼 해적을 소탕하고 선원을 구출했을 때 중국의 수많은 네티즌은 '강국의 풍모를 보여주었다', '인접한 간단하지 않은 민족'이라며 탄복을 금치 못하며, 몇 년 전 자국 대사관이 미국의 폭격에 무너지는데도 아무런 말도 하지 못했던 중국 정부가 이와 같은 민첩한 결정과 행동을 할 수 있을까라며 비아냥거리기도 했다.

자본주의와 사회주의 사이의 평행선

흔히들 지구촌이라는 말을 많이 한다. 영어로는 글로벌 빌리지(Global village)라고 한다. 이 말은 급진적인 미디어 비평가로 유명한 마셜 맥루한이 1964년 출간한 자신의 명저인 『구텐베르그 갤럭시』에서 처음 사용했다. 그의 말은 지금 그대로 현실이 되고 있다. 굳이 이 말을 기를 쓰고 사용할 필요도 없다. 군 복무를 하는 젊은이들이 특별한 경우가 아닌데도 해외에 파병돼 외국 경험을 하는 경우까지 있으니 말이다. 한국과 중국 역시 이런 범세계적인 트렌드를 무시하기 어렵다. 그러나 하나로 묶이지는 않아도 한 마을이 된 지구촌에는 보이지 않는 암투가 존재한다. 중립을 지키기가 쉽지 않다. 다시 말해 각자의 갈 길이 다르다. 서로의 생존이 먼저라는 얘기이다. 솔직히 이럴 수밖에 없다. 피를 나눈 형제이면서도 으르렁거리면서 대치하는 남북한 관계를 볼 때 친구 관계에 불과한 한·중은 더 말할 필요조차 없는 것이다.

이념에서도 그랬다. 20세기 중반부터 서로 대립된 자본주의와 사회주의 노선을 걸었다. 더불어 운명의 방향 역시 다른 곳을 향하게 됐다. 이런 운명에 대해서는 2012년 10월 열릴 공산당 제18차 전국대표대회에서 차기 최고 지도자로 선출될 것이 확실한 시진핑(習近平) 국가 부주석도 언급한 바 있다. "항미원조(抗美援朝, 한국전쟁의 중국식 표현. 미국에 대항해 북한을 지원함)는 중국의 안위를 지키고 미국을 비롯한 제국주의의 침략을 막기 위한 정의로운 전쟁이었다"라고 말이다. 한국전쟁의 참상과 비극을 타의에 의해 겪은 한국인들로서는 기가 막힐 말이 아닐 수 없다. 더구나 세계 각국도 지금은 "한국전쟁은 소련과 중국의 동의하에 북한이 자행한 비인도적 남침 전쟁이다"라고 인정하고 있지 않은가. 그럼에도 일국의 차기 지도자로 내정된 이가 이렇게 말함으로써 한국인들의 가슴에 못을 박았다. 이뿐만이 아니었다. 중국 정부는 이에 대한 논란이 있자 '공식 입장'이라고 부연 설명까지 했다. 그렇다면 시진핑 부주석은 굳이 적극적으로 밝힐 필요가 없는 중국 당국의 속내를 실수로 언급한 것일까? 더 심하게 말하면 천기 누설한 것일까? 아니다. 절대로 그렇지 않다. 그는 분명한 선을 그었다고 할 수 있다.

사실 요즘 중국 측의 언행을 감안하면 시진핑 부주석의 말은 크게 무리한 것 같아 보이지 않는다. 어떻게 보면 "한국이 조금 컸다고 까분다"고 생각하는 것 같다. 언론 역시 크게 다르지 않다. 이명박 대통령의 친미 행보를 유심히 관찰하면서 "북한 핵이 무서워 미국의 큰삼촌에게 지켜달라고 애걸한다"는 식으로 한국을 비아냥거린다. 또 "너희가 미국과 친해지면 친해질수록, 북한은 우리와 친해질 것이다. 결국 갈등은 더욱 깊어진다"면서 지나친 친미 일변도에서 벗어나 적당히 행동할 것을 요구하고 있다. 일반 시민들의 생각은 더욱 적나라하다. "한국은 지난 19세기 말까지만 해도 베트남 등과 마찬가지로 중국의 사실상 속국이었다. 그때까지만 해도 한국은 중국에 많은 것을 의지했다. 그러다 지난 세기 중반부터 미국과 관계를 갖기 시작했다. 이후 중국을 무시하고 미국과 가까워졌다. 큰삼촌이라고 생각하는 것 같다. 그래서는 안 된다. 지금부터라도 그래야 한다"는 식의 사고를 하는 것이 현실이다. 중국의 이런 생각을 솔직히 말해 완전히 말도 안 되는 소리라고 하기 어렵다. 한국이 생존하기 위해서는 분명 미국이라는 세계 초강대국의 역할이 매우 중요하다. 없어서도 안 된다. 중국 역시 무시해서는 안 된다. 억울하지만 그것이 한반도를 둘러싼 국제 정세이자 현실이다. 동아시아 축이 세계 경제의 중심으로 다가오는 미래 세계에 한국의 생존 방정식과 통일 방정식을 연립으로 풀기 위해서는 미국과 중국의 협조와 동의가 전적으로 필요한 것이다.

현실 감각이 상당히 탁월한 것으로 평가받는 이명박 대통령은 이 사실을 잘 알고 있었다. 그래서 당선되자마자 당시 박근혜 한나라당 대표를 특사로 임명해 중국에 당선 인사를 보냈다. 그것은 박정희 전 대통령의 경제 및 산업 정책을 열심히 공부하는 중국을 향한, 일정 부분 의도된 제스처이기도 했다. 이런 행보는 정부·여당에만 보이는 것이 아니다. 과거 10년의 집권 기간 동안 공산당 정부와 비교적 밀접한 관계를 구축했던 야당의 경우 오히려 관계 증진에 더 적극적이라고 해야겠다. 2011년 7월 민주당 대표 자격으로 방중한 손학규 대표가 시진핑 부주석과 면담한 후 긴밀한 관계 구축에 합의한 사실을 보면 잘 알 수 있다.

그러나 천안함 사건에 이은 일련의 한·중 간 불협화음에 따른 갈등으로 인해 요즘 양국의 분위기는 그야말로 살얼음판 위를 걷는 듯하다. 아니 어떻게 보면 지금이 한·중 수교 이후 관계가 가장 악화되고 있는 시기라고 해도 과언이 아닐 것 같다. 2012년 한·중 수교 20주년을 맞는 분위기는 현재 별로 우호적으로 보이지 않는다.

국익을 위한 전략적 이해

이렇게 된 데는 당연히 이유가 있다. 한·중 관계의 중요성은 잘 알고 있으나 어떤 점에 우선순위를 둬야 할지 모르는 탓에 생긴 결과라고 하겠다. 또 어떻게 관계를 맺어나가야 하는지에 대한 전략적인 판단과 선택이 결여된 현실 역시 나름의 몫을 단단히 하고 있다.

솔직히 말해 더 심각한 문제는 바로 여기에 있다. 중국은 진정한 의미에서 이제 더 이상 사회주의 국가라고 하기 어렵다. 물론 중국은 아직도 자신들이 지향하는 이념을 '중국 특색의 자본주의(혹은 사회주의)'라고 표현하면서 듣도 보도 못한 기묘한 중용(中庸)의 길을 걸어가려 노력하고 있기는 하다. 그러나 아무리 그래도 아닌 것은 아니다. 공산당이라는 이름은 여전히 존재할지 몰라도 사회주의 이념은 분명 현실적으로는 사라졌다. 사회주의를 지향하는 나라가 어떻게 소득 분배의 불평등을 나타내는 지니계수가 폭동을 유발할 수준인 0.5(1에 가까울수록 불평등하다. 한국의 경우는 0.32다.)에 가깝겠는가. 또 어떻게 "대학 가는 것도 어렵고 대학 가는 것도 비싸다", "병원 가기도 어렵고 병원 가는 것도 비싸다"라는 말이 유행하겠는가. 한마디로 '중국 특색의 자본주의' 운운은 대내외적인 국가 영향력을 극대화하기 위한 의도 그 이상도 이하도 아니다.

그러나 한국은 이처럼 하루가 다르게 탈사회주의화하는 중국에 대해 잘 모른다. 아니 무섭게 성장하는 중국이라는 나라에 대해서는 알려고 노력하고 있으나 중국인들은 여전히 무시하고 있다. 그렇지 않은 한국인도 많지만 웬만한 한국인의 입에서 정체불명의 짱꼴라라든가 짱깨라는 말이 쉽게 튀어나오는 것이 현실이다. 짱깨라는 말이 사실은 사장을 뜻하는 좋은 의미의 장구이(掌櫃)에서 유래한 것인데도 말이다. 더구나 요즘 위상이 폭발적인 한류를 통해 문화 콘텐츠를 팔고 값싼 노동력을 활용하려고만 하는 것을 보면 더욱 그런 느낌을 지우기 어렵다. 도대체 주변 최강대국에서 세계 최대 대국으로 성장한 중국 내부가 어떻게 돌아가고 있는지에 대해서는 전혀 관심이 없다. 그들이 어떤 속내와 미래관을 가지고 있는지에 대해서는 더 말할 필요조차 없다.

중국의 최대 명절인 춘제(春節·구정)와 노동절(5월 1일), 건국 기념일인 국경절(10월 1일) 등의 연휴 때마다 한국을 찾는 관광객들을 대할 때도 다르지 않다. 엄청나게 밀려드는 이들의 심리 등을 제대로 연구해 영원히 떠나지 않을 고객으로 만들어야 함에도 당장의 판매액 늘리기에만 급급하고 있다. 예컨대 중국인들이 싹쓸이 쇼핑을 즐긴다거나 묶음 상품을 박스째 대거 구입한다는 피상적인 사실만을 간파하는 것이 그렇다고 할 수 있다. 물론 일부 눈썰미 좋은 상인들은 중국인들이 카드보다는 현금, 설화수 등 한국 화장품에 열광한다는 사실도 알고는 있으나 대략 이 정도에 그친다. 중국인들을 완전히 사로잡을 수 있는 전략으로 연결될 완벽한 중국인 이해 노력은 안타깝지만 별로 보이지 않는다. 하기야 이 정도만 해도 향후 몇 년 동안 세계적

큰손인 중국 관광객들의 지갑을 열게 만드는 데는 당장 지장이 없다.

처음부터 갈 길이 달랐던 양국의 엇갈린 운명은 솔직히 어쩔 수 없는 측면이 있다. 하지만 설사 그렇다 하더라도 양국이 전략적 협력 동반자 관계라는 거창한 표현을 사용하면서까지 동북아 지역의 평화와 발전을 위해 함께 전진할 생각을 해야 한다는 사실을 간과해서는 안 된다. 만약 양국이 이런 공동 인식을 가지고 있다면 서로에 대해 조금 더 알아가려고 노력하는 자세가 필요하다. 특히 서로 갈 길이 다르다고 주장할 경우 아쉬울 것 없는 중국에 비해 상황이 다른 한국은 상당히 곤란해진다. 전 세계 모두가 침을 흘리는 이른바 차이나 머니의 혜택을 보지 못할 가능성이 농후해지는 것이다. 당장 한국의 내수를 들었다 놨다 하는 중국인 관광객들의 대대적인 증가를 기대하기 어렵다. 자존심 강한 혹자는 중국 관광객들이 뿌리는 돈이 뭐 그리 대단하냐고 할지 모른다. 그러나 2011년 10월 국경절 연휴 때 전국 곳곳의 상인들에게 즐거운 비명을 지르게 한 7만 명의 중국인 관광객을 상기하면 얘기는 달라진다. 당시 이들은 1인당 260만 원을 썼다. 일본인들보다 대략 1.5배는 더 사용했다. 달러로는 2000달러가 훌쩍 넘는다. 만약 연 500만 명만 한국을 다녀가도 100억 달러의 관광 수입이 생긴다는 계산이 나온다. 서구의 관광업계 종사자들이 과거 '중국 단체 관광객 사절'을 입에 올리다 최근 중국인들만 봐도 침을 흘리는 것은 절대 괜한 일이 아니다. 왕서방이 뿌리는 돈의 위력을 절감하고 있다는 얘기다.

혹자는 이렇게 말한다. "중국은 한국을 무시하지만 한국인은 우러러본다. 반면 한국은 그 반대의 경우다. 중국은 우러러보지만 중국인은 무시한다"라고. 타고난 팔자는 거부하기 어렵다. 하지만 조금 더 현명하게 살 수는 있다. 바야흐로 지구촌에서는 동아시아 시대가 전개될 가능성이 농후하다. 또 이 시대를 주도하는 것은 당연히 중국일 수밖에 없다. 한국은 그렇게 하라고 해도 못한다. 능력을 떠나서 덩치가 안 된다. 일본 역시 덩치에서 문제가 있다. 또 지금은 능력에도 문제가 있을 뿐 아니라 안티 세력이 너무 많다. 한국과 비슷한 신세다. 아무래도 중국이 정답이다.

한국과 중국은 분명 여러 분야에서 처음부터 평행선을 달려왔다. 앞으로도 많은 분야에서 평행선을 달릴 가능성이 높다. 하지만 국익을 위해서라도 전략적으로 중국을 이해하려는 노력이 필요하다. 이 점에서는 중국도 마찬가지 아닐까 싶다. 한국은 남 잘 되게는 못해도 못 되게는 할 수 있다. 서로를 이해하려는 노력이 양국 모두에 필요한 때다.

양국 체제와 국정 상황이 판이한 가운데 향후 한국의 전략적인 노력으로 중국을 파악하고 유도하는 명분을 축적하지 않고 사안별로 충돌해 문제를 확대하면 언젠가 중국이 한국과의 소통 과정을 생략하고 정치적, 경제적 수단을 동원해 강제적으로 이해를 요구하는 불미스러운 일이 발생할 수도 있다.

특종을 좇는 한국 언론, 모든 것이 잘 된다는 중국 언론

자본주의 세계의 언론은 대체로 비슷하다. 무엇보다 특종에 목을 맨다. 또 매체의 경우는 관영이나 국영보다는 민영이 주류를 이룬다. 그래서 경영이 수지를 맞추지 못하면 기다리는 것은 파산이다. 이 경우 아무리 한때 잘나간 탓에 목에 힘을 주던 천하의 언론사 사주라도 실패한 경영자로 불리는 운명을 받아들여야 한다. 상황이 더 심각하면 길거리에 나앉거나 "X 사장님!"이라는 호칭 대신 "X 씨!" 소리까지 들으면서 한때의 부하 직원들로부터 임금 지급 독촉에 시달려야 한다. 기자들도 크게 다를 게 없다. 다른 자리를 알아보거나 전직을 각오해야 한다. 언론사 경영진이나 기자들이 기사만큼이나 광고 유치에 신경을 쓰는 것은 다 이유가 있다. 그러나 사회주의 진영의 언론은 다르다. 언론이 민영인 경우는 거의 없다. 관영이나 국영인 것이 당연시된다. 어쨌거나 외견상으로는 사회주의 종주국 중국이라고 다를 까닭이 없다. 민영 언론사는 없다고 봐도 괜찮다. 이유는 간단하다. 언론이라는 것의 중요성을 너무 잘 알기 때문이다.

마오쩌둥(毛澤東) 역시 언론의 중요성을 너무나 잘 알았다. 일찍이 중국 혁명 성공의 양대 기둥은 비간쯔(筆杆子, 붓이라는 뜻으로 문필 활동을 통한 선전·선동 공작을 의미함)와 창간쯔(槍杆子, 총이라는 의미로 권력을 지탱하는 무기)라고 주장한 바 있다. 또 그는 "무릇 하나의 정부를 전복하려면 먼저 여론을 조성해야 한다. 이데올로기를 조작하고 상층부의 구조물을 구축해야 한다. 혁명은 이와 같은 것이고 반혁명 역시 이와 같다"면서 언론의 중요성을 늘 강조했다. 중국 언론은 바로 마오의 이 언론관에서 출발했다. 한마디로 언론은 정권의 충실한 나팔수여야 하는 것이다. 따라서 중국에 민영 언론사가 사실상 존재치 않는 것은 그다지 이상할 게 없다.

상황이 이런 만큼 중국 언론에는 당과 정부를 비판하는 내용이 좀처럼 실리지 않는다. 오로지 모든 것이 잘 되고 있다는 사실만 보도된다. 중국인들의 언론관은 따라서 획일적일 수밖에 없다. 그것은 바로 정권의 나팔수 역할을 충실히 하지 않는 언론은 무의미하다는 것이다. 더불어 100% 언론인을 당과 정부의 유력한 조력자로만 생각한다. 이 점에서는 관리든 일반인이든 거의 차이가 없다. 정말 그런지 한번 살펴볼 필요가 있을 듯하다.

중국의 베이징과 상하이에는 전 세계 거의 모든 국가 매체들의 특파원들이 활동하고 있다. 대략 500여 명 가까운 이들을 예외 없이 중국 정부, 더 자세히 말하면 외교부 신문사(新聞司, 사는 국을 뜻함. 언론 담당국이라는 의미)에서 관장한다. 여기까지는 다른 자본주의 국가들과 크게 다를 것이 없다. 그러나 이후부터는 많은 차이가 난다. 신문사의 관리들은 진짜 자신들이 컨트롤하는 이 특파원들을 자국 기자들과 똑같이 생각한다. 자국에 비판적인 기사를 내보낸 매체의 국가 대사관 외교관에게 전화를 걸어 해당 특파원에 대해 경고를 해 달라는 부탁을 자연스럽게 하는 것은 다 이런 생각의 연장선상에 있다. 당연히 이런 부탁을 들어줄 베이징이나 상하이 주재 외국 공관의 외교관들은 거의 없다. 왜? 상식적으로 말이 안 되니까. 아무튼 이런 형편이니 보다 적극적으로 자국에 비판적인 기사를 쓰는 특파원을 마치 자신들의 수하처럼 생각하고 오라 가라 하는 것이다.

예를 들어보자. 지금은 개인적으로도 중국에 가기가 쉽지 않은 독일 시사 주간지 〈슈피겔〉의 위르겐 크렘브 기자는 기자 정신이 유난히 투철한 언론인으로 유명했다. 베이징 특파원으로 발령받기 전인 1989년 대만에서 2년 동안 연수를 마친 중국통이기도 했다. 그래서 그는 베이징에서 활약하던 1997년 안후이(安徽)성으로 달려가 당시 중국 당국이 최고의 눈엣가시로 생각하던 반체제 인사 웨이징성(魏京生)의 가족들과 인터뷰를 시도했다. 그러나 그는 이로 인해 즉각 현지 호텔에 연금되는 횡액을 당했다. 이후 신문사 관리들에게 불려가 엄중 경고를 받는 수모도 당했다. 언론 자유를 만끽해 온 독일에서 언론인 생활을 줄곧 해 온 그로서는 분통이 터질 노릇이었으나 방법이 없었다. 더 기가 막힌 일은 그가 싱가포르 취재를 위해 출국했다 중국으로 돌아올 때 벌어졌다. 외교부 당국이 그에게 입국 금지 조치한 다음 추방령을 내린 것이다. 그는 이로 인해 베이징에 남아 있던 가족과도 잠시

생이별하는 아픔을 겪었다. 한때 중국을 사랑하는 중국통 언론인을 자처했던 그는 지금도 당시의 얘기가 나오면 분통을 터뜨린다고 한다. 아마 다른 나라의 특파원이 이런 경우를 겪었어도 마찬가지 생각을 하지 않을까 싶다.

한국 특파원들도 크렘브 특파원 같은 엄청난 횡액을 당한 것은 아니었으나 곤란한 처지에 내몰린 케이스가 전혀 없지는 않다. 아니 1년에 한두 번씩 중국에 불리한 보도를 한 탓에 신문사로 불려가 경고 조치 등을 받는 곤욕을 치른다고 한다. 기분이 나쁘면 시원하게 뒤도 돌아보지 말고 귀국하지 그러느냐고 할지 모르나 본사와의 관계를 생각할 때는 그럴 수도 없다. 더구나 악법도 법이고 로마에 가면 로마법을 따르라는 말이 있지 않은가.

일반인들의 언론에 대한 인식도 따라서 크게 별다를 것이 없다. 정권의 나팔수이자 충실한 대변인이라는 생각을 하나같이 가지고 있다. 일부 공안 관계자들이 외국 언론사 특파원을 '특무(特務)', 즉 해당국 스파이 정도로 인식하는 것은 따라서 크게 이상할 것도 없다. 심지어 해외에서 미디어 관련 학문을 공부한 전문가들이나 교수들까지 이런 생각에서 벗어나지 못하고 있다. 물론 이들도 이런 시스템을 바람직한 것으로 보지는 않는다. 또 언젠가는 바뀌어야 한다는 사실 역시 모르지 않는다. 그러나 현재 상황에서 볼 때 이런 변화가 오려면 상당한 시간이 필요할 듯하다. 당장 변변한 민영 언론사 하나 없는 것이 현실이니까 말이다.

중국 언론의 3대 명제

중국의 언론에 대한 이런 인식은 한국 언론의 3대 명제인 민주주의, 민족주의, 나아가 언론의 자유와 확연한 차이가 난다. 실제로 한국이 해방된 이후 미 군정청은 신문 발행의 자유를 보장했다. 언론에 대한 불간섭과 자유 방임 정책도 취했다. 이로 인해 당시 언론은 좌우익으로 극한 대립하는 양상을 보였다. 이데올로기 역시 양극화로 대립돼 있었던 탓이다. 이후 좌익계 언론은 남조선 노동당이 불법 정당이 되면서 완전히 사라졌다. 그러나 여전히 언론은 나름 본연의 역할을 했다. 자유를 위한 투쟁을 전개한 것이다. 바로 이 때문에 한국의 언론은 개인을 포함해 국민의 권익을 수호하는 존재로 자리매김할 수 있었다. 중국은 바로 이런 한국 언론의 태생을 근본적으로 잘 모른다. 또 알아도 벤치마킹을 할 까닭이 없다.

물론 중국에도 언론이 공산당 노선을 선전하는 나팔수가 아니라 국민 권익을 수호하는 역할을 하려는 노력을 짧게나마 기울인 적이 없었던 것은 아니다. 정말 그런지 확인하기 위해 1989년 4월을 전후한 시기로 한번 돌아갈 필요가 있겠다. 당시 중국은 덩샤오핑(鄧小平)이 10여 년간 추진해 온 개혁·개방 노선을 놓고 진보와 보수파 간에 첨예한 논쟁이 벌어지고 있던 시기였다. 보다 적극적 개혁을 주창하던 이른바 실용주의적인 전(專)파와 공산당 주도 하의 혁명 전통을 더 중시한 보수적인 홍(紅)파 사이에 치열한 논쟁이 벌어지고 있었다. 이 와중에 민주개혁과 언론 자유를 주창하다 막후 최고 실권자 덩샤오핑에 의해 실각한 전파의 리더 후야오방(胡耀邦) 전 총서기가 4월 15일 사망한다. 그러자 진보적인 지식인들과 학생들이 그를 추모하기 위해 톈안먼(天安門) 광장으로 쏟아져 나와 그에 대한 재평가를 요구했다. 자연스럽게 이는 대대적인 민주화 요구 시위로 연결됐다. 6월 4일의 유혈 진압으로 막을 내린 미완의 혁명인 톈안먼 사태는 바로 이렇게 발발했다.

당시 중국 국민들은 10여 년을 맞는 개혁·개방 노선의 추진으로 인해 서방의 영향을 적지 않게 받았다. 민주주의에 대한 갈증도 느끼기 시작했다. 이런 상황에서 톈안먼 사태가 터졌다. 평소 같으면 전혀 동요하지 않았을 언론 역시 이 물결에 흔들렸다. 특히 반체제 언론인으로 유명했던 다이칭(戴晴)이 몸담고 있던 베이징 당 기관지 〈광밍르바오(光明日報)〉 같은 경우는 개혁 정책의 효과가 분배라는 틀을 벗어났다는 요지로 당과 정부와는 다소 다른 목소리를 냈다. 이것이 시위에 나선 학생들의 대자보 등에 인용되기 시작했다. 또 대자보의 목소리 역시 반대로 언론에 실리는 기현상이 잇따라 벌어졌다. 중국 언론 역사상 초유의 상황이 도래한 것이다. 이렇게 되자 학생들에 동조하는 후야오방의 추모객들 역시 늘어만 갔다. 언론은 이 소식도 계속 보도했다. 나중에는 학생들이 단식 농성에 나선다는 보도까지 나오게 됐다. 당 중앙과 정부 당국은 긴장하지 않을 수 없었다. 결국 정부 당국은 데모 사태에 대한 보도 금지령을 내렸고 이어 유혈 진압에 나섰다.

톈안먼 사태는 극단적으로 치닫지 않을 수도 있었다. 그러나 당시 언론은 놀랍게도 정권의 나팔수라는 사실을 잠시 망각했는지 당 및 정부와 다른 목소리를 냈고 학생들의 데모를 일일이 보도했다. 시위대가 자극을 받지 않았다면 아마 그것이 이상한 일이었을 것이다. 결국 상황은 전 세계가 다 알고 있는 것처럼 흘러갔다. 물론 엉뚱한 상황 전개에 놀란 당국에 의해 중국 언론의 역할은 기존 정치이념 교육을 통해 다시 한번 확실하게 규정됐다. 자연스럽게 기존 노선으로 회귀하게 된 것이다. 이후 중국 언론은 기존 노선을 크게 벗어나는 움직임을 보이지 않았다. 지금도 그대로다.

'책임 있는 자유'를 추구하는 서방의 언론관과 당의 나팔수를 자임하는 중국의 언론관은 지금도 여전히 충돌하고 있다. 특별한 상황 변화가 없는 한 앞으로도 이 충돌은 계속될 가능성이 높다. 가장 최근 발생한 사건 하나만 봐도 이 단정은 그다지 틀리지 않을 듯하다. 그건 바로 검색 사이트인 구글의 중국 퇴출 사건이다.

이처럼 정보 제공의 자유와 정보 수용의 자유를 주장하는 양 세력의 대립은 아직 끝나지 않았다. 아니 어쩌면 더욱 평행선을 달릴지도 모른다. 실제로 지금 중국이 추구하는 핵심 목표는 안정에 있다. 고도성장을 지속하고 있는 상황에서 정치, 사회, 경제의 안정은 중국의 정책 노선을 대표하는 하나의 핵심 키워드다. 이런 상황에서 중국에 전면적 언론 개방의 요구는 아직 멀게만 느껴지는 일일 수밖에 없다. 그래도 상대적인 언론 자유를 만끽하는 한국과는 진짜 많이 다르다고 해야 하지 않을까 싶다. 한국 특파원들이 지금도 가끔씩 중국 외교부 신문사에 소환돼 엄중 경고 내지 추방의 위협을 받을 것이라는 예단은 한국의 잣대로는 이해되지 않으나 중국식 스탠더드에서는 크게 무리한 말이라고 하기 어렵다.

하지만 이와 같은 여건을 탓하고만 있을 수는 없다. 왜냐하면 중국에서 활동하는 한국 언론의 기사는 한국인이 중국을 읽는 첫 번째 창이기 때문이다. 중국의 객관적인 모습과 한국의 대중 인식을 바른 방향으로 이끌 의무가 있으며 특히 미래 한·중 관계를 짊어질 젊은이들의 대중국관 수립에 매우 중요한 역할을 한다는 것을 잊어서는 안 된다.

종교의 용광로 중국과 기독교 트라우마

흔히들 중국에는 종교가 없는 것으로 알고 있다. 중국이 종교를 아편이라고 생각하는 사회주의 국가인 사실을 상기하면 그다지 틀린 판단은 아니다. 그러나 현실은 그렇지 않다. 인종의 용광로라는 말이 있듯 종교의 용광로라고 해도 과언이 아니다.

현실을 살펴보면 바로 수긍이 간다. 불교, 기독교, 천주교, 이슬람교, 도교 등 전 지구상에 있는 큰 종교는 거의 다 있다. 심지어 유대교도 있다. 11세기 송(宋)나라 때 중국에 흘러든 유대인의 후손 약 1000여 명 정도가 자신들의 전통과 종교를 지키며 살고 있다. 종교를 믿는 신도 수도 적지 않다. 1억 명이 넘는 것으로 추산되고 있다. 이 중에는 사회주의와는 잘 융합될 것 같지 않은 기독교 1000만여 명과 천주교 신도도 400만여 명이 있다. 각각의 교회도 1만여 개와 5000여 개를 헤아린다.

공식적으로는 종교의 자유도 있다. 다만 당과 정부에서 제시하는 가이드라인을 지켜야 하는 의무는 있다. 기독교의 경우 그게 바로 삼자(三自, 자치自治·자양自養·자전自傳)의 원칙이다. 해석하면 스스로 교회를 운영하고, 스스로 믿거나 수양하고, 스스로 전도한다는 뜻 정도이다. 이 원칙에 입각한 교회를 중국에서는 삼자 교회라고 한다. 언뜻 보면 한국을 비롯한 일반적인 기독교와 큰 차이가 없어 보인다. 그러나 결정적인 차이가 있다. 요체는 자(自)자에 있다. 모든 것을 스스로 해야 하기 때문에 제 3자가 개입하면 안 된다. 또 스스로 전도해야 하기 때문에 남에게는 전도를 할 수 없다. 따라서 이 규정을 어기고 남에게 전도를 하면 불법이다. 중국 교회가 세계적으로 인정을 받지 못하는 이유는 다름 아닌 여기에 있다.

중국 기독교가 삼자 교회를 원칙으로 하는 탓에 기가 막힐 에피소드도 꽤 많다. 대략 1년여 전의 일을 하나 예로 들겠다. 베이징에는 주지하다시피 한국 교민이 대략 10만여 명 정도 살고 있다. 당연히 교회들이 많을 수밖에 없다. 사회주의 국가인 만큼 이들 교회는 베이징 경찰 당국에서 관리하고 있다. 지금은 교회 관계자 사이에 널리 알려진 에피소드가 생길 당시 왕(王) 모라는 고위 간부가 있었다. 그는 손으로 채 꼽지 못할 교회들을 일일이 관리하는 일이 너무나 괴로웠다. 급기야 친하게 지내던 어느 한국 특파원에게 자신의 고충을 토로했다.

"H 특파원, 한국 교회가 너무 많아 정말 괴롭습니다. 어떻게 대사관에 연락을 취해 이들 교회를 하나로 통합하면 안 되겠습니까?"

H 특파원은 난감했다. 종교 문제에 대해선 국가가 간섭하지 못한다는 사실을 왕 모가 모르고 있었던 것이다. 하기야 삼자 교회만 상대해 본 경찰 입장에서는 그게 당연하기도 했다. H 특파원은 조심스럽게 거절의 뜻을 표했다.

"종교 문제는 국가에서 개입할 수 없습니다. 한국에는 신앙의 자유가 있습니다. 통합이 가장 바람직하기는 하나 한국의 현실은 그렇지 않습니다. 대사관에 말해 봐야 뾰족한 방법이 없습니다."

그러자 왕 모는 다시 엉뚱한 제안을 했다.

"그렇다면 좋습니다. 제가 베이징 교외에 한국의 통합 교회를 설립할 땅을 주도록 당국에 말을 전하겠습니다. 그곳에 교회를 짓도록 하십시오. 그렇다면 교회들이 대사관의 말을 들을 것 아닙니까. 천주교도 성당이 하나, 불교도 사찰이 하나인데 왜 교회는 그렇게나 많습니까? 중국에서는 각급 정부에서 하라고 하면 교회에서 다 따릅니다."

H 특파원은 가만히 한숨을 내쉴 수밖에 없었다. 왕 모에게 교파가 여러 곳인 한국과 삼자 교회만 인정하는 중국 기독교의 현실을 비교해 설명하기가 쉽지 않다고 느낀 것이다.

2010년 말 서울에서 '한·중 관계의 미래와 기독교의 역할'이라는 주제의 세미나가 개최된 적이 있었다. 한·중 관계에서의 기독교적 위치와 역할을 돌아보기 위해 마련된 세미나였다. 당시 이 세미나에 참석한 칭화 대학 철학과 왕샤오차오(王曉朝) 교수는 모두발언에서 "중국의 기독교는 49년 전과 비교했을 때 기독교인 수가 5배 이상 증가했다. 미래는 밝다"라는 입장을 밝혔다. 또 그는 "1981년 중국 정부가 종교에 관해 발간한 문서에 따르면 중국에는 종교의 자유가 있다. 그러나 현실적으로 종교 자유의 법이 온전히 실현되지 못하고 있다. 이 때문에 종교의 자유가 침해받는 사건이 종종 발생하고 있다. 원칙을 따르기에는 중국이 너무나 광활하고 다양한 변수가 많은 국가이기 때문이다"라는 의견도 덧붙였다. 완전한 종교의 자유를 보장하기 어려운 중국의 특수성을 솔직하게 인정한 것이다.

왕 교수의 말대로 중국은 이른바 특수성이 있다. 무엇보다 모든 것이 물질로 이뤄져 있다는 이론인 유물론을 우선하는 사회주의 이념과 배치된다. 더구나 마르크스의 종교 이론은 신앙의 자유를 표방하든 소멸을 추구하든 종교는 어차피 사라질 것이라는 전제에서 출발하고 있다. 한마디로 종교는 마르크스주의에 입각할 때 비논리적인 것이다. 물론 그럼에도 1982년 3월 당 중앙은 '중국 사회주의 시기 종교 문제에 관한 기본 관점 및 기본 정책'이라는 제19호 문서를 통해 상당히 진보적인 입장을 발표했다. 이 문서에서 중국은 기독교의 경우 제국주의의 침략 도구에서 중국 신도들이 자주, 독립적으로 운영하는 종교가 됐다는 사실을 공언했다.

기독교에 의한 트라우마가 아직 완전히 치유되지 않은 사실도 무시하기 어렵다. 중국은 서구 열강이 대륙 침탈에 나설 때인 19세기 후반 무렵부터 기독교에 대한 반감을 기본적으로 가질 수밖에 없었다. 이 반감은 결국 1899년부터 1900년까지 중국 동북 및 서북 지역에서 부청멸양(扶淸滅洋)의 슬로건을 내건 폭력적 기독교 배척 운동인 의화단 사건으로 비화했다. 이로 인해 당시 많은 선교사들과 중국 기독교인들이 살해되거나 약탈을 당했다. 희생자는 대략 4만 명이었다. 중국으로서는 이 사실을 기억하지 않을 수 없을 것이다. 말할 것도 없이 이런 트라우마는 다른 종교와 관련해서도 남아 있다. 특히 이슬람교는 더욱 그렇다. 소수민족 문제와도 얽혀 있기 때문이다.

외국인 전도 금지

마오쩌둥은 1927년에 중국의 이런 입장과 무관하지 않은 종교에 대한 고전적 마르크스주의의 입장을 선언한 바 있다. "우상들은 농민들에 의해 세워졌다. 하지만 때가 되면 저들은 자기들의 손으로 그 우상을 끌어내릴 것이다. 다른 어떤 사람이 농민들을 대신해 성급하게 그 우상을 제거할 필요는 없다. 그런 일에 있어서 공산당이 취해야 할 태도라는 것은 화살을 쏘지 않고 활만 충분히 당겨놓고 준비하는 것이다."

실제로 지금도 중국의 골수 마르크스주의자들은 종교라는 것을 썩은 생선에 파리가 꼬이는 현상쯤으로 생각한다. 사회가 부패하고 무지해서 생긴다고 믿는다. 따라서 사회적 혁명을 통해 사회가 건강해지고 과학적 지식을 통해 인민들이 현명해지면 자연히 종교는 사라진다고 믿어 의심치 않는다. 이런 생각을 감안하면 중국이 지금 종교의 자유를 거의 허용하는 것과 같은 자세를 취하는 것은 충분히 이해가 된다. 이뿐만이 아니다. 외국인에게도 종교 활동의 자유를 허용하고 있다. 또 허가된 장소에서는 모든 종교 활동 역시 보장하고 있다. 설사 허가받지 않은 곳이라고 해도 특별한 사회 문제를 일으키지 않을 경우 묵인하고 있다. 개혁·개방 정책 이전 시기와 비교하면 그야말로 엄청난 변화라고 할 수 있다.

그럼에도 중국이 마지노선으로 지키는 원칙은 있다. 중국 내에서 외국 인의 전도를 금지하는 것이다. 중국 입장에서 이 원칙은 신앙의 자유에 대한 문제가 아니다. 국가의 안전을 위한 것이라고 봐야 한다. 만약 이 원칙을 위반할 경우 상대가 누구더라도 혹독한 대가가 따른다. 베이징의 한국인 타운으로 유명한 차오양(朝陽)구 왕징(望京)에서 있었던 씁쓰레한 사건 하나를 보면 모든 것이 설명된다. 한국에서 중진으로 알려진 A 목사는 왕징의 한 한국인 교회 초빙으로 수년 전 베이징으로 목회지를 옮겼다. 그는 중진답게 공격적인 전도로 교세를 넓혔다. 자신을 얻은 그는 이후 아예 대놓고 전도를 시작했다. 이 과정에서 베이징 공안 당국과 마찰을 빚었다. 하지만 그는 아랑곳하지 않았다. 심지어는 설교 도중에 공산당을 비난하는 등의 자세까지 견지했다. 그래도 공안 당국은 아무런 조치를 취하지 않았다. 그러나 그가 한국에 잠깐 일이 있어 귀국한 것이 문제가 됐다. 베이징 공항으로 들어오다 입국 거부를 당한 것이다. 칼자루를 쥔 쪽은 중국 당국이었으니 그로서도 방법은 없었다. 이후 해당 교회는 해산됐다. 그 역시 스타일을 구긴 채 한국에서 활동할 수밖에 없었다.

이런 중국의 조치는 한국적 시각에서 보면 종교 탄압이나 마찬가지다. 종교의 자유를 제한하는 폭거라고 할 수 있다. 그러나 아직까지 중국의 종교에 대한 인식이나 자세는 이 정도에 그치고 있다. 물론 앞으로는 변할 것이다. 그때까지는 한국으로서도 이런 중국의 종교에 대한 인식을 이해하고 접근할 수밖에 없지 않을까? 이 정도 차이는 충분히 극복 가능하다는 생각도 가지면서 말이다.

또한 최근 들어 중국 정부는 피폐해지는 정신문화 구축과 사회 안정, 그리고 통치의 보완 수단으로 종교의 순기능을 주목하기 시작했다. 사회에 대한 불만을 공산당에만 돌리지 말고 스스로도 반성하고 돌아보는 계기를 마련하길 기대하는 것 같다. 지난 개혁개방의 결과 물질만능의 정신세계라는 역기능을 가져오기도 하였다. 돈이면 다 된다는 생각이 팽배한 중국에서 빈부격차가 심화되고 욕구 수준이 상향되어 사회갈등이 심화 될 때 공산당 이념만으로 국민들의 마음을 하나로 동일수는 없을 것이다. 따라서 종교의 자유는 욕구관리의 측면에서 매우 중요한 수단이 될 수 있을 것이다.

중국의 몐쯔(面子) 문화와 한국의 체면 문화

중국인들은 실사구시를 추구한다. 다른 말로 하면 실리를 대단히 좋아한다. 오죽했으면 자신들을 불의는 참아도 불이익은 못 참는 사람들이라고 말하겠는가. 덩샤오핑이 흰 고양이든 검은 고양이든 쥐를 잘 잡으면 좋은 고양이라고 한 흑묘백묘론(黑猫白猫論)을 주장한 것이나, 먼저 부자가 되라는 구호이자 이론인 선부론(先富論)이 요즘 중국 대륙을 배회하는 데는 다 이유가 있다. 이뿐만이 아니다. 돈이 되는 일이라면 적당하게 체면 깎이는 일도 불사한다. 꿩 잡는 게 매라는 생각인지도 모른다. 그렇다고 중국인들이 체면을 중시하지 않느냐 하면 그렇지도 않다. 정말 이건 아니라고 생각하는 결정적인 순간에는 체면을 목숨보다 더 중요하게 여기는 경우도 없지 않다.

이때는 절대 나물 먹고 이 쑤시는 한국인 못지않다.

사례를 들어보자. 중국은 지난 2010년 내내 일본과 댜오위다오(釣魚島, 일본 이름으로 센가쿠(尖閣)열도)의 영유권 분쟁으로 들끓었다. 급기야는 일본에 나포된 어선 선장의 석방 문제로 일본과 첨예하게 대치하기도 했다. 이로 인해 관제 시위 내지는 돈 문제와 관련한 시위 외에는 다른 시위가 별로 일어나지 않는 중국에서 시위가 빈번하게 발생했다. 공공연한 반일 시위였다. 그래도 일본은 큰 반응을 보이지 않았다. 해 볼 테면 해 보라는 투였다. 오히려 일부 극우파들은 중국이 파렴치하게 일본의 영토를 자국 영토로 우긴다고 반대 시위를 벌이기도 했다.

중국인들로서는 약이 오를 수밖에 없었다. 체면이 영 말이 아니었다. 그러자 중국 정부가 나섰다. 우선 최고 지도부 인사들이 강경한 공식 반응을 보였다. 이어 정부에서 일본이 절실하게 필요로 하는 금속인 희토류의 대일 수출 금지를 발표했다. 그러자 한번 붙어보자던 일본이 소스라치게 놀랐다. 그럴 수밖에 없었다. 하이브리드 자동차 제조 분야를 비롯한 첨단 산업에는 중국이 칼자루를 쥐고 있는 희토류가 절대적으로 필요했으니까 말이다. 결국 일본은 언제 그랬냐는 듯 자라목이 돼 버리고 말았다. 이뿐만이 아니었다. 중국은 의도적으로 일본에 보내던 관광객도 축소하는 조치까지 강행했다. 당연히 도쿄를 비롯한 일본의 거리 곳곳에는 중국인들이 눈에 띄게 줄어들었다. 일본에는 설상가상으로 이 와중에 대지진 참사와 원전 사고까지 발생했다. 덕분에 한국은 쏟아지는 중국 관광객으로 인해 차이나머니의 특수를 지금까지 누리고 있다.

솔직히 한국인들은 일본인들이 '독도는 일본 땅!'이라고 외칠 때에도 이렇게 격렬한 반응을 보이지 않는다. 그러나 실리적인 것으로 유명한 중국은 그렇지 않았다. 경제적으로 조금 손해를 보더라도 일본에 본때를 보여주려고 나섰다. 도대체 왜 이런 반응을 보인 것일까? 1937년 난징 대학살이 발생한 이후 지워지지 않고 있는 역사적 상처가 덧나서일까? 그도 아니면 일본과는 도저히 화해하기 어려운 불구대천의 원수여서 그랬을까? 이도 저도 아니다. 중국 버전의 친일파를 일컫는 한젠(漢奸)의 공로도 인정할 것은 인정해야 한다고 주장하는 게 중국인들이다. 더구나 중국인들은 반드시 보복을 해야 하는 경우도 참고 기다린다. 즉각적으로 반응하지 않고 결정적인 순간을 노린다. 심지어는 평생을 기다린다. "30년이 걸리더라도 복수를 하지 않으면 중국인이 아니다"라는 말은 괜히 있는 게 아니다.

실제로도 그렇다. 중국인들은 웬만하면 참지만 정말 체면을 잃었다고 생각할 때에는 한국인 이상으로 욱! 하는 성질을 나타낸다. 물불 가리지 않는다. 중국인들이 대체로 톨레랑스 정신에 근거한 상당히 온순한 성격을 가진 민족이기는 해도 한번 화가 나면 무서운 건 바로 이 때문이다.

중국인들은 이처럼 실용적이면서도 알게 모르게 체면을 중시한다. 그래서 괄시한다는 의미를 가진 치푸(欺負)라는 단어를 싫어한다. 또 체면이라는 뜻의 몐쯔(面子)라는 말도 즐겨 쓴다. 남에게 괄시를 당하지 않고 적당한 선에서 체면을 지켜야 한다는 게 중국인들의 평균적인 인생관이라는 얘기이다.

중국인들의 몐쯔에는 한국인의 체면치레와는 분명 다른 특징이 있다. 우선 중국인들의 몐쯔는 중국인의 복잡한 덕목을 총괄한다. 그저 단순한 체면 정도가 아니다. 인류학자인 후셴진(胡先晋)은 분명한 정의를 내린 바 있다. "몐쯔는 타인이 중시하는 명예를 대표한다. 이것은 한 사람이 평생 동안 거둔 성공과 조금씩 노력해 얻은 명성과 동일하다. 개인의 노력과 능력으로 쌓아올린 결과물이다." 이 정의에 비춰보면 중국인들의 몐쯔는 단순한 체면 정도가 아니다. 어느 한 사람이 평생 쌓아 올린 인생이다. 남을 대하기에 떳떳한 도리나 면목이라는 의미를 가진 한국인의 체면보다 훨씬 더 복잡한 의미가 있다.

다음으로 몐쯔는 인적 네트워크의 중요한 운영체제다. 이게 없으면 중국인들이 살아가는 데 있어 가장 중요하게 생각하는 관시(關係)도 완전히 무의미해진다. 고장 난 컴퓨터처럼 작동을 하지 않는 것이다. 이 사실에 비춰보면 몐쯔는 그 자체적으로도 굉장히 중요한 사회심리 현상의 하나다. 개인의 명예와 존엄을 포함한다. 심지어 사회의 덕목이 되기도 한다. 도덕의 표준을 제고하는 역할을 하는 것은 더 말할 필요조차 없다. 중국인들이 생명보다 더 중요하게 생각하는 것은 따라서 당연하다고 할 수 있다.

몐쯔는 중국인들의 언어와 생활에도 녹아 있다. 예를 들어보면 확실해진다. 상롄(賞臉, 체면을 지켜주다), 디우롄(丟臉, 체면을 잃다), 게이몐쯔(給面子, 체면을 차려주다), 마이몐쯔(買面子, 남의 체면을 봐주다) 등 몐쯔가 들어가는 말이 그야말로 한둘이 아니다. 하나같이 일상생활 및 공적인 관계 등에서도 사용된다. 심지어 국제 관계에서도 이 말은 통용된다. 못 믿겠다는 생각이 드는 사람들은 중국인들과 말할 때 상대방이 적당하게 받아들일 정도의 농담을 한번 해보라. 그러면 "게이워뎬얼몐쯔(給我點兒面子)!", 즉 "내 체면 좀 살려줘!"라는 말을 하는 경우가 없지 않다. 물론 이때는 그다지 화가 나지 않았을 때라고 해야 한다. 만약 화가 났다면 대부분의 중국인들은 뒤도 돌아보지 않고 나가버린다. 그 다음에는 언제가 될지 모를 보복을 각오해야 한다.

몐쯔는 또 중국인 개인의 자존심이 절대 아니다. 사회공동체와 맥락이 닿아 있다. 이를테면 공동체 안에서 개인이 획득할 수 있는 인지도의 정도라고 할 수 있다. 스스로 얻어내는 것이 아니라 누군가가 부여하는 가치라는 얘기이다.

마지막으로 몐쯔는 기회비용도 막대하다. 평균적으로 중국인들은 내향적이다. 대체로 외향적인 한국인들과 비교하면 확실히 그렇다. 이 때문에 그들은 그 누구보다도 실리를 중요하게 생각한다. 그러나 스스로의 이해관계에 대해 직선적인 표현을 웬만해서는 하지 않는다. 또 "전체적으로 손해를 보지 않으면 일정 부분 내가 조금 손해를 보는 것이 낫다"고 생각하는 경우도 없지 않다. 몐쯔를 최우선으로 생각하는 경우 다른 손해를 감수할 수 있는 것이다. 물론 한국 여행객들이 중국 노점상에 혀를 내두를 정도로 개혁·개방 이후 돈맛을 본 중국인들은 체면이고 뭐고 가리지 않고 정반대로 행동하는 경우도 있다. 그러나 대체적으로 몐쯔를 생각하는 경우에는 자신의 손해를 바탕으로 상대방이 만족을 얻을 수 있도록 양보한다. 또 이런 행동으로 공동체나 인적 네트워크 내부에서 신뢰나 명예를 쌓아간다.

말할 것도 없이 한국의 문화에도 중국의 몐쯔 문화와 흡사한 체면 문화가 존재한다. 그러나 한국의 체면 문화는 상당히 단편적이다. 그때그때 상황에 따른 체면 차리기라고 해야 한다. 이런 점에서 한국의 체면은 협의의 성격이 강하다. 반면 중국은 광의의 성격을 내포하고 있다. 한국의 체면 문화가 서양처럼 개인적인 성향이 강한 것은 이 연장선상에서 보면 충분히 이해가 간다. 그래서 한국인들은 스스로 체면을 챙기려고 노력한다. 나의 가치관이나 자존심이 더욱 강조되는 모습이 강하다.

양국 국민들의 몐쯔와 체면 문화의 차이는 외교에서도 그대로 나타난다. 예컨대 한국은 드러내놓고 실리외교를 부르짖는다. 숨기고 말고 할 것이 없다. 국익이 우선하는 상황은 체면과 관계가 없는 것이다. 그러나 중국은 다르다. 화평굴기(和平崛起, 평화로운 부상)를 외치면서 외면적으로는 실리를 따지려고 하지 않는다. 몐쯔를 생각해서 더 멀리 본다고 할 수 있다. 도저히 이해가 되지 않을 것 같으나 광의의 몐쯔를 생각하는 중국인들이라는 사실을 감안하면 고개가 끄덕여진다. 최근 중국이 아프리카와 제 3세계에 그동안 쌓아놓은 달러를 마구 풀고 있는 것은 이런 몐쯔 문화를 생각하면 당연한 행보라고 하겠다.

중국의 몐쯔와 한국의 체면 문화는 비슷한 것 같으면서도 기본적으로 다르다. 이 다르다는 사실을 잘만 이해하고 활용하면 양국 간 정치, 경제, 사회 각 부문의 민감한 문제를 부드럽게 풀 수 있지 않을까 싶다. 아니 풀 수 있는 실마리 정도는 찾는 것이 가능할 듯하다.

중국을 대하는 가장 좋은 방법은 중국의 문화와 중국인을 이해하고 접근하는 것인데 이를 전략적으로, 또 자유자재로 활용하는 데는 아마 한국이 가장 유리할 것이다.

정권 교체 방식의 차이와 한·중 관계의 미래

한국의 한 국회의원이 2011년 8월 15일부터 보름 동안 중국 대학생 935명을 대상으로 설문조사를 실시했다. 이에 따르면 중국 대학생들은 자국과 가장 친한 국가로 러시아를 꼽았다. 24.1%가 그렇다고 응답했다. 이어 북한을 꼽은 응답자가 22.6%에 이르렀다. 한국도 21.6%로 미국의 9%보다 압도적으로 높았다. 최근 상당히 거세지고 있는 반한, 혐한 감정을 고려하면 매우 놀라운 결과다. 하지만 이 정도로는 솔직히 곤란하다. 한국에 대한 친밀도가 높게 나왔다고 하기 어렵다. 왜 그런지는 중국의 운명적인 대외 관계를 보면 잘 알 수 있다.

지금 중국인들이 가장 동경하는 나라는 미국이다. 다음은 유럽을 꼽을 수 있다. 젊은이들에게 어느 나라로 유학을 가고 싶으냐는 설문을 돌리면 1등은 늘 미국이 한다. 유럽 역시 만만치 않다. 한국과 2위 자리를 다툰다. 그럼에도 중국인들에게 있어 미국이나 유럽의 친밀도는 떨어진다. 19세기 후반부터 20세기 초반까지 중국 대륙을 농단한 원죄 탓이다.

더구나 한국전쟁을 기점으로 한 이후부터 최근까지 미국은 중국의 잠재적 최대의 적으로 간주돼 왔다. 유럽 역시 크게 다르지 않다. 동경하고 긴밀하게 협력해야 하는 국가로 인식은 하나 친한 국가로는 생각하기 어려운 것이다. 일본은 더하다. 중국인들이 다른 것은 제쳐두고라도 1937년 난징에서 일으킨 일본의 대학살 만행을 잊을 까닭이 없기 때문이다. 또 치매에 걸려 있거나 바보가 아닌 한 용서는 하되 때가 되면 늘 기억할 수밖에 없다. 감정이 좋은 게 이상한 일이다.

한국에 대한 친밀도가 높게 나왔다고 하기 어려운 것은 너무 당연하지 않은가 싶다. 물론 한국에서 이런 설문을 했더라도 비슷한 결과가 나왔을 가능성이 높다. 한마디로 양국 관계는 수교 20년을 맞은 국가답지 않게 친밀하다고 하기 어렵다.

경제 분야의 교류를 봐도 양국 관계의 친밀도가 결코 높지 않다는 사실을 잘 알 수 있다. 현재 중국은 한국의 무역 대상 1위 국가이다. 양국 무역액이 3000억 달러를 넘어 장기적으로는 1조 달러를 향해 달려갈 가능성이 크다. 이 정도 되면 러시아는 몰라도 북한보다는 친밀도가 높게 나와야 한다. 하지만 현실은 그렇지 않다. 경제 관계에서 좋게 말해 '윈-윈' 하고 있는 상황일 뿐이다. 양국 관계는 여전히 아슬아슬한 여리박빙(如履薄氷)이라고 해야 한다. 조금만 삐끗하면 걷잡을 수 없이 나빠지게 될 수 있다는 얘기이다. 어떻게 보면 양국은 형식적인 관계를 맺고 있다고 해도 과언이 아닌 듯하다.

양국이 이처럼 관계를 증진시키지 못하는 이유는 같은 느낌을 주면서도 다른 태생적 한계 외에 정권 교체 방식의 차이도 나름의 역할을 하지 않았나 한다. 다시 말해 양국 정책의 최종 결정권자가 누가 되느냐에 따라 양국 정세가 큰 영향을 받았다는 얘기이다. 문제는 앞으로도 양국 관계에서 뭔가 꾸준하고 긴밀한 협력 관계가 보이기 어려울 것이라는 사실이다. 우선 한국을 보자. 한국의 정치는 임기제 대통령제와 다당제를 근간으로 한다. 만약 정권 교체가 이뤄지면 절대 짧지 않은 기간 동안 혼란이 존재한다. 안정기는 빨라도 2~3년, 늦으면 그 이상의 시간이 흐른 다음에야 찾아온다. 한마디로 "할 만하니까 임기가 끝난다"는 말이 나올 수밖에 없다. 보다 나은 대중 관계 개선에 눈을 돌릴 여유가 있다는 것이 오히려 이상하다. 또 각 정당 간의 정치적 견해 차이 역시 크게 다르지 않다. 최고 지도자가 소신 있는 중장기적 대중 정책을 채택하는 데 늘 걸림돌이 됐다. 중국 역시 정권 교체가 양국 관계 증진에 많은 도움을 줬다고 하기 어렵다.

그러나 중국의 경우 한국과는 많이 다르다. 사실 1세대와 2세대 최고 지도자인 마오쩌둥과 덩샤오핑은 임기가 따로 없었다고 해도 크게 틀리지 않는다. 장쩌민(江澤民) 역시 마찬가지다. 생물학적인 죽음을 맞이하기 전까지는 지금처럼 태상황처럼 군림할 가능성이 높다. 2012년 가을에 권력의 뒤안길로 물러날 후진타오라고 다를 까닭이 없다. 장쩌민과 함께 군림하면서 상당한 영향을 미칠 가능성이 농후하다. 다시 말해 최고 지도자가 원칙이나 관례를 세워놓으면 한참을 간다는 얘기이다. 따라서 향후 10년 동안 중국의 대한 기본 정책은 크게 변할 가능성이 그다지 높지 않다. 그 기조는 말할 것도 없이 한국과 가능하면 좋은 관계를 유지한다는 것이다. 솔직히 지정학적인 요인이나 경제 교류 차원에서 볼 때 그럴 수밖에 없다. 중국이 1992년 수교를 결정한 것이나 2008년 주도적으로 양국 관계를 전략적 협력 동반자 관계로 한 단계 업그레이드시킨 것은 다 이런 현실과 깊은 관계가 있다. 물론 최근 들어 한국이 지나치게 친미 성향을 보이면서 중국의 한국에 대한 불만이 양국 관계를 소원하게 하는 데 일정한 영향을 미치기는 했지만 말이다. 이제 결론을 내려 보자. 현재 양국 관계가 예상보다 덜 발전하고 있는 것은 분명 양국의 정권 교체 방식의 상이함이 일정한 역할을 하고 있다. 하지만 그 책임의 상당 부분은 대한 정책에 대해 일관성을 가지는 중국보다는 역시 한국에 있다고 얘기할 수밖에 없다.

현재 중국은 그야말로 빛의 속도로 경제 성장의 엔진을 가동하고 있다. 이를 위해 10년 단위의 커다란 계획을 세우고 천천히 프로그램을 완수해 나가고 있다. 여기에 최고 지도부는 정치적으로 안정돼 있다. 반면 한국은 5년에 한 번씩 거대한 정치적 풍파가 몰려온다. 이런 상황에서 과연 양국은 중국의 기본적인 대한 정책 기조대로 장기적인 협조 관계를 구축할 수 있을까? 중국 측이 이미 이명박 정부의 친미 일변도 성향에 상당한 불만을 보이고 있는 현실에서 과연 그게 가능할까? 차기 지도자가 확실한 시진핑이 과연 기본적인 기조에서 규정한 이상으로 갑작스럽게 한국에 급호감을 표시할 수 있을까? 아무래도 결론은 긍정적으로 나오기 어려울 것 같다. 이미 지난 5년 동안 한국에 상처를 많이 받은 데다 객관적이고 이성적인 판단이 끝났을 가능성이 높기 때문이다. 이뿐만이 아니다. 중국에는 한류에서 보는 것처럼 한국에 대한 막연한 동경만큼이나 반한, 혐한 감정이 적지 않게 퍼져 있다.

중국은 개혁·개방 이후 도광양회(韜光養晦, 본모습을 감추고 실력을 기름)를 외치면서 국력을 길러왔다. 때로는 비굴하리만치 자세를 낮췄다. 반면 한국은 그동안의 고속 발전에 고무돼 중국의 경제적 빈곤을 비웃었다. 체제 차이를 이유로 무시하기도 했다. 짱깨라는 말은 이 과정에서 아예 고유명사로 굳어졌다. 중국으로서는 이런 한국의 자세에 상당한 상처를 입었다. 자신들이 재물과 더불어 목숨처럼 생각하는 몐쯔를 깎였다. 급기야 한국과 한국인을 가오리방쯔(高麗棒子), 한방쯔(韓棒子)로 부르면서 반한 내지 혐한 감정을 공공연하게 드러냈다.

분명한 사실은 중국이 지금과 같은 속도로 계속 성장할 것이라는 점이다. 또 자신들의 경쟁력과 영향력을 확대해 나간다면 진정한 의미에서의 '중국'이 될 가능성도 농후하다. 이때 한국은 어떤 입장을 취해야 할까? 불과 얼마 전까지 미국을 대했던 자세는 아니더라도 중국을 있는 그대로 분명하게 바라봐야 하지 않을까? 그렇다면 중국에 대한 인식을 바꿔야 한다. 지금 같은 자세를 가지면 곤란하다. 이 경우 호미로 막을 물살을 언젠가는 가래로 막아야 한다. 지금부터라도 하루빨리 양국의 차이를 이해하고 그 빈틈을 막아나가는 노력이 필요하다.

세상의 변화는 항상 사람들의 인식을 앞선다. 중국의 발전은 이제 탄력이 붙었다. 역사의 수레바퀴가 잘 굴러가고 있어 거부하려야 거부할 수가 없다. 받아들이고 탐색해야 할 시기가 온 것이다. 무지하면 무서운 것이다. 빠르게 운명적으로 다가온 중국을 탐구할 방을 이제 만들어야 한다.

중국에 있어 "한국은 없다"라는 말도 어느 정도 가능하다. 그러나 아직까지 이 감정이 도대체 왜 생겼는지, 어느 정도 수위에 있는지에 대해서는 분석이 거의 없었다. 또 이런 노력도 거의 기울이지 않았다. 상황의 심각함을 모르기 때문이 아닌가 한다. 그러나 현재 상황에서만 놓고 보면 양국 관계의 전망은 그다지 밝다고 하기 어렵다. 자칫 하다가는 아이 싸움이 어른 싸움 된다고 정부 차원에서도 심각한 상황이 벌어지지 말라는 법이 없다. 그래서 이번 장에서는 양국의 바람직한 미래나 더 나아가 동북아 평화에 전혀 도움이 되지 않는 감정에 대해 분석해 보기로 한다.

2장
중국인의 본심,
한국은 없다

그들의 진심은 질투, 공격받는 한국

중국인들은 비교적 한국인들에 대한 감정이 나쁘지 않았다. 양국이 비록 부단히 충돌한 역사를 가지고 있고 한국전쟁에서 총부리를 겨누기는 했으나 그에 비해 상대적으로 서로에 대한 감정이 좋은 편이었다. 그러나 언제부턴가 부정적으로 변하기 시작했다. 정확한 조사가 아직 없지만 많게는 두세 명 중 한 명, 적어도 열 명 중 두세 명은 한국에 대해 나쁜 감정을 가지고 있다고 봐야 한다.

진짜 그런지는 2011년 7월 말 주중 한국대사관에 마련된 '중국 언론인과의 대화' 분위기를 봐도 잘 알 수 있다. 당시 이 모임은 한국대사관과 중국 언론인들 간의 격의 없는 대화를 나누자는 취지에서 사상 처음으로 마련됐다. 당연히 우호적인 분위기로 모임이 흘러가야 했다. 그러나 60여 명의 중국 기자가 참여한 모임은 처음부터 심상치 않았다. 답변하기 곤란한 질문들이 마구 쏟아졌다. 한국이 중국을 따돌린 채 미국 일변도의 외교 정책을 실시하는 것에 대한 중국 측의 반발이 반영된 질문들이었다. 더구나 중국 내 반한 감정에 대한 직접적인 질문도 있었다. 중국 언론인들도 자국 내 반한 내지 혐한 감정이 심상치 않다고 봤다는 방증이었다. 당시 모임은 이규형(李圭亨) 대사가 진지하게 답변하면서 화기애애하게 끝났다. 나름의 성과를 거뒀다고 해도 좋았다. 하지만 중국의 반한 감정이 심상치 않다는 사실을 분명히 확인해 줬다는 점에서는 씁쓰레한 모임이었다. 또 특단의 대책이 없으면 시간이 갈수록 반한 감정이 심각해질 것이라는 사실을 보여준 모임이기도 했다. 이해를 돕기 위해 당시 중국 기자들과 이 대사의 대화록을 일부 옮겨볼 필요가 있을 것 같다.

질문 : 최근 중국에서 반한 감정이 점차 강해지고 있다. 주중 한국대사로서 반한 감정을 완화시킬 대책이 무엇인가?

답변 : "중국에서 반한 감정이 생기는 것은 서로 가깝고 잘 알기 때문일 수 있다. 또 올바른 이해가 결여된 오해에 따른 것일 수도 있다. 중국 언론인들과 간담회를 자주 갖고 중국 지방에서 한·중 우호 주간 행사를 열어 이해를 높이도록 노력하겠다."

질문 : 한·중 관계가 매우 중요하다고 밝혔다. 그렇다면 한·중 관계가 한·미 관계보다 더 중요하다는 말인가?

답변 : "국가 간의 관계는 모두 중요하다. 한국과 미국은 동맹 관계다. 또 한국과 중국은 전략적 협력 동반자 관계에 있다. 한·중 관계가 좋아진다고 해서 한·미 관계에 부정적 영향을 미치지는 않을 것이다."

이런 반한 감정이 중국 내에 존재한다는 사실은 당 기관지인 〈런민르바오(人民日報)의 자매지 〈환추스바오(環球時報)〉가 2011년 수일 동안 자사 인터넷 홈페이지를 방문한 네티즌을 대상으로 실시한 설문조사에서도 확인됐다. '한국을 힘으로 제압할 것인가, 아니면 설득해서 중국으로 끌어들일 것인가'라는 상당히 자극적인 제목의 이 설문에 중국의 네티즌 2만3499명 중 대부분은 '힘으로 제압해야 한다'는 쪽에 표를 던졌다. 무려 94.5%에 달했다. 반면 '설득해서 중국 편으로 끌어들이자'는 쪽에 표를 던진 네티즌은 고작 1244명에 불과했다. 비율로 따지면 5.5%에 불과했다. 그렇다고 이들 5.5%가 한국에 대해 좋은 감정을 가지고 있는 것은 아니다. 상대적으로 덜 과격한 중국인들이라고 하면 딱 맞다.

중국 내 반한 감정은 사실 어느 날 갑자기 발생한 것이 아니다. 마치 나비가 누에에서 나오듯 단계를 거쳤다. 솔직히 20년 전 전격 수교를 할 때 한국과 중국의 관계는 별로 나쁘지 않아 보였던 것이 사실이다. 40여 년 전 총부리를 겨눈 채 싸운 적이 있었는지가 의아할 정도였다. 이후 이런 분위기는 계속됐다. 하지만 그것도 잠시였다. 당시 한국의 각종 기업들은 중국의 값싼 노동력에 혹해 마치 중국이 신대륙인 양 진출했다. 대부분이 주재원이거나 자영업자들이었던 한국인들은 이 신대륙에서 착각에 빠졌다. 주재원의 경우 근로자 1인당 월급이 채 1000위안(당시 환율로 9만3000원)이 되지 않는 곳에서 최소한 200만 원 이상의 월급에 각종 수당을 비롯한 현지 체재비까지 받았으니 그럴 수밖에 없었다.

이후 한국인들이 중국인들을 우습게 대하고 100달러짜리 돈을 흔들어대는 일이 빈번하게 발생했다. 일부는 "이런 큰돈 만져본 적이 있느냐?"는 오만한 발언도 서슴지 않았다. 중국을 찾았던 관광객들 역시 오십보백보였다. 중국인들 눈에는 한국인들이 모두 거들먹거리는 천박한 졸부처럼 보였다.

자존심 강한 중국인들은 한국인들이 내미는 돈을 비굴한 웃음을 흘린 채 받으면서도 이를 갈았다. 자신들의 특기대로 언제 한번 화끈하게 보복할 날이 있으리라고 다짐하면서 말이다. 놀랍게도 그날은 너무 빨리 오고 말았다. 한국이 국제통화기금(IMF) 구제 금융을 받아야 하는 금융위기에 빠진 것이다. 그러자 그때까지 한국인들이 거지 돈이라고 멸시하던 인민폐(人民幣)가 급등했다. 1위안에 93원 정도에 불과하던 가치가 200원 이상으로 올랐다. 하루아침에 가치가 두 배나 오른 것이다. 상대적으로 한국 원화는 가치가 절반으로 떨어졌다. 관광객들이야 관광을 자제하면 됐지만 주재원들과 교민들은 난감했다. 하기야 월급이나 수입은 확 줄고 달러와 위안화 값은 두 배나 올랐으니 그럴 수밖에 없었다. 생활비조차 감당이 되지 않았다. 급기야 이들은 야반도주하듯 중국을 떠나야 했다. 중국인들은 한국과 한국인들을 마음껏 비웃었다. 주제를 모르고 까불더니 꼴좋다고. 이때 나온 말이 바로 '다중롄 충팡쯔(打腫臉 充胖子)'였다. 직역하면 얼굴을 붓도록 때려 뚱뚱한 척한다는 말이다. 허세를 부린다는 뜻이라고 보면 된다. 한국인들에 대한 멸시의 감정을 나타내는 그야말로 가장 직설적인 표현이 아닌가 싶다.

반한 감정은 한국이 외환위기를 빠른 속도로 극복하자 다행히도 조금 수그러들었다. 아니 너무나 극적이고 감동적인 위기 탈출에 한국을 다시 보는 분위기가 팽배했다는 말이 옳을 것 같다. 일부에서는 우리가 한국을 잘못 봤다는 자성 역시 일었다. 그러나 2002년 한·일 월드컵 때 이런 분위기는 다시 찬물을 뒤집어쓰고 말았다. 한국이 다소 애매하다고 보이는 판정으로 승승장구하자 예의 중국인들의 골수에 맺힌 고질병인 질투의 감정 훙옌빙(紅眼病)이 도진 것이다. 곧 전국적으로 한국이 꼼수를 부렸다는 비판적인 분위기가 인 것은 크게 이상한 일도 아니었다. 이 와중에 류젠훙(劉建宏)

과 바이옌쑹(白岩松) 등 유명 아나운서와 해설자들이 한국을 비판하면서 분위기는 더욱 전국적으로 확대됐다. 급기야 외환위기 직후보다 심한 반한 감정이 불었다. 중국 최고 지도부까지 나서 분위기를 가라앉힌 것은 그래서 크게 이상할 것도 없었다. 이후는 대략 주지하는 바이다. 천안함 사태와 한·미 연합 군사훈련, 동북공정 및 문화·역사 주도권 싸움으로 인해 상황이 더욱 악화됐다. 이어 2010년 남아공 월드컵을 전후해서는 인터넷상에서 때아닌 혐한 분위기까지 확산됐다. 한국 대표팀의 선전이 이어지자 2002년의 기억이 되살아난 듯하다. 심지어 일부 언론은 한국 상품 불매 운동도 벌였다.

물론 이 기간 동안 중국인들이 기분 나쁠 단편적인 사건들이 전혀 없었던 것은 아니다. 우선 한국 방송국에 의한 베이징 올림픽 개막식 리허설의 사전 무단 방영을 들 수 있다. 여기에 티베트 문제를 비롯한 소수민족 문제만 발생했다 하면 중국을 비난하는 한국 네티즌의 편파적인 자세도 나름 한몫을 했다. 또 2010년 상하이 엑스포에서 예정됐던 슈퍼주니어의 콘서트가 갑자기 취소된 사건 등도 역시 중국인들로서는 기분 나쁜 일이었다. 그러나 아무리 그렇다고 해도 한국에 대한 기본적인 악감정이 없었다면 이런 일들이 반한 감정에 불을 지르는 역할을 하지는 않았을 터였다.

중국인의 반한 감정의 원인

이처럼 중국인들 사이에 지나친 반한 감정이 일어나고 있는 데는 대략 몇 가지 이유가 있다. 우선 중국이 기분 나빠하는 나라이(拿來)주의, 다시 말해 고대 문화유산을 그대로 받아들이지 않고 자신의 입장에서 취사선택해 수용,

계승하려는 자세를 꼽을 수 있다. 이 점은 확실히 그렇지 않다고 하기 어렵다. 하지만 비난받아야 마땅한 일도 아니다. 또 자신들의 문화를 한국이 강탈해 가고 있다는 오해도 간과해서는 안 된다. 앞에서 언급한 유네스코 무형문화유산 강릉 단오제 외에 중의(中醫)와 활자 인쇄술, 중국 전통의 팔괘 문양을 중국인들이 빼앗겼다고 주장하는 것 역시 크게 다르지 않다. 한의(韓醫)와 금속활자, 태극기를 오해한 것에서 비롯되고 있으나 자신들의 주장을 굽히지 않고 있다. 심지어 일부 중국인은 공자, 노자, 주원장(朱元璋)까지 한국 혈통이라고 한국인들이 주장한다는 말도 안 되는 이야기를 공공연히 하고 있다.

철없는 네티즌이 사이버 공간에서 툭툭 던지는 말들도 중국인들에게는 상처가 되고 있는 듯하다. 실제로 지금도 한국 네티즌의 중국이나 중국인들에 대한 비난은 거의 빛의 속도로 포착돼 전 대륙의 네티즌에게 전송되고 있다. 안타깝게도 대부분의 경우 이 과정에서 과장, 왜곡의 외피가 덧입혀지기까지 한다.

반한 및 혐한 감정은 한국이 제공한 측면이 없지 않다. 억지만은 아닌 것 같다. 조금 더 너그럽게 보면 충분히 이해할 수도 있는 일이다.

그나마 다행인 것은 아직 중국 내 반한 감정이 완전히 되돌리기 어려울 정도는 아니라는 사실이다. 또 반한 감정만큼이나 한국에 열광하는 친한 감정을 가지고 있는 중국인들 역시 무수히 많다. 사태가 더 이상 악화되기 전에 양국 정부와 민간 차원에서 이해의 폭을 넓히고 오해를 불식시키기 위한 노력을 빨리 기울여야 한다는 얘기이다. 특히 반한 감정 확산이 좋을 게 하나도 없는 한국의 노력이 더욱 절실하다.

방법도 찾아보면 대단히 많다. 무엇보다 중국 언론 및 인터넷 사이트에 대한 모니터링을 강화하고 오해가 있을 경우 신속 대응하는 노력이 필요하다. 더불어 중국 정부 및 공공기관을 대상으로 하는 적극적인 설명 자료 배포 및 정정 보도 요구도 잊어서는 안 된다. 이외에 양국 간 상호 이해 증진을 위한 다양한 교류 활동의 강화 등도 중국의 반한 내지 혐한 감정을 해소할 수 있는 효과적인 방안들이라 생각한다. 지는 게 이기는 것이라는 교훈을 상기하면 한국부터 먼저 이렇게 하는 자세가 필요하다.

이와 함께 중국을 방문하는 한국의 정치인, 관료, 학자, 기자 등 지식인들은 언변과 행동거지를 특히 신중해야 한다. 방문 전, 업무와는 별도로 중국에 대한 국정과 사회 관념을 사전 학습할 필요가 있다. 이들의 잘못된 언행과 실수는 중국 매체에 즉각 보도되고 네티즌은 이를 통해 한국을 비판한다. 반면에 상대국에 대한 한국 위정자 및 지식인들의 겸손한 자세와 배려, 그리고 업무에 관한 정확한 메시지 전달과 상호 교감 장면은 중국 국영매체의 보도를 통해 중국 네티즌의 긍정적인 평가와 존중을 얻을 수 있다. 중국의 네티즌도 자국의 발전과 함께 조금씩이나마 성숙하고 있다는 것을 알아야 한다.

한류를 두려워하는 압박감이 만든 반한류

전 지구촌으로 확산되는 한류에 대해 말들이 많다. 부정적 입장을 견지하는 사람들은 한류는 과대포장된 것이라고 말한다. 반면 긍정적인 쪽에서는 한류는 분명 가랑비에서 시작해 지금 소나기로 변해 가는 새로운 지구촌의 문화 콘텐츠라고 자신 있게 말하고 있다. 조금 깐깐한 생각을 버릴 경우 후자의 주장이 맞는 것도 같다. 특히 서구 문화의 철옹성인 유럽이나 미국에서는 확실히 그렇다. 긍정적인 시각으로 보지 않더라도 확실히 한국의 대중문화가 과거와는 달리 꽤나 널리 퍼져 있으니까 말이다. 그러나 중국에 이르면 한류의 존재 유무에 대한 논쟁은 완전 무의미하다. 한류가 분명히 있는 정도가 아니라 지금도 열풍이라고 해도 과언이 아니기 때문이다.

부언이겠지만 한류란 한국 음악이나 드라마, 영화 등이 대륙에 대거 유입되면서 생성된 한국 문화 유행을 의미한다. 중국어로 하면 하한(哈韓)이다. 한류 팬은 하한쭈(哈韓族)가 된다. 한때 대륙을 강타한 바 있는 하르(哈日, 일본 문화 열풍), 하르쭈(哈日族)를 본떠 지은 말이다.

그렇다면 과연 한류는 어느 정도의 위상일까? 도대체 어떻게 해서 유행하게 됐을까? 이에 대해서는 한국의 대학에서 교환교수를 역임한 문화평론가인 50대 초반의 마샹우(馬相武) 런민(人民) 대학 중문과 교수의 말을 들어보면 가장 이해가 쉬울 듯하다.

"우리가 고등학교를 다닐 때는 문화대혁명이 막 끝난 시점이었다. 이 때문에 사회 전 분야에서 정치적인 색채가 짙었다. 중국의 대중문화라는 것은 거의 없었다. 한마디로 눈과 귀를 즐겁게 해 줄 보고 들을 것이 없었다. 그래도 뭔가를 즐겨야 했다. 이때 우리들의 눈에 들어온 것이 북한의 대중문화였다. 당시 북한의 문화도 상당히 정치적이기는 했다. 그러나 중국 정도는 아니었다. 급기야 중국 전역에 북한 대중문화가 광범위하게 보급되기 시작했다. 이후 이 자리는 일본이 차지했다. 아마 지난 세기 80년 초반 이후부터였을 것이다. 그러나 일본의 대중문화도 한국에 추월을 당했다. 지금은 일류(日流)보다는 한류가 대세라고 해야 한다. 물론 그동안 중국의 대중문화도 엄청나게 성장했기 때문에 시장의 주류는 역시 중국의 것이다. 그렇다고 이 틈새를 뚫고 들어온 한류가 대단하지 않다고 하기는 어렵다.

앞으로도 한류의 바람은 꺼지지 않을 것 같다."

마 교수의 말대로라면 한류는 확실히 막강한 위상으로 실재하고 있다. 또 앞으로도 상당 기간 명맥을 이어갈 것 같다. 그러나 반한 감정이 전 대륙에 광범위하게 퍼져 있는 것처럼 이에 대한 반발도 만만치 않다. 이런 분위기는 한류로 피해를 본 일부 연예인들이 주로 주도하고 있다. 예를 들면 반한류의 선봉장이라고 할 탕궈창(唐國强)과 장궈리(張國立)가 대표적이다. 이 중 마오쩌 둥과 청나라의 옹정제(雍正帝) 역할을 주로 맡는 탕궈창은 수년 전 기자회견 을 통해 "중국에도 뛰어난 드라마가 많다. 그런데 왜 만나는 사람들마다 한 국 드라마를 입에 올리나. 이제는 중국 드라마도 소극적으로 방어만 할 것이 아니라 적극적으로 나서야 한다. 공격적이 돼야 한다. 무슨 한류니 하는 것 을 두려워할 필요가 없다"고 울분을 토로하면서 반한류의 선봉장을 자처한 바 있다. 장제스(蔣介石) 역할을 주로 맡는 장궈리의 한류에 대한 비판적 입장 도 역시 만만치 않다. "주위에서 하도 좋다고 하기에 '대장금'이라는 드라마 를 한 번 봤다. 그러나 분통이 터져 더 이상 보지 않았다. 스토리가 별것 아 니었다. 그런데도 우리 중국 언론이 너무 난리를 피우고 있다"는 불만을 토 로한 적이 있다. 그저 한류의 열풍이 기분 나쁜 정도가 아닌 듯하다.

이뿐만이 아니다. 누리꾼 중에서도 골수 반한류 기수들이 있다. 한 블로 거가 수년 전 토론 블로그인 톈야(天涯)에 올린 '한국에 대한 중국인의 태도 변화'라는 제목의 글을 보면 어느 정도 분위기를 알 수 있다.

"원래 각종 언론에서는 한국이라는 말이 들어가는 것을 무조건 칭찬했다. 당시 중국은 소국에 대한 우월감이 있었다. 저 작은 나라도 저렇게 애국심, 근면정신이 강한데 우리 대국이 게으른 채 있어서는 안 된다는 마음이 있었 던 것이다. 그때는 진심으로 한국 문화를 숭배하지 않았다. 그러나 확실히 우호적이었다. 존중도 했다. 이 와중에 한국인들은 똑똑해졌다. 우리의 이런 마음을 잘 이용해 각종 문화 상품을 수출했다. 국가 경쟁력을 한순간에 높여 놓았다. 그러나 이후 한국은 너무 지나치게 오만해졌다. 결과적으로 우리의 반감을 샀다. 한류가 갑자기 반한류가 됐다. 지금 여론의 한국에 대한 압박은 그들이 너무 커지는 것에 대한 두려움 때문이라고 해야 한다. 우리가 그들을 혼내주려면 냉정해야 한다. 실력을 기르고 배울 것은 배워야 한다."

더 흥미로운 것은 이 글에 달렸던 댓글의 내용이 아닌가 한다. 모두 세 가지 유형으로 나눌 수 있다. 우선 비교적 이 글에 동조하는 반한파의 글이었다. "도대체 한류가 뭐가 대단한지 모르겠다"라거나 "(빌어먹을) 한국 드라마 때문에 어머니가 저녁밥도 안 해 준다"는 등의 내용이었다. 하한도 반한도 아닌 중도파의 글은 당연히 내용이 조금 낫다. "좋아하고 싫어하고는 세계화 속에서는 당연한 일이다", "한류도 좋고 반한류도 좋다. 그러나 경제적으로는 봐줘도 정치적으로는 봐주지 말자. 한반도가 통일되면 우리가 위험하다"는 등의 내용이었다. 하한파의 글은 말할 것도 없이 찬사 일색이었다. "한류는 분명히 대단한 위력을 가지고 있다. 축구나 바둑을 보라", "우리 엄마 역시 한국 드라마광이다", "왜 한국에 반대하나? 하한파에 대한 막연한 반대는 아닌가? 너희들이 도대체 뭔데, 한국 드라마는 생활을 담고 있는 건전한 콘텐츠야"라는 등의 말들이 올라 있었다. 하한 못지않게 반한류도 거세다는 사실을 보여준 분명한 증거가 아닌가 싶다.

반한류의 실체는 하한쭈들이 열광하는 한국 상품인 이른바 한반(韓版) 불매 분위기에서도 엿보인다. 예컨대 2010년 한 사이트에 실린 'nb즈란메이(自然美)'라는 아이디의 네티즌 주장을 살펴보면 분위기를 어느 정도 알 수 있다. "한국 상품은 여자, 음식, 드라마 할 것 없이 모두 반대한다. 지금 열심히 노력 중이다. 그런데 XX 그게 마음처럼 되지 않는다"는 말에서는 한류에 빠진 자신까지도 혐오하는 듯한 반감이 읽힌다. "여러분 움직입시다. 한국 상품 불매 운동을 추진합시다! 내 삼성 카메라는 사용한 지 며칠 되지 않아 고장 났습니다. LG의 모니터도 고장 났습니다. 한국 제품이 이렇게 쓰레기인 줄 몰랐습니다"고 주장한 어느 네티즌의 말은 그래서 크게 이상해 보이지도 않는다.

반한류는 최근 들어 극단적인 경향으로 나타나고 있다. 굳이 이름을 붙이자면 한류 소멸설이 이런 경향을 대변한다. 앞서 예를 든 탕궈창, 장궈리 등 발언권 강한 연예인들과 일부 국수주의적인 학자들이 이런 분위기를 주도하는 것이 현실이다.

이처럼 한국 상품 불매 운동과 한류 소멸론까지 나온다는 것은 한류의 바람이 그만큼 거세다는 얘기나 다름없다. 또 이는 한류의 실체를 무엇보다 분명히 보여주는 증거이기도 하다.

물론 반한류가 너무 과장돼 있다는 주장도 없지는 않다. 상하이의 명문 푸단(復旦) 대학 한국연구센터의 차이젠(蔡建) 교수가 바로 이런 주장을 펴는 대표적 학자다. 그의 말을 들어보자.

"반한류의 실제 상황은 한국 언론이 보도하는 것처럼 그렇게 심하지 않다. 양국의 교류가 늘어나면 갈등도 그전보다 늘어나는 것이 정상이다. 이에 대해서는 굳이 심각하게 생각하고 연구할 것까지는 없다고 생각한다."

하한과 반한류가 동전의 양면처럼 존재하는 것은 누가 뭐래도 분명하다고 단언해도 좋을 것 같다. 좋게 말하면 두 현상은 공존하고 있다. 사실 이런 현상은 이상할 것이 없다. 너무 당연하다. 한국의 지난 세기를 생각해 보면 고개가 절로 끄덕여진다. 이른바 왜색 문화로 불린 일본 문화가 지천으로 넘쳐나던 이면에는 이에 대한 반대 정서도 굉장했으니까 말이다.

한국에서는 지금 한류(韓流)가 한류(寒流)로 변했다고 걱정한다. 어떤 면에서는 맞는 말이다. 확실히 반한류의 움직임을 보면 그렇다. 그러나 다른 각도에서 보면 틀린 말이기도 하다. 더 광범위한 그룹에서는 한국의 대중문화에 열광하고 있기 때문이다. 따라서 "한류가 소멸되면 어떻게 하나"라고 걱정하는 것은 어리석다. "어떻게 하면 효과적으로 서로에 대한 이해를 이끌어 낼 수 있을까"를 고민해야 한다. 그러면 반한 감정은 서서히 사라지고 한류(寒流)라는 말도 더 이상 거론되지 않을 것이 확실하다.

한류는 신중국 건국으로 중국의 전통 문화가 잠시 침잠하였고 개혁·개방 확대로 물질적 부를 축적하였으나 정신문화 소비 대상이 없는 가운데 같은 동방 문화를 기초로 서구 문화가 잘 믹스되어 받아들이기에 거부감이 덜한 한국 문화 상품에 잠시 열광하는 것이다. 또한 중국 정부는 잃어버린 사회 도덕적 관념을 불러일으키기 위해 그 가치관이 잘 보존된 한국 문화 상품을 수입하여 국민을 계도하려는 의도를 가지고 있다. 향후 중국 국민이 성숙하고 자체적인 사회 도덕 규범이 정립되고 자신들의 우수한 역사 문화에 대한 인식이 고양돼 이를 활용한 각종 문화 상품이 발굴되면 한류에 대한 평가도 부드러워질 것이다. 아울러 양국 간의 건전한 문화 상품 경쟁으로 이어지는 선순환 구조에 진입할 수도 있다.

중국에 사는 한국 교민과 유학생은 2류?

한국인들은 유대인들이나 중국인들만큼 보헤미안 기질이 강하다. 세계

어느 곳이든 한국인이 없는 곳이 없을 정도이다. 심지어 아프리카 밀림에
도 한국인이 있다는 우스갯소리가 있다. 아마도 노마드, 유목민 기질이 아
직까지 남아 있어서 그런 것 같다. 중국에서라고 예외는 아니다. 수교한 지
이제 고작 20년에 불과한 데도 코리아타운이라고 할 만한 집단거주지가 전
대륙 곳곳에 산재해 있다. 대략 꼽아 봐도 베이징의 왕징(望京), 상하이의 우
중루(吳中路), 산둥(山東)성 칭다오(靑島)의 리춘(李村), 랴오닝(遼寧)성 선양(瀋陽)
의 시타(西塔) 등이다. 이 중 베이징 왕징은 한국이 완전히 접수했다고 해도
좋을 만큼 한국인들이 많다. 조금 더 깊이 들어가 보면 아예 입이 다물어지
지 않는다. 지역이 그다지 넓지 않음에도 한국인들뿐만 아니라 한국 출신
화교, 중국 거주 북한 주민인 조교(朝僑) 등까지 살고 있다. 여기에 한국인들
대상의 북한 식당들이 5~6개 정도 영업하는 현실을 더하면 왕징은 거의
중국 속의 한국이라고 해도 과언이 아니다. 베이징을 제외한 다른 지역의
한인 타운 역시 왕징에 크게 뒤지지 않는다. 아니 웨이하이 같은 경우는 조
만간 시 당국에 의해 정식으로 코리아타운이 건립될 예정이어서 베이징을
능가할 가능성도 있다.

상황이 이러하다면 중국에 거주하는 한국인들의 수는 미국 못지않아야
한다. 실제로도 그렇다. 중국 출입국관리소 측의 통계만 봐도 대략 100만
명 정도로 추산된다. 베이징에 10만 명, 상하이와 칭다오에 각 7만~10만
명, 톈진에 5만 명이 살고 있다고 보면 될 듯하다. 이 도시들이 한국인들이
많이 사는 빅4 도시이다.

이러니 유학생들이 많지 않으면 오히려 그게 더 이상하다. 2011년 말을
기준으로 7만 명이 공부하는 것으로 추산되고 있다. 미국의 2만여 명, 일본
의 1만8000여 명을 압도한다. 앞으로도 교민과 유학생들 수는 더욱 늘어날

가능성이 농후하다. 지리적으로 가까운 데다 한국인들이 미국의 대안이 될 나라는 중국밖에 없다는 인식을 광범위하게 하고 있기 때문이다.

한국인들의 집단 거주는 중국 경제에도 적지 않은 도움을 준다. 교민들의 거의 대부분이 중국에 진출한 크고 작은 기업들의 주재원 내지는 개인 사업을 하는 사람들이니까 말이다. 단순하게 100만여 명의 한국인이 중국에서 뿌리는 돈만 봐도 그렇다. 1인당 매월 최소한 100만 원을 이런저런 경비 등으로 쓴다고 가정하면 무려 1조 원이 된다. 1년이면 12조 원이다. 달러로 거칠게 계산할 경우 100억 달러를 넘는다. 아무리 중국이 지금 달러가 넘쳐난다 해도 절대 가볍게 봐서는 안 되는 규모다. 하루 1달러 미만으로 살아가는 극빈자들에게 하루 2달러씩만 나눠줘도 매년 1400만 명 가까운 빈민들을 구제할 수 있는 금액이다. 한국 정부에 중국 관광객들이 너무나 소중한 존재이듯 중국 정부로서도 한국 교민들이 고맙기 이를 데 없는 것이다.

그러나 이렇게 압도적인 외국인 커뮤니티를 형성하고 있음에도 한국인들은 중국인들에게 그에 합당한 이미지로 각인돼 있다고 하기 어렵다. 아니 솔직히 말하면 한국의 1류가 아닌 2류 국민이 자국으로 몰려온다는 생각을 굳히고 있다고 봐도 크게 틀리지 않는다.

이런 시각은 어떻게 보면 일리가 전혀 없는 것은 아니다. 한국에서도 중국 교민들을 색안경 끼고 보는 경우가 많으니까 말이다. 그 좋다는 선진국인 북미나 유럽, 일본을 놔두고 중국으로 향하는 행렬에 대한 이런 편견은 사실 얼마 전까지만 해도 그럴 듯하게 통했다. 그러나 지금은 분명 다르다. 중국의 급부상과 세계 금융위기에 따른 지각 변동으로 세계의 중심축이 중국으로 바뀌고 있는 것이 분명한 현실이다. 무엇보다 세계 500대 기업을 비롯한 전 세계 각국의 주요 기업들이 앞다퉈 경제 수도 상하이와 선전(深圳)

등의 경제특구로 달려가고 있다. 미국 유학생들이 2만 명을 넘어서고 있는 것에서도 보듯 유학생들 역시 몰리고 있다. 중국으로 달려가는 것이야말로 머리 회전이 빠른 뛰어난 글로벌 인재들이 취할 수 있는 가장 합당한 선택인 것이다. 한국이라고 크게 다를 게 없다. 과거 외교부 직원들을 비롯한 공무원들은 중국대사관 근무를 웬만해선 하지 않으려 했다. 그러나 지금은 변했다. 어떻게든 한번 근무해 보려는 것이 대세가 되고 있다. 또 중국대사관 근무 한번 하지 못하면 스펙 쌓기에도 결정적으로 불리해진다.

지금은 베이징이 미국 워싱턴만큼이나 근무 경쟁이 치열한 임지가 됐다. 이는 각급 기업 직원들에게도 마찬가지다. 뛰어난 인재가 아니면 이제 중국 근무를 하는 것은 쉽지 않은 일이 됐다. 자연스럽게 교민, 유학생의 질도 높아졌다. 특히 유학생은 과거와는 질이 완전히 달라졌다. 전혀 중국과 관련이 없는 학문을 하더라도 중국 대학은 한 번은 거쳐 가야 하는 곳으로 인식되고 있다. 최근에는 오피니언 리더들의 자제들 역시 경쟁적으로 눈을 중국으로 돌리고 있다고 한다. 중국인들은 이런 편견을 여전히 버리지 못하고 한국 교민들과 유학생들을 2류 한국인 정도로 생각하고 있다.

증거는 곳곳에서 보인다. 얼마 전 진룽제(金融街)라는 이름의 사이트에 진짜 어처구니없는 사건 하나가 기사로 올랐다. '한국 유학생, 은행 직원까지 속이고 여기저기에서 돈을 빌린 뒤 실종'이라는 제목의 기사 내용은 대략 다음과 같다.

"웨루(岳麓)라는 지역에서 한 한국 유학생의 좋지 못한 행동이 드러났다. 그는 한국어와 중국어 모두를 자유자재로 구사한다. 그러나 이 학생은 출입국 기록이 없다. 현재 어느 곳에 다니는지 소속도 없다. 그럼에도 학비가 부족하다면서 주변 친구들에게 돈을 빌렸다. 심지어 이 유학생은 딱한 사정을 주변 은행 직원에게도 호소해 그의 지갑을 열도록 만들었다. 그는 현재 실종된 상태이다. 이에 경찰이 조사에 착수했다."

이 기사의 내용은 외면적으로는 그럴듯해 보인다. 중국인들의 공분을 불러일으키기에 적당하다. 하지만 어딘가 모르게 엉성하다. 가공의 인물을 내세워 작문을 했다는 느낌도 물씬 든다. 설사 진실이라고 해도 그렇다. 장삼이사 사이에 일어난 항간의 일들을 굳이 기사화해야 하는가. 한국인들에 대한 악의적인 감정을 불러일으키려는 다분히 의도적인 기사로 보인다.

이뿐만이 아니다. 요즘 한참 뜨고 있는 중국판 구글인 검색 엔진 바이두(百度)를 봐도 기가 막힌다. 자유 토론방이라는 곳에 한국인들의 수준 낮은 모습을 성토하는 글이 그야말로 융단 폭격처럼 올라온다. 댓글은 더욱 가관이다. 어떻게 그동안 참고 있었는지 이해되지 않을 만큼 원색적이다. 최근 한국 학생들의 공분을 불러일으킨 글을 하나 볼 필요가 있겠다. 장난샤오디(江南小弟)라는 아이디를 가진 네티즌의 '쑤저우(蘇州) 대학의 한국 유학생은 수준이 정말 낮다'라는 글이다.

"한국 학생들은 쓰레기를 마구 버린다. 침도 아무 데나 뱉고 다닌다. 중·고등학교 때 내 주위에는 불량스러운 한국 아이들이 굉장히 많았다. 그런데 대학에 와서까지 이렇게 많을 줄은 몰랐다. 한국인들은 모두 쓰레기다. 한국은 우리가 상상하는 것처럼 그렇게 아름다운 나라가 아니다."

중국인들은 처음부터 자국에 오는 한국인들을 2류로 평가하지 않았다. 설사 2류일지라도 1류로 평가하려고 했다. 그러나 언제부터인가 이런 평가는 바뀌었다. 지금은 아예 2류로 고착이 됐다. 일부 혐한론자들로부터는 아예 세트로 2등 국가의 2등 국민으로 낙인까지 찍혔다.

이렇게 된 데에는 역시 다 이유가 있다. 무엇보다 한국인들의 고질병인 오만을 꼽을 수 있다. 한국은 불과 10여 년 전만 해도 평균적으로 중국보다 훨씬 잘살았다. 자본도 중국 정부나 기업들이 군침을 흘릴 정도로 적지 않았다. 그래서 중국인들에게 오만하게 굴었다. 이 자세는 마치 버릇처럼 아직도 개선되지 않고 있다. 여전히 과거 그랬던 것처럼 고용주의 태도를 보이고 있다. 이 자세를 주머니에 돈이 넘치는 중국인들이 용납할 리가 없다.

중국에 한국인들이 너무 많다는 사실 역시 간과해선 안 된다. 이러면 아무리 중국에 인구가 많더라도 한국인은 눈에 잘 띈다. 부정적으로 비치는 것이 십상이다.

반한류와 반한 감정 역시 한 이유다. 중국인들이 주장하는 한국인들의 '역사 왜곡 및 문화 강탈'도 나름대로 한몫을 한다. 설상가상이다.

요즘 중국인들은 '쓰미다(思密达)'라는 신조어를 종종 쓴다. 설명을 해 줘야 이해가 갈 것이다. 한국어의 경어체인 '~습니다'의 발음 그대로를 중국어로 옮긴 것이다. 한국인들이 중국어를 흉내 낼 때 쓰는 "조따꺼, 츠팔러마(趙大哥 吃飯了嗎. 조 형, 밥 먹었습니까!)!", "진땅에 장화, 마른땅에 운동화!" 운운의 말과 크게 다를 바 없다. 아직 이 말은 한국인을 비하하는 말로까지 완전하게 비화되지는 않았다. 하지만 중국인들이 자국 내의 한국인들을 계속 2류 취급하는 한, 언젠가는 "조따꺼, 츠팔러마!"와 같은 우스갯소리가 될 가능성이 높다. 그만큼 지금 중국인들이 한국인들을 보는 시각은 녹록하지 않다.

그러므로 중국에서 생활하는 유학생이나 출장 오는 한국의 교민·유학생·기업인·지식인·정치인 등은 자신의 일거수일투족이 한국을 대표한다는 사실을 인식하고 신중히 행동해야 한다. 물론 양국이 수교 20년을 앞두고 있고 지리적으로도 가까워 미국, 일본과는 달리 문제 있는 사람도 오고 교민 사회도 뿌리를 내리지 못한 가운데 오해와 갈등이 발생하는 것은 어쩌면 당연한 과정일 수도 있다. 하지만 양국 정부의 노력 하에 교류 범위와 심도가 깊어져 상호 이해가 증진되면 작금의 애증 관계도 보다 건전하고 이성적으로 진화할 것이다.

역사 왜곡의 주범, 중국 문화의 아류

중국인들은 중국에 거주하는 한국인들이 2류라는 황당한 편견만 가지고 있는 것이 아니다. 한국인들이 중국 역사를 적극적이고도 의도적으로 왜곡한다는 잘못된 인식 역시 지니고 있다. 또 한국 문화는 중국 문화의 아류일 뿐이라는 폄하도 하고 있다. 우선 전자의 편견에 대해 알아보자.

2010년 6월 중국 유명 사이트들의 각종 게시판에는 '한국의 풍수지리'에 관한 글이 자주 보였다. 한국이 유네스코 무형문화유산으로 풍수를 신청한 것에 대한 중국인들의 반응이었다. 당연히 분위기는 한국을 마구잡이로 성토하는 것이었다. 어느 정도인지를 한번 살펴봐야 할 것 같다. 대략 "한국은 공자도 한국인이라고 했다. 이 글을 읽는 사람들은 빨리 이를 퍼 날라야 한다. 역사를 왜곡하는 사람들에게는 응당한 대가를 지불해야 한다"는 내용이었다. 한국이 중국 역사를 작심하고 왜곡한다는 요지였다.

놀랍게도 이런 생각은 한국 문제 전문가들까지 퍼져 있다. 푸단 대학 역사학과의 한국 전문가 쑨커쯔(孫科志) 교수가 2009년 8월 한 신문과 가진 인터뷰 내용을 얼핏 봐도 이 사실은 일목요연해진다. "한국은 원래 주변 국가의 보물을 훔치는 경향이 있다. 우리는 한국이 풍수를 유네스코 세계문화

유산으로 등재하려는 움직임을 보이는 것을 계기로 많은 것을 생각해야 한다"고 강경 발언을 한 것이다. 그나마 그는 "사실 중국도 유네스코에 풍수를 등재시킬 수 있다. 그러나 중국은 오랫동안 풍수학을 무시했다. 설사 풍수학을 연구했던 사람이 있었더라도 지금은 체계적인 연구 결과가 없다. 그에 반해 한국은 2003년부터 꾸준하게 연구해 왔다"면서 중국의 맹성도 촉구하면서 양비론적 자세를 취했다.

중국의 구글로 통하는 바이두의 콘텐츠는 중국인들의 한국에 대한 편견의 하이라이트라고 할 수 있다. 백과사전에 '한국 기원론'이라는 코너까지 보란 듯 대놓고 두고 있다. 언뜻 보면 이 코너는 한국을 칭찬하는 느낌이 없지 않다. 그러나 전혀 아니다. 이에 대한 정의를 보면 분명해진다. "한국 기원론은 한국이 민족 우월주의 관점에 기초해 중국과 일본, 세계의 문화와 기술을 한반도에서 유래한 것으로 여기거나 어떤 유명인이 한국 혈통이라고 주장하는 현상이다"고 정의하고 있는 것이다. 완전히 한국인들을 역사를 왜곡하는 못된 버릇이 있는 민족으로 규정한다.

구체적인 내용을 보면 진짜 한국인들은 역사를 왜곡한다는 편견에서 벗어나기 어려울 듯하다. 중국 전설상의 임금인 치우(蚩尤), 미인의 대명사인 서시(西施), 중국을 최초로 통일한 진시황(秦始皇), 금(金)나라의 태조인 완안아골타(完顔阿骨打) 등 웬만한 위인들은 다 한국 출신이라고 한국인들이 주장하는 것으로 기술하고 있으니까 말이다. 보편적으로 중국에서 기원한 것으로 일컫는 4대 발명품을 비롯해 바둑, 병마용, 기원전의 문화인 홍산(紅山) 문화 등도 한국인들이 자신들의 것이라고 주장한다고 덧붙이고 있다.

물론 중국인들의 이런 생각이 완전히 허무맹랑한 것은 아니다. 바이두에 실린 것과 같은 주장을 하는 일부 국수주의자들이 한국에 전혀 없지는 않기 때문이다. 그러나 이 국수주의자들이 주장하는 것은 어디까지나 소수 의견에 불과하다. 또 '한국 기원론'에서 한국인들이 왜곡했다고 하는 내용의 상당수는 한국에서도 주장한 사람이 없거나 보도된 적도 없는 것들이다. 아마도 중국인들의 편견에 의해 생겨나 확대 재생산된 유언비어의 영향 때문에 그럴듯하게 포장된 것들이 아닌가 보인다. 한마디로 자신들의 편견의 소산이라고 하겠다. 심하게 말하면 부메랑을 맞았다고 해도 크게 틀리지 않는다.

한국 문화는 중국 문화의 아류일 뿐이라고 생각하는 편견 역시 보통 심각한 것이 아니다. 일반적으로 중국인들은 "한반도에는 지속적으로 중국의 번국(藩國)들이 존재해 왔다"는 태도를 가지고 있다. 한국에 대한 지식이 풍부한 지식인들이나 한국 문제 전문가들도 이 점에서는 거의 예외가 없다. 한국이 주장하는 '고유 문화론'에 대해 귀를 기울이는 이들은 눈을 씻고 찾아봐도 찾기 어렵다. '한국 문화는 중국 문화의 아류'라는 생각이 골수에 박혀 있을 수밖에 없는 것이다. 치치하얼(齊齊哈爾) 대학의 쉐바오린(薛寶林) 교수가 바로 이런 주장을 하는 대표적 인물로 손꼽힌다. 수년 전 「한류의 관찰과 반성」이라는 논문을 통해 "한국과 중국 양국은 동아시아 지역에 인접해 있다. 자연스럽게 이웃의 관계를 가지게 됐다. 이런 관계는 장기간 동안 양국으로 하여금 교류와 소통을 하게 만들었다. 두 나라의 민족 문화 내부에는 이를 통해 일종의 교집합도 만들어졌다. 또 이로 인해 중국인들은 전통 가치관과 미적 감각 등이 비슷한 한국 문화를 보고 중국의 전통 문화의 모습을 찾게 됐다. 한류가 크게 유행한 것도 바로 이런 현실과 관계가 있다"면서 한국에 대한 중국의 문화적 영향을 강력하게 암시한 바 있다.

중국인들은 어딘가 모르게 피해의식을 가지고 있다. 또 책임을 회피하는 경향이 없지 않다. 이 때문에 무슨 사회 문제가 발생하면 무조건 국가나 공산당 탓으로 돌리는 경향이 있다. 희생양을 만들어야 한다는 얘기이다. 특히 네티즌을 비롯한 젊은 세대들에게 이런 경향이 더욱 강하다. 심지어는 언어폭력을 자주 사용하기도 한다. 사실에 대한 정확한 이해와 원인 규명에 대한 노력 없이 '비판을 위한 비판'에 열을 올리는 것이다. 한국인들이 중국 역사를 왜곡하고 한국 문화가 중국 문화의 아류라는 편견도 바로 이런 맥락에서 짚어보면 이해가 가능하다.

21세기의 세계는 아시아 중심의 질서로 재편될 가능성이 대단히 높다. 또 이 과정에서 동아시아의 역할이 상당히 강조될 것으로 보인다. 이런 상황에서 동아시아의 터줏대감인 중국은 리더 국가의 모습을 보여야 한다. 한국이나 일본을 시원스럽게 리드하지는 못해도 최소한 어른스러운 자세를 보여야 한다. 그러려면 무엇보다 한국에 대한 오해와 편견을 버려야 한다. 한국인들이 중국 역사를 왜곡하고 있다거나 한국 문화가 중국 문화의 아류라는 편견과 아집을 버리는 것이 이를 위한 출발점이라고 하면 지나친 주장일까. 단연코 아니다. 잘못된 편견을 가진 상태에서는 양국 관계의 발전도 부지하세월일 가능성이 높은 만큼 더욱 그렇다.

한국 지식인들은 현재 중국과 중국인의 체제와 심리 상태를 잘 연구해야 한다. 잃어버린 자신들의 문화가 이웃 나라에 보존되고 체현되고 진화하고 있다는 사실에 중국 스스로 왠지 무식하게 보여 자존심이 상할지도 모른다. 양국 문화의 '다름'과 '틀림'을 잘 설명하고 토론하여 괜한 피해의식은 버리고 양국이 함께 동방 문화를 발전시켜 나가자고 설득해야 한다. 이를 이해하지 못하면 문화 침탈을 얘기할 자격도 없다고 해야 할 것이다. 어차피 문화라는 것은 인류 공동의 자산 아닌가.

최대한 한국 사회를 부정적으로 보는 시각

중국인들은 외면적으로는 대범해 보인다. 여간해서는 화도 잘 내지 않는다. 모든 것이 좋고 또 좋다. 한없이 좋다. 말에서도 이런 느낌이 물씬 풍긴다. 너무나도 끔찍하게 싫지 않은 한 웬만하면 좋은 게 좋다는 뜻의 "하오, 하오!"라는 말을 입에 달고 사는 게 중국인들이다. 그렇지 않다는 뜻이 아니다. 평균적으로 정말 대범하다. 남의 실수도 웬만하면 눈감아준다. 심지어 톨레랑스라는 말을 만들어낸 민족이자 관용에 관한 한 세계 최고라는 소리를 듣는 프랑스 사람 저리 가라고 해야 한다. 그러나 이런 중국인들도 지독하게 치사해지는 경우가 있다. 그것은 바로 남 잘되는 것 못 보는 것이다. 특히 자신보다 못하다고 생각한 사람이 생각보다 훨씬 잘되면 그야말로 난리가 난다. 고질병인 홍옌빙이 도져 마구 험담을 하지 않으면 안 된다. 금세기 들어 중국인들의 한국인에 대한 시각이 과거보다 꽤나 부정적인 것은 다름 아닌 이런 중국인들의 기질과 무관하지 않다. 나보다 못한 줄 알았는데 별로 그렇지도 않으니 속에서 천불이 나는 것이다.

중국인들의 이런 자세가 요즘 들어 더욱 공공연하게 드러난다. 특히 부정적인 사회 현상을 바라볼 때 마치 남의 집 불구경하듯 고소해하는 경향이 있다.

중국인들이 어떻게든 화제로 올리고 싶어 하는 대표적인 부정적 사회 현상이 바로 자살이다. 2010년 7월 5일자 〈중궈신원(中國新聞)〉 사이트를 보면 바로 표가 난다. '한국의 자살률, 세계가 주목할 정도. 스타들의 잇따른 자살'이라는 제목의 기사가 떡 하니 올라 있다.

"한국의 자살률은 세계에서 가장 높다. 이미 수많은 스타들이 자살을 했다. 이 경향은 미국, 일본, 유럽 등지와 비교할 때 상당히 놀라운 것이다."

인터넷 신문인 펑황(鳳凰) 사이트 역시 2010년 7월 1일 이런 시각을 보도하면서 전문가 인터뷰까지 실었다. 이 인터뷰에는 "사업적 성공이 의지뿐만 아니라 삶의 목표를 잃게 만들었다. 이로 인해 모방 자살이 만연한다. 한국인은 맡은 일에 대한 책임은 중시하나 스스로의 감정 문제를 해결할 줄 모른다"는 분석도 실렸다.

앞선 2010년 4월 14일 당 기관지 〈런민르바오〉의 인터넷판인 런민 사이트도 한국의 자살 문화에 대해 주목했다. '자살 왕국 한국, 사회 우울증 지수 극도로 치달았다'는 제하의 기사에서 한국의 높은 자살률과 우울증의 심각성을 보도했다. 이 기사는 일카 타이팔레의 『핀란드 경쟁력 100』이라는 책을 거론하면서 "경쟁력이 있는 사회는 다른 것이 아니다. 모든 국민의 심신 건강을 돕고 역량을 발휘할 수 있도록 만드는 사회이다"고 덧붙였다. 중국의 인터넷 사이트나 신문만 보면 한국은 자살 공화국이 틀림없다.

중국인들이 다음으로 주목하고 관심을 갖는 한국의 부정적인 사회 현상이 데모다. 환추(環球) 사이트의 포럼 난 2010년 10월 19일자에 실린 '한국인의 애국심을 표현하는 특별한 방식'이라는 제하의 글을 보면 확연해진다. "한국인은 자주 시위를 한다. 매년 평균 1만1000회 정도 발생한다. 규모가커서 경찰이 출동하는 경우도 1년에 85회 정도 된다. 한국인들의 시위 방법에는 바지 벗기, 분뇨 뿌리기, 할복, 돼지를 찢어 죽이는 등의 엽기적인 것들이 있다"는 내용을 생생한 사진과 함께 실었다. 당연히 이에 대한 반응은 부정적이다. 이 기사를 자신의 블로그에 옮겨놓은 한 네티즌의 경우 "시위가 마치 변태들의 행동 같다"고 거부감을 표시하기도 했다. '세기선봉군사논단'이라는 포럼도 비슷하다. '한국의 쇠고기 풍파'라는 제목의 글에서 미국산 쇠고기 수입 반대 시위 소식을 상세하게 전하면서 이를 이해하기 어렵다는 식으로 보도했다.

자살이나 데모의 직간접적 원인이 빈부격차인 만큼 중국인들이 이에 눈을 돌리지 않을 까닭이 없다. 〈중궈신원〉 사이트를 보면 감이 잡힌다. 2009년 5월 한국의 연합뉴스를 인용해 "경기 불황의 영향으로 2009년 한국의 빈부격차는 역사상 가장 높은 수준으로 확대됐다. 비정규직이나 자영업자 등 저소득층 같은 경우에는 실업 바람의 희생양이 됐다. 그러나 주식 시장이나 부동산 시장과 같은 투자 시장은 오히려 더욱 활발한 거래가 일어나고 있다. 이로 볼 때 한국의 빈부격차는 점점 커져가고 있다고 해도 좋다. 2008년 도시 거주 가정의 지니계수(부의 불균형을 나타내는 지수. 0에서 1로 가까워질수록 부의 분배는 불공평함) 역시 1900년대 이후 최고 수준을 기록했다"면서 빈부격차가 한국의 아킬레스건이라는 사실을 집중 조명했다.

관영 영자지 〈차이나 데일리〉 역시 이런 분위기에 동조하는 언론으로 꼽힌다. 최근 '한국 서울의 빈부격차를 보라'는 다소 자극적인 제목의 기사에서 "한국의 수도 서울은 세계 10대 부유 도시 중 한 곳이다. 서울은 한강이 가로질러 남과 북 양쪽을 가르고 있다. 이 중 강북은 역사 이래로 정치, 경제, 문화의 중심지였다. 그래서 수많은 역사 유적을 보유하고 있는 곳이다. 반면 강남은 최근의 엄청난 경제성장 덕분에 생겨난 마천루들이 가득한 현대화된 도시의 본보기이다"라면서 강남과 강북의 차이점을 지나칠 정도로 극단적으로 보도했다. 특히 이 신문은 빈촌과 부촌의 강렬한 대비를 확인해 주는 사진들을 기사에 실어 서울의 빈부격차를 의도적으로 과장했다.

한국의 빈부격차에 대한 중국인들의 부정적 시각은 급기야 논문까지 등장하게 만들었다. 논문을 쓴 주인공은 베이징 대학 환경과학공정학원의 우둥젠(吳東建) 연구원이다. 「한국 최근 50년간의 발전 전략 변천—개발주의와 신개발주의의 시각에서」라는 논문에서 "한국의 성장 전략은 불균형 성장론에 기초를 뒀다. 다시 말해, 유효한 자원을 국가가 지정한 특정 분야에 집중적으로 투자한 다음 그곳에서 나오는 성과물을 가지고 다른 분야의 발전을 돕는다는 전략이다. 그러나 정부 주도의 개발과 압축형 경제 성장 방식은 많은 폐단을 만들어냈다. 이런 성장 전략의 피해자는 농민과 노동자들을 대표로 하는 사회적 약자들이다. 자연 환경도 많이 파괴됐다. 또 정부 관료, 국영 연구기관, 사기업, 정치가들을 중심으로 형성된 이익집단은 이 빈부격차를 더 벌려 놓았다"고 꼬집었다.

객관적인 시각으로 보면 중국 언론 등에 소개되는 부정적인 한국의 사회 현상에 대한 시각은 틀리다고 말하기 어렵다. 우선 자살률이 경제협력개발기구(OECD) 국가 중에서도 최상위권에 속하고 시위에 관한 노하우가 세계적으로 알려진 현실만 봐도 분명 그렇다. 게다가 지니계수는 0.32를 넘어 위험 수준인 0.4를 향해 달려가고 있다. 확실히 한국인 입장에서는 입이 열개라도 할 말이 없다. 그러나 중국도 이 부분에 관한 한 무시하기 어렵다. 아니 지니계수의 경우는 한국보다 훨씬 더 높은 0.47을 기록하고 있다. 폭동이 일어나지 않는 것이 이상할 수준이다.

얼마 전 중국 국무원 직속 싱크탱크인 사회과학원의 도시경쟁력연구센터는 2010년판 「국가 경쟁력 청서」를 발간했다. 이에 따르면 한국은 국가 경쟁력 4위의 나라이다. 이 경쟁력 순위는 경제 총량, 경제 효율성 및 구조, 발전 잠재력, 혁신 등의 기준에서 평가된 것으로 한국은 지난 2006년에는 20위를 기록했다. 2010년의 경우 무려 16단계나 높아졌다. 중국인들도 한국의 경쟁력을 긍정적으로 평가하고 있다는 증거라고 할 수 있다. 그럼에도 굳이 한국의 자살, 데모, 빈부격차 등에 대해 높은 관심을 갖고 부정적으로 보는 이유는 중국인들 스스로도 같은 문제에 직면하고 있기 때문이 아닌가 한다. 쉽게 말해 동병상련이라는 얘기이다. 중국인들의 한국에 대한 부정적인 시각은 따라서 더욱 안타까울 수밖에 없다.

최근 중국의 반응을 보면 한국이 강국으로 올라서긴 한 모양이다. 옛날 같으면 전혀 무관심한 가운데 필요한 일이 생길 경우에만 접촉해 올 텐데 이젠 정치, 경제, 사회, 역사 문화 등 모든 면에서 물고 늘어지니 말이다. 빈부격차로 따지면 중국 도농 간에는 지역별로 19세기 사람과 21세기 사람으로 나뉘어 살고 있는 이도 적지 않다. 또한 자살 인구 수는 세계 최고를 자랑한다. 양국 간의 부정적 요소만을 가지고 PK를 벌인다면 한국은 2라운드도 못 갈 것이다. 그만큼 중국은 문제가 수도 없이 많다. 다 서로를 이해해 가는 과정이라고 볼 수 있다.

미국 가치관에 세뇌된 한국인

중국은 운명적으로 대장 노릇을 해야 하는 국가일 수밖에 없다. 역사적으로 이민족이 중국 대륙을 점령, 한족이 노예 비슷한 지경으로 전락한 적이 있으나 중국인들은 이것도 자국 역사로 치는 만큼 이렇게 말해도 별로 무리한 것은 아니다. 솔직히 그렇지 않으면 사실 그게 더 이상하다고 할 수 있다. 더구나 지금은 중국이 동양의 병자 소리를 듣던 19세기 후반이나 20세기 초반과는 상황이 판이하게 달라져 있다. 유럽이든 미국이든 모두들 중국에 고개를 숙이지 않으면 안 되는 형국이니까 말이다. 중국인들도 역시 최근 들어서는 그렇게 생각하는 것 같다. 비록 도광양회를 아직도 내부적으로 부르짖고 있으나 그러기에는 너무 덩치가 커졌다고 자신들도 느끼고 있다. 외환보유액 3조2000억 달러와 보유 중인 미국 국채 1조2000억 달러가 어디 아이들 용돈인가 말이다. 아프리카를 비롯한 제 3세계에 시혜를 베풀 듯 원조를 하는 통 큰 모습을 보이는 데는 다 이유가 있는 것이다. 당연히 한국에 대해서도 과거 자신들의 위상을 회복하려는 노력을 꽤나 기울이고 있는 듯하다. 한국을 번국처럼 만들지는 않더라도 고개를 숙이는 국가로 만들겠다는 생각이 없지 않다는 얘기이다.

그러나 현실적으로는 상당히 비관적이라고 봐야 한다. 한국이 너무 친미적이어서 자국에 기울지 않을 것이라고 보는 것이다. 심지어 일부 반미 내지 반한 인사들은 한국 문화를 거의 미국의 속국 문화 내지는 아바타 정도로 생각하고 있다. 또 한국인들 대부분이 미국의 가치관에 세뇌돼 있다는 평가 역시 내부적으로 내리고 있다.

2010년 6월 18일자 환추 사이트를 보면 어느 정도 고개가 끄덕여진다. 비록 연합뉴스 보도를 인용하기는 했으나 "한국인 10명 중 8명은 미국 문화나 미국식 사고방식에 대해 호감을 가지고 있다. 이 추세는 이명박 대통령 취임 이후 점점 강화되고 있다"면서 은근히 한국의 친미적 성향을 비꼬았다. 어떻게 보면 중국인들이 잘 쓰는 차도살인(借刀殺人, 남의 칼을 빌려 사람을 죽인다는 의미) 전략이 아닌가 보인다. 한국 언론에 이렇게 나왔으니 우리가 무슨 틀린 말을 했느냐는 항변인 셈이다.

직접적으로 한국과 한국 문화가 미국의 아바타 아니냐고 주장한 언론도 있었다. 국영 〈신화(新華)통신〉이 주인공이다. 2009년 6월 이명박 대통령이 미국을 방문했을 때 "이 대통령의 미국 방문 목적은 북한의 핵 위협을 견제

하고 한·미 양국의 동맹을 더욱 강화하기 위한 것이다"라고 노골적인 불쾌
감을 피력했다. 이때에는 베이징의 유력지 〈신징바오(新京報)〉 역시 "한국의
이명박 대통령이 핵으로부터 보호를 요청하기 위해 미국으로 헤엄쳐 갔다.
한국 정부 관료는 미국이 핵 보호를 서면화하겠다고 발표했다"는 요지의
보도를 했다.

학자들 중에서도 이런 시각은 존재한다. 대표적인 학자가 앞에서 이미 거
론한 바 있는 우둥젠이다. 최근 발표한 「한국의 최근 50년 발전 전략의 변
천−개발주의와 신개발주의의 시각에서」라는 논문에서 "이명박 정부의 실
용주의 외교 전략은 미·일 주도의 동북아 전략 노선으로 돌아가겠다는 의
도가 분명하다. 그것은 다원화된 국제 관계에서 한국의 이익과 인류 공통
의 가치관을 결합하겠다는 목표와 크게 다르지 않다. 또 그의 노선은 '국민
마음속의 대한민국 지도를 전 세계로 확장하자'는 마음으로 한국의 세계적
영향력을 높이겠다는 생각을 담고 있는 게 아닌가 보인다. 이런 목표를 이
루기 위해 발전과 '미, 일, 중, 러' 4개국과의 외교 관계를 중시하는 것 같다.
또 외교 시야를 전 세계적 측면으로 넓히면서 실리를 추구하는 외교 노선으
로 발전시키겠다는 전략이다"라고 주장하면서 이명박 정부의 노선이 친미,
실용주의라고 규정했다. 비슷한 논문은 또 있다. 마젠잉(馬建英), 한구이위(韓
貴玉) 두 학자가 공동으로 집필한 「이명박 정부의 실용주의 외교를 논하다」
라는 논문이다. "이명박 정부는 출범하자마자 실용주의 외교 정책을 추진
했다. 이 정책은 선진화 국가로 도약하는 데 도움이 될 것이다. 한·미 동맹
의 강화, 대일 정책에 있어서의 새로운 사고, 대북 관계 조정, 균형 외교 등
이 주요 내용이다"라고 강조했다. 우둥젠의 주장과 별반 다르지 않다.

네티즌은 한국이 미국의 가치관에 세뇌됐다는 입장을 더욱 적나라하게

지적한다. 워야오전스(我要眞實)라는 아이디를 사용하는 한 네티즌이 신랑(新浪) 사이트의 포럼 난에 '전시 작전 지휘권을 돌려받기 싫은 한국인은 미국이라는 큰 나무의 그늘에서 편하고 시원하다'는 제목으로 쓴 글을 대표적으로 꼽을 수 있다. "한·미 관계가 냉담할 당시 미국은 주한미군의 수를 적당히 줄이겠다고 발표했다. 그러자 한국인들은 공공장소에서 집회를 벌이고 미군을 줄이지 말아달라고 부탁했다. 또 '한·미 동맹을 신경 쓰고 있는 대부분의 사람들은 2012년 4월에 있을 전시 작전권에 대한 회수를 걱정하고 있다. 우리도 이 때문에 머리가 아프다. 작전권 회수를 연기했으면 한다'고 한국 정부의 고위 관료가 밝혔다"면서 한국의 미국에 대한 높은 의존도를 풍자했다. 또 'yywa115'라는 아이디를 사용하는 한 네티즌 역시 중궈(中國) 사이트에 올린 '한반도의 난국: 한국의 친미 정책이 그 근원'이라는 글에서 "한국의 경제력은 북한과 비교해 최소 50배 앞서 있다. 군사력도 북한보다 강하다. 그런데도 불구하고 국가의 자주 독립권에 있어서만큼은 북한과 비교도 안 될 만큼 약하다. 도대체 왜 그런가? 왜 한국은 미국이라는 큰삼촌의 그늘에서 벗어나 북한에 맞대응하지 못하는가? 한국은 미국 큰삼촌의 보호를 받는 것이 가장 안전하다고 생각하나?"면서 한국의 친미 정책과 미국에 대한 의존을 비판했다. 그는 이어 "한국의 친미 정책은 북한의 친중 정책을 유도하고 있다"면서 친미 정책이 한국의 안보에 하등 도움이 되지 않을 것임을 은연중 비꼬았다.

　한국에 대한 중국의 부정적인 시각은 대체로 편견이 많이 개입돼 있다. 그러나 솔직히 한국의 친미 성향에 대한 비판에는 편견이 개입돼 있다고 하기 어렵다. 어쩌면 이 시각이 거의 유일하게 편견이 개입되지 않은 부정적 시각이 아닌가 한다. 실제로 지금 한국은 실용주의 외교 노선과 친미주의 노선을 채택하고 있다. 이는 이명박 대통령이 문제만 있으면 미국을 방문하는 것만 봐도 알 수 있다.

최근 위키리크스에 폭로돼 화제가 되고 있는 "이명박 대통령은 뼛속까지 친미, 친일이다"는 말을 미국대사관이 괜히 본국에 보고한 것이 아닌 것이다. 물론 친미가 나쁠 건 없다. 하지만 지나친 친미 성향이 외국인들이 한국인들을 볼 때 자연스럽게 생성되는 한국의 이미지에 대한 편견의 근원이 된다는 사실을 감안하면 문제가 아닐 수 없다.

상하이의 한국 문제 전문가인 추이즈잉(崔志鷹) 퉁지(同濟) 대학 아태연구센터 한반도연구실 주임은 이명박 정권 출범 초기 〈스제지스(世界知識)〉라는 잡지에 '이명박의 방미, 철의 삼각지대 시대 도래를 예고하나'라는 제하의 글을 발표한 바 있다. 그는 이 글에서 "이명박 대통령은 대권을 잡자마자 특사를 파견해 중국에 인사를 했다. 이것은 그의 한·중 관계에 대한 적극적 의지를 보여준다. 그는 또 중·미 양 대국 사이에서 어느 한쪽으로 치우치는 것이 옳지 않다는 사실을 잘 알았다. 그래서 양국과 균형적인 외교를 꿈꾸고 있다. 중국은 이미 한국 최고의 경제 협력 파트너로 자리매김했다. 이뿐만이 아니다. 정치, 외교와 안보 부문에 있어서도 한국은 중국과의 지속적인 관계 발전이 필요하다. 그러나 그가 가장 주의를 기울여야 할 것은 중국에 대해 가시지 않는 방어와 경계 심리를 없애는 것이다"라고 주장했다. 한국의 대중 관계 개선을 위한 노력과 친미로 기울 수밖에 없는 이명박 정권의 운명을 동시에 지적한 글이 아닌가 싶다. 나름의 우려도 읽히고 있다. 그의 우려는 지금 현실이 됐다. 예컨대 한·중 관계는 수교 이후 가장 열악한 환경에 놓여 있다. 이 때문에 수교 이전보다 훨씬 더 소원해진 중국과의 관계 개선이 절실히 필요한 시점이 바로 지금이라 생각된다. 한·미 관계가 나빠져서는 안 되겠으나 중국인들이 보듯 한국이 미국의 아바타가 되는 것은 결코 바람직한 현실이 아닌 것이다. 누구의 아바타가 된다는 것은 영혼이 없다는 말과도 같지 않을까.

사실 6·25전쟁에 개입하여 남북 분단의 결정적 빌미를 제공한 중국 입장에서 이와 같은 무례한 비판은 근현대사에 대한 무지, 책임 회피, 이웃 국가에 대한 이해와 존중 부족 등 여러 가지 문제점을 노정하고 있다. 한국 정부 관계자와 지식인들은 앞으로도 꾸준하게 한국이 여론에 의해 움직이는 민주국가이며 처한 입장과 생존 전략이 다름을 명확하게 주장하고 중국의 역할과 협력을 주문해 나가야 할 것이다.

조선족은 계륵인가

중국은 소수민족 정책에 관한 한 상당한 노하우가 있다. 55개 소수민족이 있으니 그럴 수밖에 없다. 그렇다면 소수민족 정책의 요체는 무엇일까? 기본적으로 당근과 채찍을 병행하는 것이다. 이른바 자신들을 중국을 구성하는 '중화' 민족의 일원으로 생각하는 쪽에는 최대한 배려를 하는 대신 그렇지 않은 쪽에는 혹독하게 대하는 정책이다. 조선족들에게도 이런 정책은 유효하다. 물론 조선족은 배려를 많이 받는 민족 그룹에 속한다. 그렇다고 조선족들이 고분고분한 것만은 아니다.

예를 들어 보면 잘 알 수 있다. 지난 세기 80년대 중반에 A라는 20대 조선족 청년이 있었다. 그는 어릴 때부터 상당히 똑똑했다. 당연히 주변으로부터 장래가 촉망된다는 얘기를 들었다. 그의 인생은 그러나 장밋빛으로 채색되지 못했다. 그는 누가 작심하고 가르쳐주지도 않았는데 민족의식이 대단히 강했다. 그래서 눈에 보이지 않는 한족들의 민족 차별에 서서히 눈을 뜨기 시작했다. 결국 그는 중국 사회에 동화되는 길을 과감하게 포기했다. 대신 민족적인 일을 하기로 작정했다. 똑똑했던 만큼 그의 주변에는 또래의 청년들이 많이 모였다. 그는 이들을 조직화했다. 늘 민족의식을 고취하고 당당한 조선족으로 살아가도록 교육도 시켰다. 이 행동이 문제가 됐을까, 그는 어느 날 의문의 죽음을 당했다. 당연히 누구도 그의 사망 원인을 몰랐다. 하지만 발 없는 말이 천리를 간다고 그에 대한 소문이 점점 퍼져나가기 시작했다. 최근 조선족 유명 작가 W씨가 은밀하게 전해 준 당시 소문의 내용은 대략 이랬다.

"A는 자신을 비롯한 조선족이 절대로 중국 사회에 동화돼서는 안 된다는 얘기를 아예 입에 달고 다녔다. 우리에게는 남북한의 조국이 있다는 천기누설의 말도 의도적으로 하고 다녔다. 공안은 그와 그의 친구들을 주목할 수밖에 없었다. 걸핏하면 공안에 끌려가기도 했다. 결국 그는 의문의 죽음을 당했다. 그가 죽었을 때 그의 가슴에는 태극기가 숨겨져 있었다."

지난 세기 70년대 말에 한국으로 영구 귀국한 이응 씨의 케이스도 중국의 조선족들이 결코 만만한 사람들이 아니라는 사실을 잘 말해 준다. 이응 씨는 젊은 시절 중국에서 해방을 맞았다. 그는 당시 즉각 귀국하려고 했다. 그러나 사정이 있어 차일피일 귀국을 미루다 그만 중국이 공산화되면서 오도 가도 못하는 신세가 되었다. 이후 그는 끈질기게 중국 당국에 귀국 의사를 타진했다. 하지만 돌아오는 답은 미제의 간첩이라는 말과 혹독한 탄압이었다. 그는 진짜 이때부터 필설로 형언할 수 없는 고초를 겪었다. 투옥은 완전히 기본이었다. 8남매에 이르는 자녀들은 그가 무국적이었던 탓에 제대로 교육을 받을 기회조차 갖지 못했다. 결혼 역시 제약이 많았다. 그러나 그는 초지일관, 귀국을 원했다. 급기야 그는 지난 79년 한국인이라는 사실을 인정받아 8남매와 함께 귀국길에 오를 수 있었다. 그의 이런 소설보다도 더한 수구초심은 『조국아, 내 뼈를 묻어다오』라는 책에 생생하게 기록되어 있다.

물론 이런 극단적인 조선족은 요즘 거의 없다. 조선족은 기본적으로 티베트의 장족(藏族)이나 신장(新疆)위구르자치구의 위구르족과는 다르다. 그러나 마음속으로 중국 내지는 공산당에 충성하지 않는 조선족들이 적지 않을 것이다. 더구나 조선족은 몽골족이나 위구르족처럼 조국이 있다. 수교 이후 한국에 한 번 가보지 않은 성인이 없을 만큼 한국과의 왕래도 빈번하다. 중국으로서는 의구심을 가질 수밖에 없는 것이다. 한마디로 취할 수도 버릴 수도 없는 계륵, 즉 닭갈비라고 해야겠다.

이런 속내는 중국 정부가 지린(吉林)성 옌볜(延邊)조선족자치주 폐지 가능성을 은근히 흘리고 있는 것에서도 어느 정도 엿보인다. 현재 옌볜조선족자치주에는 전체 인구 220만 명 정도가 거주하고 있다. 이 중 한족은 59%에 이른다. 조선족은 39% 정도라고 한다. 소수민족 비율이 30%를 넘겨야 자치를 인정받는다는 규정을 충족시키고 있다. 그러나 문제는 통계 수치에 잡힌 비율보다 실제 거주 인구가 많지 않다는 데 있다. 한국에 나가 있는 인구가 상당한 탓이다. 자연스럽게 자치주 폐지 논의가 거론되는 상황이다.

중국 정부가 자치주 폐지 가능성을 던져본 데는 다른 이유도 있다. 원래 옌볜자치주는 한국인들의 뇌리 속에 깊이 박혀 있는 간도 지역을 일컫는다. 사실 이곳은 조선족 동포들이 그냥 살고 있는 곳이 아니다. 길게는 100년 이상이나 오랫동안 뿌리를 박고 살아온 그들의 터전이다. 문제는 그들이 자꾸만 한국과 가까워진다는 사실에 있다. 게다가 시간이 갈수록 민족적 정체성도 강해지고 있다. 중국 정부에다 대고 얼굴을 바꿀 가능성이 전혀 없다고 하기 어렵다. 중국 정부는 바로 이 점을 두려워하고 있다.

구체적인 폐지 논의 역시 지속적으로 이어지고 있는 것으로 보인다. 2010년 3월 전국인민대표대회(국회에 해당)와 인민정치협상회의(원로회의)를 일컫는 이른바 양회(兩會)의 회의에 참석했던 리룽시(李龍熙) 옌볜조선족자치주 주장이 "옌볜자치주를 폐지하고 옌볜시로 전환시킬 계획이 있다. 앞으로 장기적으로 논의할 것이다"는 입장을 밝힌 것이다.

물론 중국이 조선족에 대해 각별히 색안경을 끼고 볼 필요가 없다는 주장도 많다. 이에 대해서는 베이징대 김경일 교수의 말을 들어볼 필요가 있을 것 같다.

"조선족은 중국인인가 하는 질문을 던져보자. 그러면 답은 분명하게 나온다. 조선족들은 이런 질문을 받으면 그렇다고 대답한다. 그들은 중국 국적을 가지고 있는 중국의 소수민족이다. 실제로도 그렇다. 중국에서 태어나 공산당의 영도 하에 자라난 뼛속까지 중국인인 것이 사실이다."

더구나 최근에는 조선족들과 한국인들 사이에 묘한 냉기류도 흐르고 있다. 다시 김경일 교수의 말을 들어보자.

"대다수 한국인들은 조선족 동포들을 무시하고 깔봐왔다. 동포들 역시 경제적 어려움을 극복하는 것에 급급해 같은 민족인 한국인들에게 사기를 치고 차마 입에 못 담을 행동을 해 온 것도 사실이다."

그러나 팔은 안으로 굽는다고 결정적일 때는 조선족과 한국인들이 협력할 가능성이 높다. 또 대부분의 경우 양자는 지속적인 협력 관계에 있다. 조선족을 보는 중국의 시각이 절대로 기우는 아닌 것이다.

중국의 조선족에 대한 시각은 앞으로도 크게 변하지 않을 가능성이 크다. 또 옌볜조선족자치주 역시 계속 흔들릴지 모른다. 한국으로 유출되는 인구가 줄어들지 않을 경우 진짜 그럴 수도 있다. 이 경우 한국의 귀중한 자산이 어느 날 갑자기 신기루처럼 사라지지 말라는 법이 없다. 한국이 중국으로부터도 계륵 취급을 당하는 조선족들에게 과도하게 부정적 시각을 가질 필요가 없다는 결론은 그래서 크게 무리하지 않은 것 같다. 그렇지 않아도 그들은 충분히 괴롭다.

　조선족은 중국을 구성하는 56개 민족 중에서 한족을 제외한 55개 소수민족 가운데 한족에 동화되었거나 혹은 외부에 민족 핏줄 차원의 조국은 있으되 힘을 쓰지 못하는 소수민족과는 달리 총명하고 근면하여 역사적으로도 부담스러웠던 적이 한두 번이 아니었다. 아울러 한반도라는 강력한 민족 조국 개념의 국가가 존재하고 있어 '사회 안정'이 지상 과제인 중국 정부로서는 절대 함부로 못 하는 존재다. 한국 정부는 조선족의 역사적·현실적 자산 가치를 인정하고 경제 협력, 남북 통일, 동북아 지역 안정, 통일 한국의 소프트파워 확장 등 미래 국가 전략 구축 차원에서 이들을 예우하고 활용하는 전향적 자세와 노력이 필요하다.

어떤 면에서 보면 일부에 지나지 않는 반한 내지 혐한 감정은 중국인들에게 한국을 평가절하하게 만들었
다. 그러나 중국 정부나 중국인들의 상당수는 여전히 한국에 대한 시각이 나쁘지 않다. 짧은 시간 내에
경제 기적을 이룩한 것이나 중국에 비해서는 작은 나라가 각 분야에서 세계적으로 맹활약하는 것에 대해
서는 경이적으로 바라보는 긍정적 시각을 가지고 있다. 그야말로 한국에 대한 시각이 여전히 서프라이즈
한 것이다. 더불어 이런 능력을 배워야 한다는 목소리 역시 높다. '한국은 있다'는 분위기 아닌가 싶다. 젊
은 청년들의 한국 유학이 늘어난다거나 한국, 한국인들과의 교류를 위해 한국어를 비롯한 한국 문화를
배우려는 분위기가 확산되는 것은 무엇보다 이런 현실을 잘 보여준다고 할 수 있다. 과연 중국과 중국인
들은 한국의 무엇에 대해 열광하고 부러운 시선을 보내고 있을까?

3장

그들은 한국의 무엇에
열광하는가

세계적 수준의 놀라운 성형 문화

원래 등잔 밑은 어둡다. 자기 자신을 제일 모르는 사람이 어떨 때는 자기 이듯이 말이다. 간혹 가다 국가 간의 사이도 이렇지 않을까? 가장 잘 알아야 하는 사이임에도 서로를 잘 모르는 경우가 없지 않다. 한국과 중국도 크게 다르지 않다. 지리적인 요인이나 지난 5000년 동안에 걸친 교류의 역사로 봐서는 우선 한국이 중국 전문가를 수만 명 정도는 확보하고 있어야 한다. 하지만 현실은 전혀 그렇지 못하다. 많은 사람이 중국 전문가 1만 명 내지 10만 명 양병설을 그럴듯하게 생각하면서도 과연 실현될 것인가에 대해서는 회의적인 시각을 갖게 되는 것은 다 이 때문이다. 중국이라고 별로 다를 게 없다. 한국에 대해 잘 알 수 있는 입장에 있으나 전혀 그렇지 않다. 오히려 일본인들보다 한국을 더 모른다. 그래서 중국인들은 왜 저런 것을 보고 저렇게 신기해하나 하는 생각이 들 정도로 한국과 관계된 것에는 열광하는 경우가 없지 않다. 모르기 때문에 신기한 것이다. 더구나 중국인들은 평균적으로 호기심이 많다. 뜨거운 물이 확실한 데도 손을 집어넣은 다음 호되게 혼이 나서야 그렇구나 하고 고개를 끄덕이는 사람이 바로 중국인들이다.

중국인들은 하한쭈든 반한류파든 관계없이 한국 특유의 문화에 관심이 많다. 또 반한류파들도 대체로 한류를 대할 때만큼은 그리 적대적이지 않다. 이런 사실은 중국의 한인 타운을 한번 걸어보면 바로 알게 된다. 대표적으로 베이징 왕징의 분위기를 봐도 그렇다. 한국인의 생활 편의를 위해 조성된 타운임에도 각종 식당이나 매장에 중국인들이 적지 않게 몰리고 있다. 심지어 한국의 김치를 쓰촨(四川)성 고유 음식 자차이(榨菜. 절인 무)의 짝퉁이라고 주장하는 반한파들도 김치를 구입하기 위해 이곳을 몰래 찾는 경우가 있다. 찜질방이나 한국형 사우나에 열광하는 것도 마찬가지다. 일본인들이 때밀이에 열광하는 만큼 좋아하는 중국인이 그야말로 지천이다. 한국을 찾는 중국 관광객들이 해마다 빛의 속도로 불어나는 것엔 다 까닭이 있는 것이다.

한류에 대한 감정과 관계없이 대체로 중국인들이 한국만의 특유한 문화에 대해 신기해하거나 호감을 가지는 데는 다 이유가 있다. 무엇보다 한류의 충격적인 성공과 연관이 깊다. 이 점에서는 반한류를 주창하는 사람들도 대동소이하다. 도대체 왜 말도 안 되는 한국 문화가 인기를 끄는지 알기 위해 관심을 갖는 경우가 많은 것이다.

중국인들의 문화에 대한 욕구 역시 거론해야 한다. 중국인들은 지난 세기 60년대와 70년대에 문화대혁명이라는 엄청난 대격변을 겪었다. 이 와중에 전통과 대중문화 등의 콘텐츠가 많이 사장됐다. 여기에 개혁·개방 이후인 80~90년대에도 사회주의적인 요소들이 여전히 남아 있었던 탓에 문화 콘텐츠가 다양하게 양산되지 못했다. 그러다 금세기 들어 사회 전반적인 자유화 물결에 따라 이런 콘텐츠에 대한 욕구가 폭발했다. 자연스럽게 콘텐츠 생산의 단절을 겪지 않은, 비교적 수준 높은 이웃 나라 한국의 문화 콘텐츠를 필요로 할 수밖에 없었다.

서양의 외피를 뒤집어쓴 것 같으면서도 동양의 기본 정신을 잃지 않은 한국 문화의 묘한 매력도 이유가 될 수 있다. 예컨대 드라마의 경우 중국인들은 배경이 현대적이면서도 기본적 프레임은 매우 전통적인 경향이 강한 한국 드라마에 꼼짝 못하는 경우가 적지 않다. 특히 여성들의 경우는 세대를 막론하고 열광적이라고 해야 할 만큼 경도돼 있다.

한국 문화 자체의 강력한 경쟁력과 우수성 역시 거론해야만 한다. 이에 대해서는 중국인들도 대체로 인정한다. 진짜 그런지는 중국 한류에 대해 비교적 중도적인 생각을 가지고 있다고 자부하는 리진성(李進升) 씨의 말을 들어보면 알 수 있다.

"한국의 문화 콘텐츠는 일단 세련됐다. 드라마나 코미디의 경우 전혀 억지스럽지 않다. 우리 주변에서 일어나는 얘기를 대변하는 것 같다. 그러나 중국의 문화 콘텐츠는 이 점에서 다소 차이가 있다. 세련되지 못하고 재미도 없다. 왜 같은 배우와 제작비를 가지고 한국에 뒤처지는가? 문화 콘텐츠 생산자들은 반성해야 한다. 그런 다음 훌륭한 수준의 콘텐츠를 만들어내야 한다. 그런 다음에야 한류에 대해 비난할 자격이 있다."

중국인들이 한국 문화에서 양국의 공통성과 유사성을 발견하는 것은 더 말할 나위도 없다. 이에 대해서는 일찍이 〈중궈칭녠바오(中國靑年報)〉도 "한·중 양국의 문화는 비교적 근접해 있다. 공통적으로 동양 문화에 속한다. 이 때문에 서구 문화와 비교해서 중국인들이 받아들이기에 아주 수월하다"고 솔직하게 인정한 바 있다.

각론으로 들어가면 한국 문화를 경이적으로 보는 중국인들의 시각을 알 수 있다. 우선 부정적 인식의 대상이기도 한 성형 문화에 대한 열광을 살펴볼 필요가 있다.

때는 2010년 10월 8일이었다. 이날 베이징 인민해방군 309병원에서는 전국의 수많은 젊은 중국 여성들이 주목하는 행사가 하나 개최됐다. 바로 중국의사협회, 베이징 미용성형총협회 등이 주최한 '한·중 성형미용 학술 정상회의'였다. 성형과 관련한 것으로는 사실상 사상 처음으로 열린 공식 행사였다. 게다가 다음 날인 9일 중국 의료진이 지켜보는 가운데 한국 라마르 클리닉의 의료진에 의한 시범 수술이 진행됐다. 놀랍게도 이날 수술은 실시간으로 병원 내부에 생중계됐다. 수술이 끝난 후 환자들의 반응도 뜨거웠다. 대부분 상당히 만족스러운 표정을 보였다.

이에 대해 중국의 3대 포털 사이트 중 하나인 써우후(搜狐)는 "중국 의사들은 수술 횟수가 많아 경험은 풍부하다. 그러나 한국 의사들의 세심함을 좀 더 배워야 한다. 한마디로 한 수 지도받아야 한다"면서 중국의 성형 기술이 한국과는 비교가 안 된다는 사실을 솔직하게 시인했다.

한국 성형 문화가 중국에서 차지하는 위상을 그대로 대변해 준 행사가 아니었나 보인다. 이 때문에 관련 부처 최고위 공무원의 한국 성형 문화에 대한 시각이 경의에 가득 차 있다는 사실은 크게 이상할 것도 없다. 위생부의 마샤오웨이(馬曉偉) 부부장이 이런 대표적 인물로 꼽힌다. 최근 "한류 열풍으로 중국 여성들은 한국 여배우들을 목격했다. 너나없이 이들을 그대로 닮으려고 한다. 안 되면 성형 수술이라도 하려고 한다. 한국의 성형 수술은 세계적 수준에 있다. 지금이 한국의 성형외과가 중국 시장으로 진출해야 할 때가 아닌가 한다"고 이례적인 발언을 했다.

한국 성형 문화에 대한 동경은 자연스레 중국인들을 한국의 강남으로 끌어들이고 있다. 2011년 10월 초의 국경절 때를 상기하면 아마 고개가 끄덕여질 것이다. 당시 1주일 동안의 연휴를 맞아 약 7만~8만 명에 이르는 중국인이 한국을 찾았다. 그런데 이들 중 상당수는 20대 전후의 젊은 여성들이었다. 이들의 행선지는 너무나 분명했다. 강남의 3대 성형 성지로 불리는 압구정동, 신사동, 강남역 등에 소재한 성형외과였다. 중국인들의 빠른 소득 증가와 외면적인 아름다움을 적극적으로 추구하는 중국 여성들이 폭발적으로 늘어나는 최근의 현실로 미뤄볼 때 이런 현상은 조만간 연례행사가 될 가능성이 높다. 강남의 성형외과들이 요즘 들어 아예 중국어 구사가 가능한 직원을 카운터에 배치하는 것은 너무나 자연스러운 현상이다.

이렇다 보니 웃지 못 할 해프닝도 벌어진다. 2009년 11월 28일 베이징 서우두(首都) 공항에서 벌어진 사건이 이 경우에 해당하지 않을까 싶다. 당시 가수로 활동 중이던 왕룽(王蓉)이라는 젊은 여성이 입국 심사장에서 경찰에 억류됐다. 이유는 기가 막혔다. 한국에서 성형을 하고 귀국하다가 여권 사진과 성형 후 모습이 너무 달라 봉변을 당한 것이다. 이 소식은 곧 중국 대륙 전체로 퍼졌다. 이로 인해 왕룽은 큰 피해를 입었다. 마음고생도 적지 않게 했다. 그러나 한국 성형 문화는 다시 한번 깃발을 휘날렸다. 얼굴이 완전히 바뀔 정도면 자신도 엄청나게 예뻐질 수 있다는 환상을 젊은 중국 여성들에게 갖게 한 것이다.

중국인들에게 한국의 성형 문화에 대한 부정적 인식이 전혀 없는 것은 아니다. 하지만 한국식 얼굴로 성형을 하고 싶어 하는 경향은 점차 강해질 수밖에 없을 것이다. 성형을 했다는 수치보다는 얼굴 못난 것이 더 괴로운 일이라는 것을 지금 중국의 젊은 여성들이 절감하고 있기 때문이다.

부정적이든 긍정적이든 한국 문화에 대한 중국인들의 경외감은 어느 날 갑자기 사라지기 힘들다. 한국 문화는 분명히 중국의 문화가 갖지 못한 역동성과 창의성 등의 장점을 지니고 있기 때문이다. 그러나 중국인들은 자국의 이런 자세를 굳이 부정적으로 보지는 않는 것 같다. 중국이 유구한 사회·문화적 전통을 되찾아 이를 한국의 문화 콘텐츠에 접목시키면 소프트파워로 급부상하는 것은 시간문제라고 보는 것이다. 중국이 청출어람의 주인공이 될 것이라는 전망은 그렇기 때문에 무리한 생각이 아니다.

한국 민족 특유의 감성과 흥의 문화는 적당한 사회 경쟁 시스템과 맞물려 앞으로도 계속해서 뛰어난 문화 상품을 창조해 낼 것이다. 요즘 세계 젊은이들의 글로벌 이슈가 되고 있는 K-POP 현상을 봐도 이를 짐작할 수 있다. 한국은 미를 바라보는 심미관이 깊고 이를 응용하는 재주도 타고났다. 이는 중국이 발전하더라도 도저히 따라오지 못할 요소다. 한국 정부의 문화 정책과 한국 문화 관련 상품 개발 및 수출은 중국인의 대한국 국가 이미지 제고에 매우 중요한 역할을 할 것이다.

자장면부터 유교 문화까지 발전시키다

중국에는 중국이 원조인데도 한국에만 있고 중국에는 없는 게 몇 가지 있다. 우선 완전히 한국 음식으로 굳어진 자장면이 여기에 속한다. 산둥(山東)성 룽청(榮城)에 거의 비슷한 맛의 자장면이 있으나 조금의 차이는 있다.

룽청에 비하면 베이징 자장면은 아예 한국 자장면과는 거리가 멀다. 된장 같은 소스에 야채 몇 가지 뿌려 넣은 엉터리 자장면이다. 중국에는 한국식 자장면이 없다고 해야 한다. 중국어의 고어 발음, 정확하게 말하면 당나라 때까지의 발음도 한국에만 남아 있지 중국에는 없다. 혹자는 그 무슨 말도 안 되는 소리냐고 할지 모르나 중국 유명 언어학자들의 말을 들어보면 확실히 그렇다. 지금 한국의 한자어 발음이 고대 중국어의 발음이라는 것이다. 이를테면 공자(孔子)는 지금 중국에서는 쿵쯔라고 발음하나 고대에는 분명 지금의 한국어처럼 공자라고 발음했다는 것이다. 고대 음운학을 전공한 중국어 전공자들이 한국에 와서 한자 발음을 들어보고는 깜짝 놀라는 것은 별로 이상한 일도 아니다.

공자를 비롯한 유교 성인들을 추모하고 덕을 기리는 행사인 석전대제(釋奠大祭) 역시 거론해야 한다. 중국이 원조이기는 하나 한국에 원형이 더 잘 보존돼 있다. 중국이 한국 유교의 본산인 성균관에서 하는 행사를 가져다 복원했다는 얘기까지 있을 정도이니 기가 막힐 일이 아닐 수 없다.

자장면과 중국 고어가 본고장에서 사라진 것은 그래도 이해할 만하다. 그러나 석전대제의 원형이 중국에서 사라진 것은 아무리 생각해도 정말 어이가 없다. 이렇게 된 데는 당연히 체제와 관계가 있다. 공산주의자들은 말할 것도 없이 무신론자들이다. 그러니 기독교와 예수, 불교와 부처는 물론 유교와 공자도 부정한다. 믿는다거나 추앙하는 것은 고사하고 탄압하지 않으면 다행이다. 더구나 극좌파들이 설친 지난 세기 60~70년대의 문화대혁명 시기에는 비림비공(批林批孔, 린뱌오林彪와 공자 비판)이라고 해서 공자가 거의 사탄 취급을 받았다. 그의 고향인 산둥성 취푸(曲阜)시에 소재한 유교 문화의 유적들이 이 시기에 대거 파괴된 것은 어쩌면 당연한 일이었다. 석전대제라고 온전할 까닭이 없었다. 중국이 한국에 온전하게 남아 있는 성균관의 석전대제를 카피한 데는 다 이유가 있었던 것이다. 한마디로 한국의 유교 문화는 중국의 체제가 겪을 수밖에 없었던 사상적 공백을 메워준 타임 캡슐과 같은 존재였던 것이다.

한국의 도움으로 지금 공자의 후손들은 조상에 대한 제사를 거의 완벽하게 지내고 있다. 76대손인 쿵링저우(孔令周)가 최근 "힘들었던 과거는 이제 끝났다. 중국은 현재 새로운 시대에 접어들었다"고 자신 있게 말할 수 있는 배경에는 바로 이런 한국 유교의 도움에 대한 감사의 마음이 있다고 하겠다. 이뿐만이 아니다. 석전대제를 매년 국제 행사로 개최하면서 600만 명의 관광객을 끌어 모으는 취푸시 역시 은근히 한국에 대한 고마운 마음을 가진다고 한다.

지금 중국은 유교 부흥이 그야말로 화두가 되고 있다. 각 급 학교에서는 유교 경전 읽기 캠페인이 한창 진행되고 있다. 또 지식인들의 상당수는 대거 유교로 개종이나 한 것처럼 유교 문화 연구에 열을 올리고 있다. 이들은 심지어 유교를 정치 개혁의 수단이나 공산주의 및 민주주의를 대체할 이념으로 기대하기도 한다. 중국이 자랑스럽게 생각하는 2008년 베이징 올림픽 개막식도 이 영향을 피해가지 못했다. 유학의 향기가 만연했던 것이다. 이런 분위기는 대중문화에 영향을 미치기도 했다. 비근한 예로 영화 '공자'의 제작을 들 수 있다. 물론 이 영화는 미국 영화 '아바타'의 상영을 제한하고 국가 최고 지도자들까지 나서 흥행을 독려했음에도 크게 성공하지는 못했다. 하지만 중국이 유교와 공자를 분명히 되살리려는 생각을 가지고 있다는 사실만큼은 분명하게 증명해 줬다. 그 점만으로 영화는 성공이라고 해야 할 것이다.

사실 유교는 중국 입장에서 볼 때 효용 가치가 대단히 많다. 무엇보다 유교는 한계에 이르지 않았나 하는 느낌을 강하게 주는 공산주의를 보완하고 국민 화합의 도구가 될 수 있다. 더불어 대외적으로는 동아시아의 종주국 노릇을 할 수 있는 사상적 기반을 만들어 줄 가능성도 크다. 이런

대진대학교 공자학원 로고

효용가치를 극대화하기 위해서는 당연히 '유교 활용의 정도와 방법'이라든가 '유교 활용의 효과' 등에 대한 고찰과 연구가 필요하다. 중국에 있어 '공자의 재구성'이나 '유교의 재구성'이 절실한 시점이 바로 지금인 것이다. 금세기 들어 중국이 한국을 비롯한 세계 각국 대학에 공자학원을 설립하는 것은 다 이런 생각과 무관하지 않다.

공자학원은 중국어와 중국 문화를 보급하는 기구로 비영리적인 사회 공익을 원칙으로 하고 있다. 그러나 잘 보면 이처럼 단순하지가 않다. 후진타오 정부의 외교 노선을 대표하는 이른바 화평굴기의 야심이 분명 깔려 있다. 또 중국의 역사와 문화를 세계에 전파하고자 하는 야심도 기반으로 하고 있다.

중국의 이런 야심은 공자학원의 로고를 자세하게 들여다봐도 어느 정도 알 수 있다. 머리를 들고 높이 날아가려 하는 비둘기와 지구의 이미지를 이용해 약간 변형된 모습의 '한(汉, 중국을 뜻하는 한漢자의 간체자임)'자를 만든 것이다. '세계, 중국어, 평화, 굴기'라는 공자학원의 4차원적 설립 이념이 그대로 드러난다.

그런데 공자학원이 세계 최초로 2004년 11월 21일 한국의 수도 서울에

서 현판식을 가졌다. 이후 2010년 4월까지 총 17개의 공자학원이 한국에 설립됐다. 개수로도 한국이 세계에서 가장 많다. 그렇다면 "중국이 왜 한국에 가장 먼저 공자학원을 세웠는가?"라는 의문을 갖지 않을 수 없다. "왜 한국에 가장 많이 생겼는가?", "인구도 얼마 안 되는 한국에 도대체 왜?"라는 등의 의문 역시 생겨야 정상이다. 단순하게 보면 지리적 위치와 밀접한 역사 등을 이유로 들 수 있다. 또 한국의 급속한 경제 성장과 사회 발전, 그 이후에 밀어닥친 한류의 무서운 영향력도 무시하기 어렵다. 중국의 역사와 문화를 보급하면서 동시에 경제 발전 등의 노하우를 배우고자 하는 의지가 작용했다고 보아야 한다.

그러나 가장 결정적인 이유는 역시 한국의 유교 문화에 대한 중국의 긍정적인 마인드가 아닌가 싶다. 다시 말해 자국의 체제가 겪은 사상적 공백을 잘 메워준 한국 유교의 저력에 대한 경의, 유교를 부담 없이 받아들일 수 있는 자세 등을 높이 평가했다는 분석이 가능하다.

21세기는 아시아가 주도권을 잡을 가능성이 높다는 말들을 많이 한다. 이 말은 다시 말해 중국이 주도하는 세상이라고 해도 과언이 아니다. 사실 그럴 수밖에 없다. 중국어에도 차이다치추(財大氣粗, 돈이 많아지면 목소리도 커진다는 뜻)라는 말이 있지 않은가 말이다. 현재 같은 상황에서 중국이 그렇지 않다면 그것도 사실 이상한 일이다. 공자학원을 비롯한 유교의 수출에 전력을 기울이는 것을 보면 앞으로의 행보 역시 충분히 예상이 가능하다. 당연히 이 행보의 이면에는 자국에서 가져갔으면서도 원조인 자신들보다 유교 문화를 국가 발전에 더 성공적으로 접목해 온 인접국 한국의 성공으로부터 받은 자극이 숨어 있다고 해야 할 것이다.

그러므로 중국 정부와 중국인을 접촉하는 한국 정부 및 개개인이 유교 문화의 소양을 지니고 언행에서 군자의 풍모가 느껴질 수 있도록 노력한다면 비록 중국이 정치·경제·군사 강대국으로 영향력을 키우더라도 그들은 항상 정신세계가 이를 따라가지 못해 허전해할 것이며, 문화 강국인 한국을 함부로 대하지 못할 것이다. 한국 및 한국인은 이를 매사에 전략적으로 활용할 필요가 있다.

초고속 인터넷 통신과 네티즌의 정치 참여

한국은 속도에 있어서는 타의 추종을 불허한다. 신체적 약점으로 인해 육상 등 일부 스피드 종목에서 다소 뒤처지는 것을 제외하면 그야말로 모든 분야에서 전 세계 최고에 속한다. 이에 관해서는 재미있는 얘기도 있다.

A라는 화교가 있었다. 그는 중국 음식점을 하면서 한국인의 '빨리빨리' 스타일에 완전히 질려버렸다. 신경질이 날 때는 자장면에 침이라도 뱉어 화풀이를 하고는 했으나 그래도 '빨리빨리'에 대한 스트레스는 극복하지 못했다. 그야말로 뇌에 물이 찰 지경이었다. 급기야 그는 한국인들을 피해 미국으로 이민을 갔다. 최종적으로는 플로리다로는 곳으로 가서 중국집을 다시 열었다. 그는 그제야 살 만하다고 생각했다. 장사는 한국보다 덜 됐으나 한국인들로부터 '빨리빨리'라는 소리를 듣지 않을 수 있어서였다. 그러나 웬걸, 그가 이민을 오자 갑자기 한국인들도 빛의 속도로 플로리다에 이민을 왔다. 그는 또다시 한국인들로부터 '빨리빨리' 소리를 들었다. 그는 이때 비로소 교훈 하나를 깨달았다. 자신이 지구상에 존재하면서 중국집을 하는 한 '빨리빨리' 소리에서 벗어나지 못할 것이라는 사실을.

그는 이후 모든 것을 다 포기하고 한국으로 돌아왔다고 한다. 이제는 '빨리 빨리' 소리를 운명처럼 듣고 있다고 한다. 아니 들리는 소문에 의하면 그가 더 '빨리빨리'에 적응하기 위해 노력하고 있다는 것이다. 한·중 관계 발전이 급속도로 빨라지면서 늘어난 중국인 손님 때문에 장사가 너무 잘되는 탓이다.

이처럼 중국인들은 한국인들의 급한 성격에 혀를 내두른다. 그러니 인터넷 속도를 비롯한 통신 인프라가 빠른 것에 대해 그다지 이상하게 생각하지 않는다. 당연히 좋게 본다. 하기야 그럴 수밖에 없다. 미국의 네트워크 데이터 전송회사인 판도 네트워크스(Pando Networks)가 2011년 9월 발표한 전 세계 네트워크 속도 순위에 따르면 한국의 인터넷 다운로드 속도는 초당 2202KB로 세계 최고였다. 반면 중국의 인터넷 다운로드 속도는 한국 인터넷 다운로드 속도의 9분의 1인 초당 245KB에 불과했다. 전 세계 평균 수준인 초당 580KB에도 훨씬 못 미쳤을 뿐 아니라 인터넷 속도가 느리기로 유명한 일본의 초당 1364KB보다 뒤지는 것으로 나타났다. 아무리 중국인들이 만만디라고 해도 자국의 속도를 견딜 수는 없는 노릇 아닐까.

그러나 한국인들은 아직도 지금의 속도에 만족하지 못하고 있다. 웬만한 국가들보다 보통 3~4배 빠른 실정임에도 더욱 빠른 광케이블로 눈을 돌리고 있다. 구체적으로 2103년까지 초당 1GB의 다운로드 속도를 목표로 국가적인 차원에서 투자를 하고 있다. 심지어 한국방송통신위원회는 무선 인터넷의 사용을 촉진하기 위해 1조5000억 원을 투자하는 무선 인터넷 5개년 계획을 발표하기도 했다. 이 계획은 스마트폰의 세계적 경쟁력 강화를 비롯해 스마트폰의 보급과 생산, 세계 최고 수준의 무선 인터넷, 차세대 정보기술(IT) 전문 인력 양성 등의 내용을 포함하고 있다.

중국인들은 한국의 빠른 인터넷 속도에 그저 경탄만 하고 있지는 않다.

초고속 인터넷 기술의 현황이나 새로운 변화에 관한 내용 등이 언론에 실시간으로 보도되면 관심을 가지고 지켜본다. 몸소 체험은 하지 못하지만 한국 IT 산업의 발전 모습을 보고 많은 것을 느끼고 있는 것이다.

그렇다면 중국인들은 한국의 다른 분야의 발전 속도에 대해서는 어떻게 평가하고 있을까? '빨리빨리' 정신이 발양돼 급속도로 발전한다는 것이 기본적인 생각이다. 이런 평가는 한류나 한국에 대해 반감을 가지고 있는 사람들도 대체로 인정한다. 예를 들면 정치가 대표적으로 꼽힌다. 런민 대학 정치학과 팡창핑(方長平) 교수의 말을 들어보자.

"중국은 지난 세기 말 두 전직 대통령을 투옥시키는 한국의 정치 행태를 보면서 엄청나게 놀랐다. 그런 모습은 웬만한 국가에서는 볼 수 없는 것이다. 미국이나 유럽, 일본 등의 선진국이면 모를까. 또 노무현 대통령이 당선되는 것을 보면서도 적지 않게 놀랐다. 한국의 정치가 그만큼 발전했다고 높이 평가하는 것 같다."

중국인들은 팡 교수의 말처럼 한국에서 자주 열리는 선거에 대해서도 상당히 높은 평가를 한다. 이에 대해 피수이(皮樹義) 〈런민르바오〉 기자는 "한국의 선거는 진짜 선거 같다. 누구도 결과를 예측하기 힘들다. 때로는 시민들의 힘으로 전혀 예상 못한 결과를 가져오기도 한다. 2011년 10월의 서울시장 선거도 중국인들에게는 신선한 충격을 줬다. 서로 토론을 해 가면서 정책 대결을 벌인다는 것은 선진국에서만 볼 수 있는 일이다. 더구나 무소속 후보가 당선이 됐다. 한국 이외의 나라에서 어디 이런 일이 가능하겠는가"라면서 한국이 이제 정치에서는 선진국에 진입했다고 높이 평가했다.

경제나 다른 분야 역시 크게 다르지 않다. 중국인들은 대체로 한국이 빠른 속도로 발전을 거듭해 선진국에 진입했거나 비슷한 수준에 이르렀다고 보고 있다.

한국의 각종 인프라를 부러워하는 중국인들의 시각은 말할 것도 없이 자국의 경찰국가와 비슷한 각종 시스템에 대한 불만과도 무관하지 않다. 실제로 중국은 아직도 국가에 의한 인터넷 통제가 완벽하게 가능한 나라로 손꼽힌다. 중국에 유학 중인 한국 학생들이 페이스북 등의 인기 사이트나 일부 한국 사이트에 대한 접근이 아예 근본적으로 불가능한 사실에 대해 불만을 나타내는 것은 바로 이 때문이라고 할 수 있다. 이뿐만이 아니다. 상당수의 중국 네티즌은 인터넷을 통해 정치 참여, 사회 운동이 거의 불가능한 상황에 대해 불만을 드러내기도 한다. 그러나 한국을 보는 중국인들의 부러운 시선에는 기본적으로 진짜 빛의 속도로 발전해 온 한국에 대한 경외감이 존재한다.

한국은 앞으로도 경제를 제외한 모든 분야가 빛의 속도로 변화할 가능성이 높다. 아마도 이 점에서는 중국이 한국을 절대로 따라오지 못할 것이다. 물론 요즘 중국의 젊은이들은 스마트폰을 사용하면서 데스크톱이나 태블릿 PC가 없어도 언제 어디서나 인터넷을 즐기기는 한다. 하지만 어디까지나 이런 경향은 소수에 국한돼 있다. 역시 보편적인 면에서는 한국과 차이가 있다. 한국을 바라보는 중국인들의 시선에 계속 부러움이 담겨 있을 수밖에 없는 이유가 분명해지는 것 같다.

양국 젊은이들이 똑같이 현재의 IT 문화 상품을 즐기더라도 중국은 체제와 중국인 특유의 사유 구조, 다양한 문화, 지역적 차이 등으로 인해 이를 통해 사회 변화를 추구하는 이슈를 발견하고 변혁하는 동력을 찾기 어려울 것이다. 그저 새로운 상품을 접하고 즐기는 것이다. 이런 가운데 이웃 나라 한국이 기술과 문화의 융합으로 새로운 문화를 창출하고 이를 사회 변혁의 동력으로 삼는 것을 목도할 것이다. 중국은 또다시 이를 발견하고 학습하는 과정을 되풀이해 나갈 가능성이 높다.

가장 본받고 싶은 공중도덕과 시민의식

한때 '한국인은 안 돼'라는 말이 사회 전 분야에서 오랫동안 회자된 적이 있었다. 코리안 타임이니 엽전이니 하는 것은 이 말의 동의어이기도 했다. 그러나 지금은 많이 발전했다. 공중도덕이나 시민의식이 선진국 수준에 근접할 만큼 좋아졌다. 이 사실이 절대 허언이 아니라는 사실은 중국인들의 공중도덕과 시민의식을 보면 금방 깨닫게 된다. 중국인들의 행동 하나하나가 마치 수십 년 전 한국인들의 데자뷰처럼 느껴지는 탓이다. 상하이에서 서비스하는 신민 사이트가 최근 보도한 기사 하나만 봐도 알 수 있다. 이 사이트는 최근 어느 여성이 공원에서 대낮에 볼일을 봤다고 보도했다. 그러자 네티즌이 달려들어 댓글을 달았다. 반응은 정확하게 둘로 갈렸다. 베이징이나 상하이의 대도시 네티즌은 논란의 당사자인 여성이 "공중도덕을 어겼다"고 성토했다. 반면 중소도시 지역의 네티즌은 "오죽했으면 그랬겠느냐. 화장실 문화에 문제가 있다"는 엉뚱한 반응을 보였다. 토론할 여지가 전혀 없는 문제임에도 논란이 일 정도로 중국의 공중도덕이나 시민의식은 아직까지 이처럼 낮다.

중국의 공중도덕이나 시민의식에 문제가 있다는 사실은 식품 위생에 대한 낮은 의식에서도 엿보인다. 사건으로 비화된 사례도 이루 말할 수가 없다. 멜라민이 함유된 분유, 가짜 달걀, 골판지 만두 사건 등 일일이 열거하기조차 힘들다. 하기야 오죽했으면 후진타오 주석까지 최근 중앙당교(中央黨校)에서 행한 연설을 통해 "2010년 일부 지방에서 인민에게 중대한 피해를 미치는 중대한 안전사고와 식품사고 등이 발생했다. 이는 당정 간부들의 책임감 부족의 결과라고 해야 한다"고 했겠는가. 이뿐만이 아니었다. 그는 이에 앞선 2006년 3월 4일 "부패를 다스리고 예방하는 것은 당의 생사와 관련된 문제이다. 인민들이 여덟 가지 영예와 여덟 가지 치욕인 바룽바츠(八榮八恥)를 가슴에 깊이 새겨야 한다"면서 공중도덕과 시민의식의 함양을 부르짖기도 했다. 중국인들의 의식에 문제가 있다는 고백이다.

줄서기나 횡단보도에서의 보행 질서는 굳이 길게 설명할 필요도 없을 것이다. 줄을 서거나 교통 신호를 지키는 사람이 바보가 되는 경우가 너무도 많다. 이에 대해 한국 유학 경험이 있는 장정머우(姜正模) 씨는 "한국에서도 교통 신호를 지키지 않거나 새치기하는 사람을 간혹 보지 않은 것은 아니다. 그런데 창피하게도 이들의 상당수는 중국인들이거나 중국에서 오래 산 경험이 있는 사람들이었다. 안에서 새는 바가지가 밖에서도 샌다는 말이 맞는 것 같다"면서 중국인들의 공중도덕이나 시민의식이 외국에 나오면 더 나빠진다고 한탄했다.

상황이 이러니 중국인들은 한국의 공중도덕과 시민의식을 높이 평가할 수밖에 없다. 사례를 한번 들어볼 필요가 있을 듯하다. 지난 2005년 10월 초 즈음이었다. 당시 일단의 한국 관광객들이 신장(新疆)의 우루무치(烏魯木齊) 단체 관광을 하고 있었다. 이들은 단체 관광 후에 자발적으로 자신들의 주위를 청소하는 행사를 가졌다. 아마도 이때 중국인들은 적지 않은 충격을 받은 듯했다.

관영 〈신화통신〉은 '한국 여행객들의 쓰레기 줍기는 우리에게 무엇을 일

깨우는가?'라는 제하의 논평에서 "나부터, 그리고 지금부터 환경보호 의식을 세우고 공중도덕을 중시하면서 공공자원의 관리 수준을 높여야 한다는 사실을 알게 만들어줬다"고 높이 평가했다. 논평은 이어 "한국에서는 어릴 때부터 가정과 학교에서 환경보호 교육을 받는다. 이런 것들은 중국에서도 배워야 한다"는 다른 한국인 여행객의 말을 전하면서 중국도 환경보호에 대한 조기교육이 필요하다고 역설하기도 했다.

상하이의 〈원화이바오(文匯報)〉 역시 비슷한 시기에 〈신화통신〉의 논평과 같은 취지의 기사를 내보낸 적이 있다. "나는 서울에서 매우 놀랐다. 질서를 중요하게 생각한다는 것이 한국인에 대한 첫 번째 인상이었다. 특히 한국인들의 교통 법규 준수와 러시아워 때의 지하철 탑승 질서, 엘리베이터 내의 질서 등이 놀라웠다"는 한 네티즌의 말을 전하면서 한국인들의 의식 수준을 부러워했다.

한국에서 공부하는 유학생들은 더욱 한국인들의 의식에 대해 부러운 시선을 가질 수밖에 없다. 경희대학교 무역학과 3학년인 취거(居歌) 군의 토로를 들어보는 것도 괜찮을 듯하다.

"한국에 처음 와서 공부할 때 한국 학생들이 수업을 마친 다음 선생님께 감사하다는 표현을 꼭 하는 것이 솔직히 이해가 되지 않았다. 더구나 항상 그러니 나에게는 이런 행동이 충격적이었다. 학생들이 고개와 허리를 숙여 연장자나 선배에게 인사하는 모습은 더 말할 것이 없다. 진짜 인상이 깊었다. 한국의 식당에서도 나는 적지 않은 문화적 충격을 느낀다. 환경보호를 위해 일회용 나무젓가락을 사용하지 않는 것이 무엇보다 그렇다. 또 식당에서는 연장자가 수저를 들지 않으면 먼저 밥을 먹지 않는다. 이런 모습은 중국에서는 보기 힘들다."

중국인들의 한국에 대한 시각은 중국인을 대상으로 실시한 한 설문조사에서도 잘 드러난다. "한국인의 어느 점이 가장 본받을 만하다고 생각하는가?"라는 질문에 "공중도덕과 시민의식은 반드시 배워야 한다"는 답변이 압도적 1위를 차지한 것이다.

중국의 공중도덕과 시민의식은 분명 낙후돼 있다. 또 이 부분에 있어 한국으로부터 상대적으로 배울 점이 많은 것은 분명하다. 배우려는 노력도 많이 기울이고 있다. 그러나 한국도 완벽하지는 않다. 일본이나 미국에 비한다면 부족한 부분이 있다. 더구나 중국 언론들이나 네티즌의 글 중에는 한국의 부족한 공중도덕과 시민의식을 다룬 글들도 꽤 많다. 그럼에도 중국이 한국의 공중도덕과 시민의식을 높이 평가하고 벤치마킹하려는 데는 몇 가지 이유가 있다.

우선 거부 반응이 없다. 만약 중국 당국에서 서방 선진국이나 일본을 본받자고 하면 중국인들은 별로 좋아하지 않을 가능성이 높다. 강한 자존심이 허락하지 않는 것이다. 더구나 중국은 이들 국가로부터 침략을 당한 경험이 있다. 아무래도 트라우마를 가질 수 있는 것이다. 반면 한국은 조금 다르다. 중국을 침략한 적이 없다. 또 한류 열풍을 통해 중국인들에게 적지 않게 익숙해져 있다. 중요한 사실 하나를 간과하지 말아야 한다. 한국의 수준이 충분히 도달 가능한 수준이라는 사실이 바로 그것이다. 이를테면 중국이 충분히 설정 가능한 목표를 세워 달성하려는 노력을 기울이고 있다는 얘기이다.

중국은 지금 1인당 국내총생산(GDP)이 한국의 대략 5분의 1 정도에 불과하다. 이 차이는 비단 경제적 수준의 차이만을 가르지 않는다. 공중도덕이나 시민의식 수준의 차이도 가른다. 또 중국은 1인당 GDP에서 상당 기간 한국을 넘어서기 어려워 보인다. 따라서 양국의 공중도덕 및 시민의식 수준의 차이는 쉽게 좁혀지지 않을 가능성이 농후하다. 한국인들의 공중도덕과 시민의식에 대한 중국인들의 높은 평가는 그래서 상당 기간 변하지 않을 가능성이 높다. 더불어 중국인들의 한국 공중도덕 및 시민의식을 따라잡으려는 노력 역시 상당 기간 동안 이어질 것이 확실하다.

사실 정치·경제적으로 국제 사회에 영향력을 나날이 확대하고 있는 중국이 훗날 공중도덕 의식까지 갖춘 국가로 성장한다면 실로 무서운 일이다. 하지만 신중국 건립과 사회주의 시장경제 체제를 골간으로 한 개혁·개방 과정을 지켜보면 중국의 시민의식이 경제력에 걸맞게 진화하기엔 무리가 있어 보인다. 즉 하드웨어, 소프트웨어 두 개의 국가 발전 목표를 모두 이루기엔 많은 시간이 필요하다. 중국이 베이징 올림픽 개최권을 따낸 후 베이징 시민으로 하여금 버스 탈 때 줄을 서는 것이 모두에게 편하다는 것을 일깨우는 데 거의 10년 걸렸다. 이마저도 올림픽이 끝난 후 예전의 무질서 상태로 돌아가 버렸다. 중국 정부는 자체 계몽과 계도도 중요하지만 인접국 한국의 공중도덕 및 시민의식 사례를 도입하여 교육하고 실천하는 것이 더 효과적일 것이라고 보는 것 같다.

한국의 공직자 부패 척결 의지

"절대 권력은 절대 부패한다"는 말이 있다. 중국에서는 진짜 이 말이 불후의 진리라고 할 수 있다. 중국 고위 관리는 권력이 그 어느 나라보다 막강한데 부패하기가 이를 데 없기 때문이다. 정말 그런지 사례를 들어보자. 우선 장시(江西)성 인민정치협상회의(정협) 전 부주석인 쑹천광(宋晨光·58)의 비리가 대표적이다. 2010년 10월 22일자 〈런민르바오〉의 "공직을 이용해 사리를 챙기고 거액의 뇌물을 받았다. 이를 가지고 타락한 생활을 했다. 당규에 따라 당적과 공직을 박탈했다"는 보도를 보면 직위를 이용해 할 수 있는 비리는 다 저지른 것으로 보인다.

비리를 저지르는 데는 남녀 구별도 없다. 이 사실을 보여준 대표적 인물이 바로 광둥(廣東)성 중산(中山)시의 리치훙(李啓紅) 전 시장이다. 고향인 중신시를 한 번 떠나본 적도 없다는 입지전적 인물인 그녀는 1954년 당시 시로 승격되기 전의 현(縣) 행정구역인 중산현 스치(石岐)진의 빈농 집안에서 태어났다. 이 때문에 1968년 초등학교를 겨우 졸업한 뒤 공예품 공장에 들어가 밀짚모자를 만드는 직공으로 사회에 첫발을 내디뎠다. 문화대혁명의 광풍이 휩쓸던 시기였다. 그녀는 바로 이때 공장 간부의 눈에 띄어 16세에 혁명위원회 위원이 됐다. 이후 그녀의 앞길은 확 트였다. 21세에 스치진 당위원회 부서기로까지 올라섰다. 개혁·개방의 열풍으로 광둥성 전체가 들썩이던 1983년 중산현이 시로 승격되자 직급도 자연스레 올라갔다. 부녀연맹 부주석, 주석, 부시장, 대리시장 등을 거치면서 승승장구하다 드디어 2007년 1월 인구 100만 명이 넘는 중산시 시장에 선임됐다.

2009년에는 중국의 10대 시장으로 뽑히기도 했다. 그러나 이토록 잘나간 것이 그녀에게는 독이 든 성배였다. 자신을 잘 단속하지 못한 것이다. 실제로 그녀는 2010년 5월 비리 혐의로 시장 자리에서 해임됐다. 중산시한 직영회사의 증자 과정에서 내부자 거래를 통해 막대한 돈을 받아 챙긴 혐의였다. 또 남편과 동생, 시동생 등이 대주주인 건설회사가 중산시의 관급 공사를 독점했던 것으로 드러났다. 언론에 따르면 그녀 가족들의 재산은 무려 20억 위안(약 3600억 원)에 이르렀다고 한다. 중산시를 자신의 부 축적을 위한 도구로 활용했다고 해도 과언이 아니었던 것이다. 그녀는 최근 열린 재판에서 중형에 처해졌다.

고위 관리들이 저지르는 비리의 종류 역시 다양하다. 민항총국(民航總局) 중남부지역국의 류야쥔(劉亞軍) 국장의 케이스를 보면 잘 알 수 있다. 공금횡령과 축첩의 혐의를 받자 2010년 6월 투신자살로 생을 마감했다.

중국 고위 관리들의 비리는 이외에도 이루 말할 수 없을 만큼 많다. 거의 잊힐 만하면 발생한다고 봐도 별로 틀리지 않는다. 여기에 혁명 원로나 고위 관리들의 후손을 일컫는 태자당(太子黨)이나 관얼다이(官二代)들이 권력을 이용해 부리는 눈에 보이지 않는 횡포들을 감안할 경우 중국에서는 부패가 아예 생활화돼 있다고 해도 좋다. 중국의 사정 당국은 그야말로 1년 365일 하루도 빼놓지 않고 부패와의 전쟁을 벌인다고 해야겠다. 실제로도 부패와의 전쟁은 중국 최고 지도부가 매 5년을 주기로 구성될 때마다 어김없이 강조될 뿐 아니라 임기 내내 강도 높게 진행되고 있다.

2010년 11월 초에 열린 공산당 17차 중앙위원회 4차 전체회의에서도 그랬다. 후진타오 주석이 직접 나서 부패 척결은 공산당이 항상 명심하고 있어야 할 정치적 사명이라고 강조했다. 또 그는 이 회의 석상에서 "강한 신념, 강경한 태도, 적절한 조치, 분명한 일 처리를 통해 부정부패를 척결하자"는 입장도 분명히 했다.

중국이 전개하는 부패와의 전쟁을 보고 있노라면 아주 흥미로운 사실을 하나 알 수 있다. 사정 당국이 한국의 사례를 많이 들고 있다는 것이다. 또 언론은 이 사실을 즉각 보도한다. 2010년 전 외교통상부 장관 딸의 특채 소식이 한국을 시끄럽게 할 때였다. 중국의 언론은 이 사실을 진짜 비중 있게 보도했다. 심지어 국영방송인 CCTV는 'Asia Today'라는 프로그램에서 이 소식을 종종 헤드라인에 장식하고는 했다. 이뿐만이 아니었다. CCTV를 비롯한 당시 언론은 내친김에 이명박 정부의 고위 공직자에 대한 부정부패 정리 방안에 대한 소식도 보도하면서 김영삼, 김대중, 노무현 정부의 부정부패 척결 과정까지 소개했다.

여기서 그치지 않았다. 중국 언론들은 총리를 비롯한 공직 후보자들의 개인 비리 소식이 청문회 등에서 터져 나오면 웬만하면 다 보도한다. 중국인들이 한국을 굉장히 부패 척결에 노력하는 국가로 인식하는 것은 바로 이 때문이라고 해도 틀리지 않는다.

이처럼 한국의 부패 척결 노력을 높이 평가하는 중국의 행보는 한·중 행정 관료의 윤리성에 대한 비교 연구를 종종 행하는 최근의 경향에서도 읽을 수 있다. 사오런웨이(邵任薇)와 톈야친(田雅琴)이라는 학자가 이런 연구에 나선 대표적인 학자로서 한국의 공직자 부패 척결 의지를 높이 평가하고 있다. 이 중 〈중국감찰〉이라는 잡지에 얼마 전 실린 톈야친의 글을 한번 읽어볼 필요가 있을 듯하다.

"20세기 말에 한국은 경제 분야에서 엄청난 고속 성장을 이뤄냈다. 이 과정에서 공직자들의 부정부패 문제가 심각한 상태에 이르게 됐다. 한국 정부는 이에 대대적인 부패 척결과 개혁으로 맞서고 있다. 행정 감시도 강화해 효과를 높이려 하고 있다. 한국 부패 척결 정책의 특징으로는 여러 가지를 꼽을 수 있다. 우선 행정 감시 결과의 공개가 특징이다. 또 안정적인 법적 기초를 가지고 있다. 마지막으로 의회와 언론, 또는 사회단체와의 결합이 유기적이다."

이 글을 보면 중국이 부패 척결을 위해 한국을 벤치마킹하려는 생각이 있다는 사실을 어느 정도 읽을 수 있다. 또 중국 역시 관리들의 부패 문제가 심각하다는 것을 은연중 파악할 수 있다.

사실 후발 개도국에서는 보편적으로 정경 유착의 경향이 강하다. 중국도 관리 부패가 만연할 수밖에 없는 상황인 것이다. 더구나 중국은 역사적으로 관리 부패에 관한 한 이골이 난 국가로 유명하다. 부패로 왕조가 망한 경우가 어디 한둘이었는가. 아마 그래서 부패가 횡행하고 있다는 부끄러운 사실을 고백하면서까지 강력한 고강도의 전쟁을 매년 추진하고 있지 않은가 싶다. 따라서 한국의 부패 척결 노하우가 이 과정에서 알게 모르게 활용될 가능성도 농후하다. 적어도 부패 척결에 관해서만큼은 한국이 중국보다는 몇 단계 앞서 있다고 생각하는 것이 지금 중국 사정 당국이나 중국인들의 판단인 것이다.

중국은 공산당 독재정권의 정통성과 합법성을 유지하고 내부 결속은 물론 사회 안정을 도모하기 위해 부패와의 전쟁이 필수적이다. 마오쩌둥조차 공산당의 부패 가능성을 예견하는 발언을 한 적이 있다. 또한 중국은 전통적으로 특유의 선물 문화가 존재해 부패에 대한 경계가 모호하고 부패가 조장되기 쉬운 국가다. 여기에 일선 간부의 부패 행위는 바로 공산당에 대한 민중의 불만으로 이어져 중국 정부는 부패 척결을 국정 1순위로 할 수밖에 없다. 자체적인 노력과 더불어 한국의 사례는 좋은 교육 자료가 되는 것이다.

중국도 혀를 내두르는 교육 열기

중국의 교육에 대한 열기는 역사적으로 유명하다. 맹모삼천지교를 굳이 거론할 필요도 없다. 최근의 상황도 크게 다르지 않다. 하나만 낳는 이른바 독생자(獨生子) 자녀에 온 집안이 올인한다는 말이 과하지 않을 지경이다. 그러나 이런 중국도 한국 앞에 서게 되면 왠지 작아진다. 중국 역시 이런 현실을 잘 알고 있다. 무엇보다 인터넷 매체들의 보도를 보면 일목요연해진다.

우선 차오(僑) 사이트이다. "2008년에 시작된 글로벌 금융위기가 세계를 휩쓸고 있다. 그런데도 한국 부모들의 자식에 대한 교육 열기는 식을 줄 모른다. 자녀의 교육비로 지출되는 금액이 오히려 늘어나고 있다. 여기에서 그치지 않는다. 전체 산업에서 교육산업이 차지하는 비중도 엄청나게 커지고 있다. 그 어떤 산업보다도 빠른 속도로 성장하고 있다"면서 손발 다 들었다는 식으로 2009년 2월 초 보도한 바 있다.

〈신화통신〉 역시 이에 가세했다. 2010년 4월 26일 타전한 기사에서 "한국에서 사교육에 투자하는 비용이 2009년 194억 달러에 육박했다. 이에 한국 정부는 교육방송인 EBS를 통해 무료 TV, 인터넷 강좌를 실시하라고 지시했다. 한국 교육부 역시 수학능력시험 문제를 EBS 무료 강좌에서 70% 이상 출제하겠다는 입장을 분명하게 밝혔다. 그러나 사교육 열기에는 변함이 없다. 서울시에 따르면, 2010년 3월 서울의 가구당 사교육비가 차지하는 비용은 총소득의 16%였다고 한다"고 소개했다.

〈런민르바오〉의 기사도 한번 볼 필요가 있다. 2010년 9월 9일자 기사에서 "한국은 교육을 엄청나게 중요하게 생각하는 국가이다. 사교육에 종사하는 교사의 수가 이미 전국 초등학교 교사의 수를 초과했다. 이명박 대통령은 취임한 다음 공교육을 활성화하겠다는 입장을 천명했으나 상황은 여의치 않다"고 평가했다.

이어 다음 날인 10일에는 〈신화통신〉이 다시 예의 필봉을 휘날렸다. "한국에서 스승의 날은 5월 15일이다. 조선 세종대왕의 탄생일과 같다. 한국에서 교사의 지위는 상당히 높다. 공공장소에서 자신의 선생님을 만나면 지위고하를 막론하고 90도로 인사한다. 학부모가 교사보다 연장자인 경우에도 교사에게 존댓말을 써야 한다. 한국의 한 설문조사에 따르면 미혼남녀가 선호하는 결혼 대상자로는 교사가 단연 최고였다. 무려 53.1%가 선호하는 대상자로 꼽았다. 일반 공무원의 선호도가 6.8%에 머무는 데도 말이다. 한국 정부는 스승의 날에 교사에게 과도한 선물을 주는 것을 금지하고 있다. 그러나 효과는 없다"고 혀를 내둘렀다.

교육을 중요하게 생각하는 한국의 사회 분위기는 학자들의 주목을 모으고 있다. 후핑(胡萍)이라는 학자가 쓴 '한국 의무교육 재정경비 투입의 경험과 계시'라는 글을 대표적으로 꼽을 수 있다. "경제의 발전은 교육의 발전과 밀접한 관계를 맺고 있다. 특히 기초 교육의 발전은 다른 나라를 추월하고자 하는 전략이자 경제 정책을 수립한 나라의 보편적인 경험이라고 할 수 있다. 한국 경제의 고속 성장은 기초 교육의 보급과 성장의 덕을 많이 봤다. 또 기초 교육의 보급은 정부의 교육 재정경비에 대한 꾸준한 증액 노력과 관련이 깊다. 중국은 웬만한 인민들이 그럭저럭 살 만한 소위 샤오캉(小康) 사회를 만들기 위해 이를 본받아야 한다"면서 한국 교육이 중국의 모범이 될 수 있다고 강조했다.

국무원 발전연구센터의 류스진(劉世錦) 부주임의 말 역시 비슷하다. "한국이 국가의 미래를 내다보고 투자한 교육 부문의 성과는 중국이 꼭 참고해야 한다. 의무교육은 말할 것도 없다. 또 중국은 인구가 많기 때문에 한국이 성공한 직업훈련 교육에도 주의를 기울여야 한다"면서 한국의 교육 중시 정책을 적극적으로 벤치마킹하도록 주문하기도 했다.

일반 중국인 장삼이사들이라고 교육에 열을 올리는 한국이나 한국인들에게 혀를 내두르지 않을 까닭이 없다. 베이징의 코리아타운으로 불리는 왕징 일대를 한번 둘러보면 잘 알 수 있다. 이곳에는 대략 10만 명 전후의 한국인들이 살고 있다. 당연히 교육 현장은 곳곳에 널려 있다. 우선 왕징개발구에 자리를 잡고 있는 베이징 한국국제학교의 존재를 들 수 있다. 원래이 학교는 1997년 발생한 경제위기로 한국 교민들의 초·중·고 자녀들이 학비가 비싼 국제학교에 다닐 수 없게 된 탓에 설립됐다. 이후 학교 운영자금 문제로 여러 곳을 전전하다 이곳에 자리를 잡게 됐다. 정부와 기업, 교민들이 십시일반으로 모금에 나선 끝에 번듯한 인공 잔디 운동장까지 갖춘학교를 갖게 된 것이다.

학교의 탄생 배경과 외국인이 학교를 운영하는 것이 쉽지 않은 사실을 너무나 잘 아는 왕징 주변의 중국인들은 당초 한국국제학교가 이렇게 빨리자리 잡을 것으로는 생각하지 않았다. 그러나 한국 정부와 한국인들은 이런 부정적인 전망을 시원스럽게 날려버렸다. 우여곡절이 없었던 것은 아니나 개교 15년 만에 30년 이상의 역사를 자랑하는 일본 학교에 못지않은 학교로 우뚝 서게 만들었다. 아마도 교육에 대한 열정이 없었다면 거의 불가능한 일이었을 것이다.

현재 이 학교에는 2000여 명 가까운 재학생들이 왕징과 베이징의 기타지역에서 통학을 하고 있다. 당연히 통학 버스가 다니는 아침이나 오후 시간이면 버스 행렬이 장관을 이룬다.

왕징 주변과 베이징의 대학촌인 우다커우(五道口) 일대의 각종 입시학원의 존재 역시 중국인들에게는 경탄의 대상이다. 한국에서 받는 것과 똑같은 사교육을 받을 수 있다. 최근에는 미국 대학에 진학할 한국인 학생들을 위한 미국 수능인 SAT 전문 학원들도 문을 열었다고 한다. 재미있는 것은 이 학원들에 일부 중국인 학생도 등록해 다닌다는 사실이다. 그만큼 한국의 교육에 대한 경쟁력을 중국인들이 높이 평가하고 있다는 얘기이다. 이에 대해서는 미국 진학을 희망하는 아들을 두고 있는 중소기업인 천린(陳麟) 씨의 말을 들어보면 바로 분위기 파악이 된다.

"한국인들의 교육에 대한 열정이나 경쟁력은 일찍이 잘 알고 있었다. 내 주위 사람들도 다 그렇다. 그러나 이 정도인지는 정말 몰랐다. 한국인들은 아마도 필요하다면 지구상에 존재하는 모든 학원이나 교육기관을 세울 수 있는 사람들인 것 같다. 커리큘럼은 더 말할 필요가 없을 것이다. 오바마 미국 대통령이 왜 자꾸 한국 교육을 언급하는지 알 것 같다."

한국의 교육 열기는 중국인들의 집중적인 벤치마킹 대상이 될 수밖에 없다. 베이징의 경우에는 이미 한국에서 보던 것과 비슷한 형태의 학원들도 많이 등장했다. 일부는 거의 기업 형태를 띠고 있다. 대표적인 업체가 바로 영어 사교육의 메카로 불리는 신둥팡(新東方) 학원이다. 2006년에는 뉴욕 나스닥에 상장되는 기염을 토한 바 있다. 설립자인 위민훙(兪敏洪)은 이로 인해 사교육 업자로는 드물게 재벌의 반열에 올라서게 됐다. 최근에는 대학을 인수하겠다는 의사까지 밝히기도 했다. 전적으로 한국의 학원을 벤치마킹했다고 보기 어려우나 아이디어를 많이 채용했다는 것이 일반적인 평가이다.

중국은 거의 광적인 분위기를 풍기는 한국의 교육열과 교육 시장을 계속 지켜보고 있다. 그러면서도 중국에서 이미 발생하고 있는 지나친 교육열에 대한 연구와 대책을 준비하고 있는 것 같다. 중국은 한국의 상황을 시원스럽게 인정은 하면서도 100% 긍정적으로 보지만은 않는다는 얘기다.

그리고 최근 중국의 대학 및 교육 관계자들은 한국의 일부 대학이 시행하는 기업체 주문에 따른 맞춤 교육 시스템에 많은 관심을 갖기 시작했다. 중국도 산업의 구조조정 및 고도화가 진행되는 가운데 서비스 산업의 발전은 상대적으로 느려 졸업을 앞둔 대학생들의 취업이 날로 어려워지고 있는 형편이다. 붕어빵처럼 찍어내는 천편일률적인 교육 시스템을 개혁하고 사회 요구에 부응하는 실용적인 기술 교육을 강화하겠다는 것인데 향후 이와 관련한 양국의 교류와 협력이 강화될 것이다.

스포츠 강국으로 우뚝 선 위상

중국인들은 친한 한국인들을 만나면 농담 삼아 은근하게 한국을 폄하하는 말을 하는 경우가 있다. 그건 "한국은 중국에 있어 한주먹거리도 안 된다"는 진실 같기도 한 농담이다. 솔직히 틀린 말은 아닐 것이다. 31개 성시(省市) 중에 면적이나 인구에서 한국을 압도하는 지방정부가 없지 않으니 말이다. 예를 들어 한국과 바짝 붙어 있는 산둥성을 봐도 그렇다. 국제적으로 인정받는 하나의 단독 정부라고 해도 손색이 없다. 모든 면에서 갖출 것은 다 갖추고 있다. 아니 유럽 같은 곳과 비교하면 오히려 대국이 될 수도 있다. 인구만 해도 프랑스나 독일, 영국, 이탈리아 등의 메이저 국가들에 견줄 만하다. 정말 한국을 한주먹거리도 안 되는 나라로 생각할 수 있다.

그러나 농담을 즐기는 중국인들도 한국의 스포츠가 화제에 오르면 혀를 내두른다. 한주먹거리도 안 되는 나라가 스포츠에서는 늘 발군의 성과를 과시하니까 말이다.

심지어 일부 중국인은 인구 비례로 하면 중국의 스포츠는 한국이 올리는 국제적 성과와 비교할 수 없다고 말하기도 한다. 베이징 올림픽에서 획득한 메달을 놓고 단순하게 계산해 보면 정말 그럴 수도 있겠다는 생각이 든다. 한국이 베이징 올림픽에서 건진 금메달은 총 13개다. 반면 중국은 51개를 획득했다. 이를 인구로 나누면 한국은 대략 384만 명에 하나꼴로 획득한 셈이다. 중국은 무려 2549만 명이 하나를 획득했다는 계산이 나온다. 엄청난 차이다. 전체 메달 수로 계산하면 이 차이는 더 벌어진다. 한국은 총 31개, 중국은 100개를 획득했으니 굳이 계산하는 수고를 할 필요도 없다. 중국인들이 말로는 한주먹 운운해도 속으로는 한국 스포츠의 저력에 경탄할 수밖에 없는 것은 너무나 자명하다.

세부 종목으로 들어가면 한국이 너무나도 매운 작은 고추라는 사실은 더욱 확연해진다. 축구가 대표적으로 꼽힌다. 그토록 중국인들이 떨치고 싶어 하는 공한증이라는 말까지 있는 종목이다. 무엇보다 전적이 잘 말해 준다. 국가대표끼리 맞붙는 A매치의 경우 1978년 이후부터 2010년 1월까지 한국이 져본 적이 없다. 물론 2010년 2월 10일의 동아시아 대회에서는 32년 동안의 무패 기록이 깨졌다. 한국이 무참하게도 3 대 0으로 대패한 것이다. 하지만 그렇다고 중국이 공한증을 완전히 극복했다고 하기 어렵다. 축구는 상대적 경기인 탓에 심리적으로 위축돼 있다면 한 번 이겼더라도 계속 이긴다는 보장이 없기 때문이다. 여기에 올림픽대표팀 간의 경기 전적이나 FIFA 랭킹까지 생각하면 중국의 공한증은 거의 불치의 병이라고 할 수 있다. 전자는 8승 1무 대 1무 8패, 후자는 20~30위권 대 70위권으로 차이가 많다.

숙명적일 수밖에 없는 중국의 한국 축구에 대한 공한증은 언론에서도 그대로 나타난다. 예컨대 〈신화통신〉의 경우 2010년 남아공 월드컵 당시 "한국은 게임이 불리해도 끊임없이 싸운다. 지면 질수록 용감해진다. 그래서 한국은 죽음의 조에서 16강 티켓을 따냈다. 이는 아시아의 영광이다"는 분석을 행하면서 한국의 경기력을 높이 평가한 바 있다.

솔직히 말해 한국과 중국 축구의 실력은 종이 한 장 차이라고 해야 한다. 이는 32년 동안 한 번도 지지 않은 A매치 대결에서 한국이 압도적으로 이겨본 적은 별로 없다는 사실이 무엇보다 잘 말해 준다. 축구 전문가들 사이에서도 이 점은 진리로 통한다. 양국 축구의 실력 차는 딱 한 골 차이라는 것이 대체적인 의견이다.

그렇다면 이 한 골을 가르는 것은 무엇인가 하는 의문이 든다. 그건 다른 게 아니다. 바로 프로의식이라고 할 수 있다. 한국은 선수들이 죽어라 하고 뛰는데 중국 선수들은 그렇지 않다는 것이다. 이에 대해서는 중국의 유명 축구 해설자인 바이옌쑹(白岩松)의 말을 들어보면 고개가 끄덕여진다.

"양국 선수들의 실력 차이는 솔직히 크지 않다. 아니 신체 조건이나 잠재력 등에서는 엄청난 인구 중에서 선별된 중국 선수들이 훨씬 낫다고 말해도 괜찮다. 하지만 중국 선수들은 이기고자 하는 승부 근성이 많이 부족하다. 자연스럽게 몸 관리를 잘 못한다. 이 작은 멘털리티의 차이가 급기야는 귀중한 승부를 가른다. 32년 동안 그랬다면 하루아침에 이게 바뀌지는 않을 것이다."

바이 해설가와 같은 생각을 정책 담당자들도 하고 있다. 국가체육총국의 류펑(劉鵬) 국장의 말에 진심이 담겨 있다.

"중국 축구는 멘털리티에 문제가 있다. 이에 따른 도덕적 해이는 더욱 심각한 문제이다. 게다가 체제는 낙후돼 부패의 온상으로 작용하고 있다. 중국 축구는 개혁을 향해 가야 한다."

중국은 축구에서만 한국을 부담스러워하고 경탄의 눈으로 보는 것이 아니다. 골프, 야구는 아예 한국의 상대가 되지 않는다. 경기력과 인프라가 최소한 30년 이상 뒤져 있다는 것이 중국인들의 기본적인 생각이다. 이런 종목에서 양국 관계자들이 만나면 한국인들은 완전히 할아버지가 된다.

중국은 어려움 속에서도 끊임없이 탄생하는 스포츠 스타들에 대해서도 경이의 눈길을 보낸다. 2010년 7월 말의 〈신화통신〉 기사가 모든 것을 말해 준다. "2010년 서울에서 개최되는 경제 월드컵인 G20 정상회의에 박지성, 김연아 등 스포츠 영웅들이 홍보대사로 위촉됐다"는 보도를 통해 한국의 스포츠 스타들을 대하는 중국의 시선이 간단치 않다는 사실을 분명하게 보여줬다. 이뿐만이 아니다. 요즘 스테디셀러 자리를 굳히고 있는 김연아의 자서전『김연아의 7분 드라마』의 인기 역시 크게 다르지 않다.

블로그들의 시야는 더욱 넓다. 2010년 1월 '2009년 한국을 감동시킨 스포츠 영웅들'이라는 제목의 글을 신랑 사이트에 올린 블로그를 대표적으로 꼽을 수 있다. 2009년 한 해 동안 한국을 빛낸 스포츠 영웅들의 이름과 자세한 정보를 잘 정리해 놓은 이 명단에는 피겨 여왕 김연아를 비롯해 미 PGA 메이저 대회 아시아인 최초 우승자 양용은, LPGA의 신지애, WBC를 놀라게 한 한국 야구대표팀, 역도의 장미란 등이 포함돼 있다. 웬만한 한국 블로그 못지않은 정보력을 과시한 것이다. 중국 최고의 포털 사이트 중 하나인 써우후 역시 신랑에 뒤질세라 한국 스포츠 영웅들을 조명하는 경우가 적지 않다.

예컨대 포토 매거진 코너의 '중국인을 주눅 들게 만드는 한국 스포츠 영웅'이라는 제목의 특집은 과거 배드민턴, 탁구, 여자 농구, 쇼트트랙 등에서 중국에 공한증 증세를 만들어 준 장본인들의 사진과 그 이유를 자세히 설명하고 있다. 제시어를 잘 치면 지금도 검색이 가능하다. 이뿐만이 아니다. 바둑의 이창호, 수영의 박태환, 탁구의 유승민 등을 집중 조명하는 기사들은 거의 시리즈물처럼 보일 정도로 한국 스포츠 스타들의 일거수일투족에 큰 관심을 기울이고 있다.

올림픽과 월드컵의 성공적 개최

중국의 한국 스포츠에 대한 경탄은 한국이 중국보다 먼저 개최한 올림픽과도 무관치 않은 듯하다. 이는 88 서울 올림픽의 주제가 '손에 손잡고'가 역대 올림픽 주제가 중에서 가장 오랫동안 보편적으로 중국인들의 입에 오르내리는 사실에서도 잘 알 수 있다. 정말 그런지는 〈신원완바오(新聞晚報)〉의 2010년 6월 12일자 기사를 보면 바로 파악이 된다. 스포츠와 관련된 음악을 회고하면서 88 서울 올림픽의 주제가는 그 어떤 곡도 능가하기 힘든 명곡이라는 결론을 내린 것이다. 인터넷 신문 평황의 2010년 9월 17일자 기사를 봐도 중국인들의 서울 올림픽에 대한 향수와 동경이 읽혀진다.

"서울 올림픽은 1976년 몬트리올 올림픽 이후 최초로 동서양의 체육 강국들이 전부 다 참가해 기량을 겨루고 경쟁한 올림픽이다. 세계의 화합에 크게 기여했다. 또 기록도 풍성했다. 30개의 세계신기록이 수립됐다"면서 서울 올림픽을 높이 평가했다.

구퍄오옌주(股票研究)라는 사이트는 '서울 올림픽은 우리에게 얼마나 많은 생각을 하게 하는가?'라는 제하의 기사에서 한국인들이 민망할 정도로 극찬하기도 했다. "1988년 서울 올림픽 개회 전까지 세계 지도에서 거의 찾아내는 사람이 드물 정도의 작은 나라가 16일 동안의 기적을 통해 국가 전체의 운명을 바꿔버렸다. 개발도상국으로서는 최초로 올림픽을 개최한 한국은 그 이후 빠른 속도로 경제적 성장을 거뒀다. 나라의 명예를 위해 소매치기들조차도 휴업했다!"는 내용이었다.

　중국인들에게 서울 올림픽만큼이나 깊은 여운을 남긴 스포츠 행사는 또 있다. 그게 바로 2002년 한·일 월드컵이었다. 비록 일부 반한 중국인들이 이 행사를 폄하하기는 했으나 평균적으로는 좋은 평가를 받았다는 것이 일반적인 의견이다. 지금도 평가가 상당히 호의적이다. 〈신원완바오〉의 2010년 10월 17일자 기사를 읽어보면 대략 증명이 된다. "한국은 서울 올림픽에 이어 2002년 월드컵을 성공적으로 개최함으로써 현대화된 국가, 국제 도시의 이미지를 세계로부터 인정받았다"면서 한국을 비난하는 일부 혐한파들의 코를 납작하게 만들었다. 이런 생각이 현재 중국의 주류 분위기이기도 하다.

　이처럼 중국은 반도의 한주먹거리 나라인 한국의 스포츠가 국제 대회에서 맹위를 떨치고 세계적 스포츠 스타들이 탄생하는 것을 긍정적 시각으로 보고 있다. 또 같은 아시아 국가로서 한국의 경사를 함께 기뻐하고 잘못이 있으면 직접적으로 지적하고 있기도 하다.

　그렇다면 중국은 한국의 스포츠 영웅이나 그들의 맹활약상을 보면서 어떤 생각을 할까? 민족적 자긍심과 한국에 대한 묘한 열등감 때문에 단순히 부러워하고 질투하고 있을까? 그렇지 않다고 단언할 수 있다. 중국인들 역시 세계적인 스포츠 스타들을 보유하고 있으니까 말이다. 대표적으로 미국 프로농구 NBA에서 활약한 바 있는 야오밍(姚明)과 육상 110미터 허들의 류샹(劉翔) 등이 이런 거물급 스포츠 영웅들로 꼽힌다. 이들 역시 스타 반열에 등극한 이후 온갖 매체에 출연하면서 엄청난 경제적 부를 축적하고 사회적 지위를 다지고 있다. 어떻게 보면 이들은 스포츠 마케팅 차원에서 명실상부한 세계 최고이기도 하다. 막강한 인구를 바탕으로 한 스포츠 마케팅과의 연계를 통해 한국과는 완전히 다른 차원의 부와 명예를 얻고 있는 것이다. 또 중국 역시 베이징 올림픽과 아시안 게임, 광저우 아시안 게임을 치렀다. 한국을 시기할 상황은 아니다.

하지만 벤치마킹을 하려는 속내는 있는 것 같다. 이는 비주류 스포츠 종목인 핸드볼이나 양궁, 하키 등에서 한국식 훈련을 위해 한국 감독들을 대거 영입하는 행보에서 감지가 가능하다. 프로축구는 더 말할 것도 없다. 한국에서 자취를 감췄다는 소식이 들릴 경우 감독이든 선수든 중국 리그에서 찾아보면 될 정도이다.

한국이 올림픽을 개최한 지는 이미 23년이나 지났다. 그 후 4년 후 양국은 수교를 맺었다. 이어 중국은 한국이 성장하는 모습을 열심히 분석하고 배웠다. 그래서 사상 최대 규모의 베이징 올림픽과 2010년의 상하이 엑스포를 성공적으로 개최했다. 이제 급부상하는 중국의 앞길에는 걸림돌이 없는 것 같다. "세계 역사의 시계추는 100년을 주기로 서양과 동양을 오간다"고 영국 시인 T. S. 엘리엇이 예언했듯 말이다. 하지만 중국은 조심스럽다. 도광양회의 전략을 완전히 폐기하고 자신들의 진면목을 그대로 보여줄 것인가 하는 문제로 내부적으로 고민도 많다고 한다. 아마 이런 생각이 여전히 중국과 중국인들이 한국의 스포츠에 대해 경의를 표하도록 만드는 것은 아닐까. 조그만 나라가 자신들이 고민하는 문제를 일찌감치 해결하고 강소국으로 당당하게 행세하고 있으니까 말이다.

더불어 조금 더 한국으로부터 배우려는 생각과 연결되는 것으로 볼 수도 있다. 중국인들의 한국 스포츠에 대한 경외는 이처럼 절대로 단순하지 않다. 물론 이런 생각이 나쁘다고 할 수는 없다.

최근 중국은 과거 사회주의 국가들이 그랬던 것처럼 국가주의, 애국주의를 바탕으로 한 메달 획득 기계를 양성하는 시스템에서 자본력을 바탕으로 인성 교육을 병행해 스포츠 인재를 키우려는 노력을 시도하고 있다. 또한 공정, 공평을 놓고 경쟁하는 스포츠 경기를 통해 국민의 사고방식을 계도하고 스포츠 종목별로 내부 부패 안건이 적발되면 일벌백계로 다루고 있다. 최근 중국축구협회 지도부까지 연루된 승부 조작 행위에 대한 조사 및 처벌은 후진타오 주석도 언급할 정도로 매우 큰 사회적 파장을 일으켰다. 중국 스포츠계도 발전과 함께 진화하고 있는 것이다.

대만과 홍콩의 한류 열풍

긍정적인 마인드를 지닌 중국인들이라면 가질 수밖에 없는 한류에 대한 호감은 중국에서만 광범위하게 퍼지고 있는 게 아니다. 이른바 량안싼디(兩岸三地, 중국·대만·홍콩을 일컬음)의 다른 지역인 홍콩과 대만에서도 분명하게 나타나고 있다. 아니 양 지역에서는 열풍이라는 말을 써도 괜찮지 않을까 싶다.

하나씩 짚어서 증명해 볼 필요가 있을 듯하다. 주홍콩 총영사관에 따르면 2011년 8월 말까지 홍콩의 양대 지상파 방송사인 TVB와 ATV에서 방영한 한국 드라마 프로그램은 무려 30여 개 가까이에 이르렀다. 그것도 절찬리에 방영됐다. 시청률은 더욱 전무후무했다. '대장금'의 경우 홍콩 방송 사상 아직도 깨지지 않는 50.2%라는 불멸의 시청률을 기록했다. 이렇게 되자 홍콩 이공대학 중국 비즈니스 센터 주임인 천원홍(陳文鴻)은 2010년 7월 말 〈둥팡르바오(東方日報)〉에 이틀 연속 한국 문화 및 경제 관련 논평을 연재, 이에 대한 분석을 행했다. '한류 붐 일본 초월', '홍콩은 왜 못 하는가'라는 제하의 두 꼭지의 기사 요지는 분명했다.

첫 번째 기사에서 그는 화장품을 비롯한 한국 상품이 일본 상품을 따돌리고 한류의 주력 상품으로 등장했다는 사실을 강조했다. 자신이 이끄는 센터의 서울 탐방 결과를 토대로 분석해 본 결과였다. 또 두 번째 기사에서는 "한국 제조업은 삼성, 현대자동차, 포스코 등 대기업이나 유명 브랜드를 얘기하지 않더라도 전통 산업 방면에서 창의 및 혁신과 현지 문화와의 결합 등을 통해 세계적으로 신천지를 개척해 나가고 있다"면서 홍콩이 한국을 배워야 한다고 강력하게 주장했다.

한류에 대한 홍콩의 표면적인 경향은 이처럼 중국 대륙의 그것과 큰 차이를 보이지 않는다. 그러나 홍콩에서 한국 대중문화에 대한 열풍이 일어나는 이유는 다소 다를 수 있다. 과거 영국 통치를 받은 데서 보듯 다른 문화에 개방적이라는 특수한 배경 때문에 발생할 수 있는 일시적인 현상일 가능성도 있다. 그렇다면 과거의 다양한 타 문화 수용 경험이 그들에게 비판적인 수용 능력을 키워줬을 수도 있다. 한국은 이 사실에 유념할 필요가 있다. 또 홍콩은 패션의 경향에서도 알 수 있듯 트렌드 변화에 굉장히 민감한 곳이다. 한류의 확대 존속을 위해 다른 어떤 지역보다도 꾸준하고 창의적인 노력이 필요한 지역이라는 결론이 나올 수 있다. 더불어 홍콩의 한류가 중국 대륙과 같으면서 한편으로는 다른 특이한 것이 돼야 한다는 얘기도 성립된다.

대만 곳곳에서도 한류 열풍을 확인하는 것은 별로 어렵지 않다. 무엇보다 대만 야시장 곳곳에서 한국 드라마 DVD를 파는 상인들을 만날 수 있다. 대중문화에서 시작해 한국 제품의 유행에 이르기까지 대만 역시 경향은 중화권 다른 지역의 한류 추세와 비슷하다.

그러나 대만의 경우 마니아층의 열풍은 타 지역보다 강력하다고 알려져 있다. 이렇게 된 데는 생활 여건이나 수준은 서로 비슷함에도 대만의 오락거리나 연예오락 프로 및 영화산업의 발달이 한국에 비해 상대적으로 뒤처져 있는 상황과 관계가 있지 않나 싶다. 대만의 경우는 홍콩과 마찬가지로 과거 일류에 대한 수용 경험이 있다. 역시 비판적 수용 능력이 갖춰져 있다고 봐야 한다. 한류가 자만에 빠질 경우 이슬처럼 하루아침에 사라질 수 있는 것이다.

홍콩과 대만은 아시아 특유의 발전 모델을 통해 빠르게 성장했다는 공통점이 있다. 경제, 사회, 문화 전반적으로 한국에 절대 뒤지지 않는다고 봐도 크게 틀리지 않는다. 그렇다면 이 지역에서 한류가 통하는 이유는 무엇인지에 대한 질문이 필요할 것이다. 또 이들이 어떤 점에 흥미를 느끼는가 하는 문제와 한류를 진짜 긍정적인 시각으로만 보고 있는지 등에 대한 질문 역시 필요하다. 그래야만 반한류나 반한 감정의 확산을 막고 향후 한류의 지속적인 성장과 발전을 도모할 수 있다.

다행히 홍콩과 대만에서는 중국보다는 반한 감정이 덜하다. 이 때문에 한류가 이미 도입기와 발전기를 지나 확장기에 진입했다고 볼 수 있다. 이제는 안정기로 발전해야 할 상황이다. 새로운 발전 모델을 생각하지 않으면 안 된다는 얘기다. 어떤 전략에 눈을 돌려야 하는지에 대한 의문도 자연스럽게 생겨야 한다. 이 의문에 대한 답은 의외로 간단하다. 중국을 필두로하는 홍콩, 대만 문화의 유행을 일컫는 이른바 한조(漢潮)와 생산적으로 경쟁하고 협력해 시너지 효과를 극대화해야 한다는 것이 정답이다. 왜 그래야 하는가. 원래 문화 교류는 일방적이 돼서는 안 된다. 그럴 경우 상호 발전하지 못한다. 나중에는 어느 한쪽의 불만을 야기해 불협화음을 일으키게 된다. 자연적으로 불행한 일이 일어날 가능성도 높다. 실제로 최근 대만에서는 이런 불행한 일과 관련한 주장이 일부 학자 사이에서 나오기도 했다. 바로 "한국 문화 상품의 점유율을 견제하기 위해 대만과 중국, 일본 3국이 산업 협력을 강화해야 한다"는 주장이다. 지금이 바로 문화 분야에서도 주고받는 합리적인 사고를 해야 하는 시기다.

분위기도 나쁘지 않다. 무엇보다 최근 들어 한·중 양국 간 연예인의 상대국에서의 데뷔가 늘어나고 있다. 또 한·중 합작 아이돌 그룹도 속속 등장하고 있다. 이들은 상대적으로 큰 인기도 얻고 있다. 이런 현상은 가요계에 그치지 않고 있다. 최근에는 드라마와 영화 등 다른 엔터테인먼트 분야에도 중국 출신 연예인들이 속속 등장하고 있다. 중국에는 이미 오래전부터 많은 한류 스타가 진출해 있다. 최근 중국 아이돌 그룹에 한국인이 포함되는 경우도 많아지고 있다.

고급문화 분야에서도 이런 경향은 점차 강해지고 있다. 이를테면 중국 서적이 한국에서 많은 인기를 얻는 경우가 대표적이다. 쑹훙빙(宋鴻兵)의 『화폐전쟁』 시리즈는 중국 책으로는 이례적으로 공전의 대히트를 기록한 것으로 알려지고 있다. 이런 한조는 묘하게 중국의 한류와는 반대 현상을 나타내고 있다. 출판문화 유행에서는 오히려 역조 현상이 나타나고 있는 것이다.

한국이 중국에 관심이 크듯 분명 중국도 한국에 관심이 많다. 이런 상호 우호적인 감정은 협력적 발전 가능성을 의미한다. 또 이런 가능성이 구체화되려면 여러 노력이 필요하다. 특히 한국의 오피니언 리더들이 노력을 많이 해야 한다. 그러나 아직 한국에서는 이런 노력이 보편화돼 있지 않다. 한류만큼 자극적이고 상품화된 경향으로 변질된 상태는 아니지만 나름의 영향력을 가진 한조의 경향도 잘 파악하지 못하는 것이 현실이다. 심지어는 중국에 대해 문화대혁명의 광풍을 방치한 야만적인 나라라는 인식을 가진 이들도 없지 않다. 이래서는 안 된다. 한조를 올바로 수용하는 자세와 비판적인 평가와 해석을 내리는 자세가 필요하다. 그래야만 량안싼디의 한류가 역풍을 맞지 않을 수 있다.

중국은 한국에 있어 이미 충분히 강해진 상대이자 친구이다. 그들의 변화를 살피고 예상하면서 훗날 있을지도 모를 불상사에 대비하지 않으면 곤란하다. 그렇지 않으면 올바른 파트너의 길도 모색하기 힘들어진다. 올바른 파트너로 가는 길의 요체는 역시 한류만 고집할 것이 아니라 한조와의 생산적인 경쟁, 상호 협력에 있다.

이는 양국의 미래를 짊어질 한·중 청소년들에게 매우 중요한 요소다. 이들이 성장하면서 접하는 한류와 한조는 분별력과 판단력을 갖춘 성인이 되기 전까지 상대국을 바라보는 창이 된다. 한류와 한조의 교류는 양국 청소년이 상대방을 이해하고 인식하는 사고의 스펙트럼을 넓혀주는 중요한 역할을 할 것이며 또한 전략적인 공공외교 수단이다.

수교 이후 양국의 관계는 주로 경제 협력 분야에 편중된 것이 사실이다. 이로 인해 양국 간에는 무역 분쟁, 통상 마찰, 한국 투자 기업의 범법 행위 등 경제 문제가 돌출하지 않을 수 없었다. 자연스레 그 영향으로 그동안 쌓여 왔던 정치 외교, 안보, 역사문화 등의 이슈도 더불어 등장하고 있다. 물론 건전한 이슈 등장이나 논란은 나쁠 것이 없다. 그러나 이슈들이 악의적으로 침소봉대되면 곤란하다. 불행히도 요즘 이런 상황이 벌어지고 있다. 양국의 일부 지식인과 네티즌이 상대국의 정치, 경제, 사회의 일부 현상을 왜곡된 시각으로 비판하고 이를 언론이 확대 재생산하고 있는 것이다. 심지어 일부 매체와 인터넷은 긍정적인 면보다 부정적인 면을 더 적극적으로 소개하면서 양국의 신세대를 자극하고 있다. 더 불행한 것은 양국에서 일시 체류했거나 유학한 사람들이 본국으로 돌아가 상대국을 비방하는 경우이다. 이는 양국 간의 체제 특성, 국정 운영 방향, 역사 및 문화에 대해 서로를 학습하고 이해할 시간이 턱없이 부족했던 것과 무관하지 않다. 양국이 미래를 바라보지 않고 이익을 목적으로 한 민간 교류만 추구한 결과라 할 것이다. 바로 이 때문에라도 최근에 쏟아지고 있는 한반도 및 한국 정치에 대한 중국의 부정적인 시각에 대한 실태와 그 배경을 추적해 보지 않을 수 없다.

4장

무시하지도
무서워하지도 않는 이웃

한·미 관계가 좋으면 북·중 관계도 좋다

초등학생 정도의 지적 수준만 가지고 있더라도 남북한과 중·미 4자 간의 관계를 파악하는 것은 그다지 어렵지 않다. 한국과 미국, 북한과 중국이 각각 심정적으로 같은 입장에서 상대를 약간 경원시하는 관계라는 사실을 말이다. 하기야 한국전쟁의 양측 당사자 입장에서 볼 때는 그럴 수밖에 없다. 2011년 말 현재까지 이 관계는 크게 변함이 없는 것 같다. 이 때문에 한·미 관계와 북·중 관계의 함수를 한마디로 말하면 정비례 관계의 그래프라고 해도 될 듯하다. 한·미 관계가 강화되면 될수록 북·중 관계 역시 점차 가까워지는 형국이 된다는 얘기이다. 이 단언은 천안함 사태에서부터 한·미 연합 훈련에 이르기까지의 상황을 보면 어느 정도 알 수 있다. 실제로 삼성경제연구소는 2005년 이런 관점을 기본으로 한반도 안보지수를 개발, 매 분기마다 발표하고 있다. 이 안보지수는 한국, 미국, 중국, 일본, 러시아

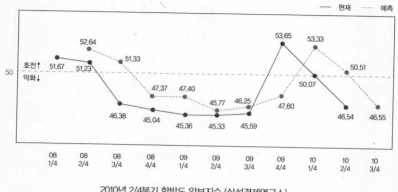

2010년 2/4분기 한반도 안보지수 (삼성경제연구소)

의 한반도 전문가 40여 명을 대상으로 설문조사를 실시한 다음 지수를 계량화한 것으로 50점 이상은 긍정적, 그 이하는 부정적임을 나타낸다.

이에 따르면 2010년 5월 2/4분기 상황은 좋지 않았다. 북한이 핵실험을 실시한 지난 2009년 전후와 비슷한 수준인 46.54로 나타났다. 천안함 사건과 이로 인한 남북 관계의 악화 탓이었다.

그러나 최악의 상황은 아니다. 만약 이 관계가 최악으로 나타나면 진짜 심각해진다. 한반도 안보에 공백이 생길 가능성이 높다.

다행히 한·미 관계와 북·중 관계는 동시에 부정적으로 전환되지 않고 있다. 또 동시에 악화될 가능성 역시 희박한 것으로 보인다. 실제로 한·미 관계는 지난 수년 동안 비교적 안정적인 기조를 유지해 왔다. 앞으로도 6자 회담 공조 등을 통해 긍정적 관계를 지속할 가능성이 대단히 높다. 특히 북한 핵실험, 천안함 사건, 연평도 포격 도발과 같은 안보 문제가 발생하면서 한·미 관계는 군사 동맹을 중심으로 강화되는 특징을 보이고도 있다. 북·중 관계 역시 천안함 사건으로 악화될 가능성이 없지는 않았다. 하지만 신속한 의사소통, 비공식 채널을 통한 의견 교환으로 빠르게 안정화를 추구할 수 있었다. 천안함 사건 이후에도 최고위급 대화를 통해 관계를 회복한 것으로 보인다.

천안함 사건이 터졌을 때 중국은 대단히 신중한 입장을 취했다. 국제 사회의 대북 제재 분위기를 무시할 수 없었다. 그러나 북한이 일방적으로 코너에 몰리자 달라졌다. 미우나 고우나 한때의 혈맹에게 기울었다. 지금은 이런 상황이 고착되지 않았나 싶다. 이러한 측면만 보면 한·미 양국은 북한을 너무 일방적으로 몰아붙이고 있다는 중국의 생각이 약간은 이해가 간다. 더구나 미국의 대북 제재는 계속 현재진행형이다. 한·미 양국의 대북 강경책이나 제재가 일방적으로 진행될 경우 이에 대한 반작용은 충분히 상정 가능하다. 북·중 관계가 더욱 강화될 수 있다는 얘기이다. 이런 우려는 천안함 사건 이후 한·미 군사 합동훈련에 대한 중국의 반응에서도 분명히 드러난다.

관영 〈신화통신〉의 2010년 7월 15일 보도를 보면 잘 알 수 있다. 친강(秦剛) 외교부 대변인이 "중국은 서해에서의 그 어떤 국가의 군사 활동이나 중국 근해에서 중국의 안보 이익을 해치는 일에 반대한다"고 입장을 분명히 표명한 것이다.

중국은 북·중 관계는 양국에 있어 상호 간 이익 교환의 산물이라고 평가한다. 미시적으로 보면 정말 그렇다는 것을 알게 된다. 무엇보다 북한은 중국에 지연(地緣) 정치학적으로 중요한 의의를 지닌다. 너무 진부하기는 하지만 일의대수라는 말처럼 바로 코앞에 있지 않은가. 60여 년 전 인민해방군 병사들에게 달랑 고량주 몇 병과 방망이 수류탄 몇 개만 주면서 세계 최강의 미군에 도전한 것은 다 이런 사실과 밀접한 관계가 있다. 물론 그랬으면서도 개미 떼처럼 달려드는 인해전술로 장전호에서 미군을 포위, 1개사단을 괴멸시키는 파워를 과시하기는 했지만 말이다. 중국에 북한은 이데 올로기에 있어서도 마치 보호막과 같은 역할을 할 수 있다. 이 때문에 중국 은 서구 가치관과 사회 제도에 의해 포위되는 것을 가볍게 피할 수 있다. 북 한 입장에서도 그렇다. 중국처럼 국력과 국제적 영향력을 갖추고 이데올로 기가 같은 전통적 우호국의 도움이 있어야만 국가 안보와 외교 이익을 지킬 수 있다는 입장을 견지한다. 장기적으로 봤을 때는 더 말할 필요도 없다. 중 국은 확실히 북한이 의지할 수 있는 나라로서 분명한 전략적 의의를 가지고 있다고 생각할 것이다. 또 북한으로서는 김정은으로 이어지는 3대 세습 과 정의 과도기를 중국의 묵인하에 슬기롭게 넘기면서 정권을 더욱 강화할 수 있는 기초가 된다. 실제로도 그렇다. 예컨대 중국의 존재는 북한 내부 보수 세력을 설득하는 데 긴요하다. 또 자금, 기술, 자원 등의 지원과 같은 대외 적인 측면 역시 무시하기 어렵다. 이외에 경제 발전, 민생 개선이라는 내부 적 측면에서도 중국의 확고한 지지는 필요하다.

이에 대해서는 비교적 중도적 색채가 강한 홍콩 위성방송인 펑황TV 역 시 동조하는 입장이다. 2010년 10월 25일 중국의 이른바 한국전 참전 60주 년 기념일에 맞춰 방송한 정하오(鄭浩) 해설위원의 논평을 보면 잘 알 수 있 다. 주요 대목을 한번 살펴 볼 필요가 있을 듯하다.

"저우융캉(周永康) 정치국 상무위원이 이끄는 중국 공산당 대표단은 북한 노동당 창당일인 10월 10일 평양에서 열린 열병식에 참석했다. 이는 북·중 관계를 더욱 강화하는 행보라고 할 수 있었다. 또 이어진 중국의 고위급 군 사대표단의 평양 방문 등의 행보 역시 중국이 북한을 지지하고 있다는 사실 을 보여준다. 현재 한국과 미국은 군사 협력, 안보 방어 협력을 점차 강화하 고 있다. 이런 상황에서 양국이 이렇게 하지 않으면 안 된다. 세력 균형을 맞출 수가 없다. 중국과 북한은 평화로운 시기는 말할 것도 없고 전쟁 시기나 잠재적 전쟁의 위험이 있을 때에도 여전히 고도의 협력을 유지할 것이다."

거의 같은 시기에 나온 주원후이(朱文暉) 해설위원의 평론 역시 크게 다르지 않다. "중국과 북한은 더욱 단결해야 한다. 협력을 통해 한반도의 변화와 안정을 추구하는 동시에 효과적으로 북한 내부의 안정을 모색해야 한다. 이는 궁극적으로 동북아 지역이 안정적 국면에 접어드는 데 크게 도움을 줄 수 있다"고 주장한 바 있다.

최근 들어 한국과 미국의 관계는 그 어느 때보다 좋은 것처럼 보인다. 이런 현실은 자연적으로 북한과 중국의 관계도 좋아지게 만들고 있다. 물론 양국의 관계 증진에 대해 원론적인 차원을 떠나 분석한 이들도 있다. 대표적으로 중국 공산당의 최고학부로 불리는 중앙당교의 국제전략연구소 장롄구이(張連瑰) 교수를 꼽을 수 있다. "북·중 관계의 개선은 북한이 견지하는 일종의 외교 방침의 연장선상에 있다. 사실 북한은 각 대국과 전방위적인 관계를 펼치고 있다. 미국 고위 관료들과의 대화와 교류, 일본과의 관계 개선 등도 노리고 있다. 북한 입장에서 이런 외교의 목표는 여러 가지가 있을 수 있다. 우선 긴장 국면을 완화하는 것이다. 주변국으로부터 핵보유국으로 인정받는다면 더욱 좋다. 둘째 중국의 원조를 획득하겠다는 속셈 역시 있다. 이외에 천안함 사건 이후 이어지는 한·미와의 대치 상태에서 북·중 관계를 대대적으로 과시함으로써 중국을 북한 쪽으로 끌어들이는 것도 목표가 될 수 있다. 이른바 '중국 카드'를 이용하겠다는 것이다"면서 북한의 속내를 분석했다.

당연히 중국 입장에서도 다 속셈이 있다. 정치적 안보상의 이익을 노린다고 볼 수 있다. 과거 한·미 동맹이 강화되고 북한에 대한 제재가 강화되면 될수록 북한은 체제 유지, 경제 회복, 원조 등에서 도움이 되는 중국으로 기울고는 했다. 중국 역시 크게 다르지 않았다. 한반도 역내에서 미국의 세력 확장으로 인해 자국의 안보가 문제가 될 때 북한과의 신속한 접촉을 확대해 왔다. 중국은 북한의 전통적 이웃 국가로서 북한의 평화와 안정을 그 어느 나라보다도 바란다. 솔직히 이건 빈말이 아니다. 만약 북한에서 정치적 혼란이나 전쟁이 발발한다고 가정해 보자. 그 영향은 중국의 국경에 바로 미친다. 바보가 아닌 한 당장 국경 방어에 신경을 써야 한다. 이는 결과적으로 중국의 경제 발전에 부정적 영향을 미치게 된다. 경제적 이익 역시 무시하기 어렵다.

이른바 '평화공존 5원칙'에 입각한 중국의 기본적 외교 정책은 확고하다. 어느 국가의 내정에도 간섭하지 않는다는 것이다. 그럴 시간이 있으면 국내의 부패, 양극화 현상 등의 문제 해결을 통해 경제 발전과 안정을 꾀하겠다는 것이 기본적인 생각이다. 지금은 더 분명한 문제가 되고 있는 이런 현실을 직시하면 중국의 기본적인 입장은 충분히 이해가 간다.

1979년 개혁·개방 정책을 실시한 이후 중국은 그 무엇보다 경제 발전에 초점을 맞췄다. 특히 중국의 남대문으로 불리는 광둥(廣東)성 광저우(廣州)에서 산둥(山東)성에 이르는 연안 지역의 발전에 역점을 뒀다. 선전(深圳)을 비롯한 4대 경제특구를 신설한 것도 다 이런 사실과 관계가 있다. 또 '검은 고양이든 흰 고양이든 쥐를 잘 잡으면 좋은 고양이'라는 의미의 '흑묘백묘론', 먼저 부자가 되라는 이론인 '선부론(先富論)'이 중국 전역을 배회하게 된 것 역시 같은 맥락이라고 볼 수 있다.

그러나 이런 전략은 상대적으로 동북 3성과 내륙 서북부 지역에는 독약으로 작용했다. 관심 대상에서 멀어지면서 경제적 낙후를 면치 못하게 된 것이다. 중국 당국은 뒤늦게 이 사실을 깨닫고 지금 이른바 서부 대개발, 지린(吉林)성의 창춘(長春), 지린, 투먼(圖們)을 연결하는 창지투(長吉圖) 개발계획을 추진하고 있다. 한마디로 말해 국경이 시끄러워지면 안 되는 것이다.

하지만 중국은 최악의 경우에는 자국 안보를 위해 일정 부분 희생할 각오가 돼 있다. 적극적으로 한반도 문제에 개입할 가능성이 높다는 얘기이다. 당연히 이때에는 팔이 안으로 굽듯 북한 쪽으로 경도될 개연성이 농후하다.

이처럼 현재까지는 한국과 미국, 북한과 중국은 2분법적 사고의 대상이 될 수밖에 없다. 그러나 언제까지나 이런 식으로 돼서는 안 된다. 이 경우 각국의 손실이 너무 크다. 그렇다면 어떻게 해야 할까. 각국이 미래 지향적으로 자국의 이익과 지역의 공생, 공존을 고려해 판을 크게 봐야 한다. 이 경우 한·중, 한·미, 북·중, 중·미 간의 관계가 모두 이상적으로 돌아갈 수 있다. 역내의 국가들 모두 이익을 보는 교집합을 늘려나갈 수도 있다. 현재로서는 이런 가능성이 상당히 낮다는 것이 안타깝기는 하지만 말이다.

하지만 글로벌 금융위기 이후 국제 사회 안정을 위해 상호 정치·경제적 협조가 필요한 미국과 중국, 지속 발전을 위한 외부 수요 확대가 필요한 한국, 체제 안정을 전제로 개방을 조심스럽게 계산하고 있는 북한 등 각자의 이익 관계가 맞물려 있어 북한 핵 문제와는 별도로 역내 국가들의 노력 여하에 따라 얼마든지 상호 이익의 교집합을 키워 나갈 수도 있을 것이다.

천안함 사건으로 본 중국의 속마음

중국은 한국보다 어쩌면 북한을 너무나 잘 알지 모른다. 한국전쟁 때는 동맹국으로 서로 도움을 준 사이가 아닌가 말이다. 더구나 이후에도 혈맹 관계를 이어왔고 최근까지 군사적 교류를 지속해 왔다. 양국이 얼마나 가까운지는 몇 가지 재미있는 사례를 보면 그대로 드러난다. 우선 중국과 북한의 친선을 도모한다는 뜻의 중차오(中朝)라는 이름을 가진 사람의 수를 꼽을 수 있다. 전국에 아마 수천 명은 되지 않을까 싶다. 각각 상대국에서 생활하는 양국의 공민인 조교(朝僑)와 화교의 존재에서도 이 사실은 바로 드러난다. 양국은 이들 각자의 공민들에게 아낌없는 편의도 제공하고 있다. 북한의 각지에 한국전쟁 때 참전해 전사한 중국 인민해방군 병사들의 묘역이 잘 조성돼 있다는 사실 역시 거론해야 한다. 양국 친선을 상징적으로 웅변한다. 이러니 중국이 북한 최고 지도부와 군부의 동향 및 생각에 대해 잘 알고 있다고 보는 시각은 이상할 게 없다. 당연히 천안함 침몰 사건의 진실에 대해 어느 정도 윤곽을 잡고 있다고 봐야 할 것이다. 그러나 사건 당시에도 그렇고 지금도 중국은 정확한 진실을 말하지 않고 있다. 그저 북한 쪽에 상당히 유리한 입장을 취하면서 두루뭉술한 태도를 보이고 있다. 중국이 도대체 왜 이런 태도를 취할 수밖에 없을까 하는 의문을 갖는 것은 그래서 한국으로서는 너무나 당연하다.

중국 언론은 2010년 3월 26일 천안함 폭침 사건이 발생하자 즉각 이를 보도했다. 또 정부 당국에서도 확인했다. 이때까지만 해도 사실 보도가 주류를 이뤘다. 하지만 이후 시간이 조금씩 지나자 팔이 안으로 굽기 시작했다. 우선 사건 발생 2개월이 지난 5월 26일의 마자오쉬(馬朝旭) 외교부 대변인의 발언을 보자. "각국의 이성적 판단과 자제를 통해 문제들을 처리해야 한다. 그래야 긴장 국면이 악화되는 것을 피할 수 있다. 중국 정부는 이렇게 되기를 희망한다. 또 중국은 국제 사회와 역내 국가들의 공정하고 객관적인 처리를 통해 이 문제를 해결해야 한다고 생각한다." 마 대변인의 발언은 어떻게 보면 굉장히 공정한 것 같다. 그러나 사건이 북한에 의한 것이라는 한국이나 미국 정부의 주장을 감안하면 다른 느낌이 없지 않다. 이보다 4일 전의 〈중궈징잉바오(中國經營報)〉의 보도 역시 크게 다르지 않아 보인다. 북한을 일방적으로 비난해서는 안 된다는 뉘앙스가 읽힌다. 내용을 자세히 살펴볼 필요가 있을 듯하다.

"어뢰 파편과 파편 위에 1호라는 숫자가 북한의 것과 일치한다는 증거에 근거한 한국의 보고서는 각 국가들을 설득하기에 무리가 있다. 이 결과에 대해 미국, 일본을 비롯한 기타 서방 국가들은 북한의 소행이라는 주장을 인정했으나 그와 상반된 여론 역시 적지 않다. 특히 한국 내에서는 사건이 한국 군부에서 저지른 일종의 정치적 쇼라는 여론이 일고 있다. 북한에 대한 적개심과 경각심을 일깨워 한·미 동맹을 강화하기 위한 자작극이라는 여론도 없지 않다. 이처럼 한국 내의 여론조차 통합되지 않고 있다. 이뿐만 아니다. 2010년 6월 2일 지방선거를 2주 앞둔 민감한 시기에 조사 결과가 발표됐다는 사실도 주목해야 한다. 야당이 안보 카드를 내세워 북한에 대한 한국 국민의 공포심을 이용하고자 하는 것이라고 주장하는 것은 때문에 말도 안 된다고 하기 어렵다. 또 한국이 제시한 증거는 모두 한국 측에서 판단한 결과물들이다. 공평성을 위해서는 북한의 의견을 들어보는 것이 중요하다."

전문가들의 분석 역시 조금은 북한 주장에 경도된 느낌이 없지 않다. 예컨대 리이후(李義虎) 베이징 대학 국제관계학원 교수는 "김정일의 현재 권력으로도 김정은의 후계 구도는 원만하게 완성될 수 있다. 그런데 굳이 천안함 사건 같은 것을 저지를 필요가 있겠는가? 솔직히 이는 북한에 아주 불리한 것이다. 또 합동조사단에 참여했던 스웨덴, 캐나다 대표가 최종 보고서에 사인을 하지 않았다는 점도 의문스럽다. 만약 북한이 저질렀다면 자신들에게 어떤 이익이 있어야 한다. 설사 한국에 무력시위를 하고자 했더라도 그렇다. 비겁하게 인명을 살상하는 것보다는 공해상으로 미사일을 발사하는 것이 의사 표시를 더욱 선명하게 할 수 있다고 생각한다"면서 한국의 주장에 반문하고 있다. 예즈청(葉自成) 베이징 대학 국제관계학원 교수의 말은 중국인답지 않게 보다 더 직설적이다. "한국은 북한이 저질렀다고 생각하나 사실 중국은 북한이 주도했다고 생각하지 않는다. 만약 정말 북한이 그랬다면 북한은 정말 무서운 나라라고 해야 한다. 이 사건에 대한 중국의 공식적인 입장 표명이 한국에 도움이 되지 않을 것이다"면서 중국 정부와 식자층의 속내를 드물게 보여주는 적극성을 보였다.

천안함 사건 이후 중국 매체와 전문가들은 한국의 이른바 '친미소화(親美疏華, 미국과 가까워지고 중국과는 소원해지는 전략)' 경향이 더욱 가속화될 것으로 우려한 바 있다. 실제로도 그랬다. 중국이 정부 차원에서 공식적인 입장을 내놓지 않은 데다 김정일 북한 국방위원장의 방문까지 이어지면서 한국 내 중국에 대한 비난 여론은 더욱 비등했으니까 말이다. 더불어 중국의 한국에 대한 감정도 시간이 갈수록 과거보다 식고 있다. 특히 최근 이명박 대통령의 친미 일변도 행보는 중국 지도부에게 이 정권에 대한 희망을 버리게 만드는 것으로 분석되고 있다.

그럼에도 중국이 천안함 사건에 대해 명확한 입장 표명을 하지 않는 애매한 태도를 견지하는 데는 어쩔 수 없는 이유가 있다. 우선 한국과 북한 모두와 선린 우호 관계를 유지해야 하는 부담이 작용하고 있다. 다시 말해 북한과의 정치, 군사적인 혈맹 관계를 유지함과 동시에 한국과의 경제 협력 관계도 지속시켜 나가겠다는 의지가 복잡하게 얽혀 있는 것이다.

공연히 북한을 자극해 상황이 엉뚱하게 악화되는 것을 방지해야 하는 입장 역시 나름의 역할을 하고 있다. 만약 중국이 북한을 몰아붙인다고 하자. 그러면 상황은 예상 외로 엉뚱하게 변할 수 있다. 고립감을 느낀 북한이 통미봉남(通美封南, 한국을 봉쇄하고 미국과 대화하는 짓) 전략에서 벗어나 통미통남(通美通南) 전략을 펼 수도 있는 것이다. 만약 이렇게 된다면 오히려 중국이 고립되는 황당한 상황이 발생하지 말라는 법도 없다. 중국으로서는 최악의 상황일 수밖에 없다.

중국은 한국과 중국의 관계뿐 아니라 북한과 중국의 관계, 더 나아가 일본, 미국과 중국의 관계라는 다각적인 입장을 감안할 수밖에 없다는 점도 설득력이 있다. 특히 한·미 동맹의 강화로 인해 동북아 지역 내에서 미국의 역량이 강화되는 것을 원치 않을 것이라는 분석은 정확한 것으로 보인다. 실제로 서해에서 벌어진 한·미 연합 훈련에 대한 중국 측의 강경한 반응은 이런 맥락에서 이해할 수 있다. 사실 동북아 지역에서 미국의 역할 강화는 중국의 안보 문제와 직결된다. 더불어 대만 문제에도 영향을 미칠 수 있다. 이 때문에 천안함 사건에 대해 신중을 기하지 않고 섣불리 움직인다는 것은 중국 입장에서 볼 때는 진짜 멍청한 짓일 수밖에 없다.

게다가 중국은 천안함 사건을 통해 한·미 동맹의 강화를 넘어 한·일 관계까지 긴밀해질 가능성도 우려했을 것으로 보인다. 중국으로서는 한·미·일 3국 간의 긴밀한 협조와 협력에 대해 부정적 입장을 견지하는 게 너무나 당연할 수밖에 없는 것이다.

천안함 사건은 한·중 양국에 엄연히 존재하고 있음에도 경제 협력의 명분에 가려 그동안 보이지 않던 커다란 현실의 벽을 인식하는 계기가 됐다. 한국은 지금도 진짜 중국이 북한 지지에 집착해 천안함 사건에 대해 잘못 대응했다고 생각한다. 아마도 한국은 중국이 합동조사단에 참여해 애매한 입장 표명이라도 했더라면 중국이 완전히 북한 편이라고는 생각하지 않았을 것이다. 중국 역시 적극적으로 하지는 않으나 이 점에서는 할 말이 많을 것이다. 우선 한국의 북한에 대한 입장을 분명하게 인식했다고 단언해도 좋다. 말로만 대화를 생각하지 군부나 현 정권의 뇌리 속에는 전혀 그런 뜻이 없다고 생각했다. 자국에 대한 한국의 생각도 어느 정도 읽은 것 같다. 그건 역시 말로만 전략적 협력 동반자 관계를 외칠 뿐이지 북한과 한통속으로 본다는 시각이다. 틀리지 않은 것 같다. 중국의 최고 지도부가 최근 한국 정부의 친미 행보에 단단히 화가 나 있는 것 같다는 일부 서방 언론의 분석은 그래서 정곡을 찔렀다고 해야 할 것이다. 한마디로 천안함 사건을 둘러싼 핑퐁 게임은 향후 한·중 양국 간에 풀어나가야 할 과제가 적지 않다는 사실을 재차 확인하는 계기였다고 단언해도 괜찮을 것 같다.

한편 천안함 사건은 한국의 외교 전략에 큰 문제점이 있음을 보여준 계기였다. 사건 발생 후 북한은 물론 중국·러시아는 한국을 마치 외교 주권이 없는 국가인 양 무시했고 한국 정부와 정치권은 한목소리를 내지 못했다. 북한의 도발에 국제 사회는 오히려 미국의 반응을 먼저 살폈다. 자주외교, 독립외교, 강대국 균형외교에 대한 전략 부재가 한꺼번에 노정되었다. 기존의 미국에 경도된 외교는 북한의 또 다른 도발 감행, 미국 개입, 한·중 관계 악화 등을 계속 초래할 것이다. 천안함 사건은 대중국 전략외교 수립을 근본적으로 재검토하는 계기를 만들어 주었다.

한국은 미국에 의존한다는 편견

중국은 사회주의 국가이기는 하나 평등 이념에 잘 부합하지 않는 국민성을 가지고 있다. 오히려 이 이념은 한국에 더 잘 맞는다. 그래서 일부 지식인은 한국이 사회주의, 중국이 자본주의를 해야 한다고 주장하기도 한다. 바로 이 때문일까, 중국인들은 알게 모르게 계급 따지기를 좋아한다. 내가 너보다 높다거나 낮다는 사실을 분명하게 따지지 않으면 시쳇말로 좀이 쑤시는 사람들이다. 어느 정도인지는 한다하는 중국인들의 명함을 받아보면 별로 어렵지 않게 알 수 있다. 자신의 위치를 웬만하면 정부 관리들과 비교해 정급(正級, 장관급), 부급(副級, 차관급), 사급(司級, 국장급)으로 불러야 직성이 풀리는 것이다. 이렇게 명함을 주고받으면 개인적인 직위의 높고 낮은 문제는 그대로 확연하게 정리가 된다. 부급은 정급, 사급은 부급에게 적당하게 고개를 숙이면 되는 것이다. 중국인들은 이런 개념을 국가 간에도 어느 정도 적용하는 것 같다. 과거의 조공(朝貢)이라거나 번국이라는 단어는 다 이 개념을 상기할 경우 충분히 이해가 된다.

최근 중국인들이 볼 때 한·미 동맹은 너무 단단하다. 아니 지난 세기 말부터 시작해 현재까지 이처럼 좋은 적은 없지 않나 싶다. 그러나 이에 대해 중국은 그다지 좋은 생각을 하고 있지 않는 듯하다. 심하게 말하면 양국 관계를 평등한 국가 관계로 보지 않는 버릇이 도진 것 같은 느낌이다.

이명박 대통령의 동정에 대한 중국의 보도는 이 생각이 절대 과한 것이 아니라는 사실을 말해 준다. 우선 〈런민르바오〉의 자매지인 〈환추펑윈(環球風雲)〉의 2009년 4월 3일자를 봐야 할 것 같다. 이명박 대통령과의 정상회담 시에 버락 오바마 미국 대통령이 "이 대통령과 한국대표단에게 감사의 말씀을 전한다. 한국은 미국의 가장 가까운 동맹국 중 하나일 뿐 아니라 가장 위대한 친구 중의 하나이다. 우리의 우의는 더욱 공고해질 것이다"고 한 발언을 아예 작심한 듯이 보도한 것이다. 이런 중국의 태도는 이명박 정부가 출범 이후에 제시한 가치 동맹, 원칙 있는 실용 외교를 겨냥한 것이라고 봐도 괜찮다. 경제 분야를 넘어 안보 분야에 이르기까지 미국에 의존하면서 냉전 시대로 돌아간 듯 보이는 가치 동맹에 대해 불편한 심기를 드러낸 것이다. 그러나 그 기저에는 미국에 종속돼 있는 한국의 안보 입장을 확신하는 자세 같은 뉘앙스도 다분하게 읽힌다. 베이징 대학 국제관계학원 예즈청 교수의 말은 한 단계 더 수위가 높아 보인다. "이명박 대통령은 노무현 전 대통령과는 많이 다르다. 미국과의 협력을 통해 동아시아의 질서를 잡으려 하고 있다. 미국에 의지하는 행보 역시 강하고 빠르다. 동북아 관계와 한·중 양국 간의 문제를 해결하는 방법에 있어서는 다소 서툰 것 같다"면서 아예 대놓고 직격탄을 날렸다. 영국의 토니 블레어 전 총리가 조지 W. 부시 전 미 대통령에게 그랬듯 이 대통령 역시 오바마 대통령에게는 꼼짝 못하는 존재라는 평가로 보인다.

이런 인식은 사실 이명박 정권이 출범할 때부터 중국 언론이나 지식인들이 공유하던 것이었다. 정부 인사들이 하나같이 보수, 친미 인사들로 채워진 까닭이었다. 솔직히 당시 내각 명단을 훑어보면 아니라고 하기 어렵다. 아니 지금도 마찬가지라고 해야 한다. 중국을 알거나 관심이 있는 인사들이 정부의 주요 인사로 발탁되는 경우는 거의 없다고 해도 과언이 아니다. 문제는 이로 인해 중국의 한국에 대한 인식이 더욱 나빠질 가능성이 높다는 사실이다. 하기야 지금도 중국은 "한국은 미국과의 관계에 치중한다. 그에 따른 이익을 찾기에 급급할 뿐이다. 이 때문에 중국을 경시하고 있다"고 생각하는 마당이므로 앞으로는 더 말할 필요가 없다.

이러니 중국은 6자회담에서도 한국이 주도적인 역할을 할 것이라고 믿지 않는다. 솔직히 현재 상황에서 중국은 6자회담에 목을 맬 이유가 별로 없다. 무엇보다 이 회담의 핵심 이익은 북한과 미국에 돌아가게 돼 있다. 또 북·미회담이 재개될 경우는 역할이 모호해진다. 그럼에도 중국은 책임 있는 주변 조정국으로서의 역할을 다한다는 명분을 얻기 위해 6자회담을 제안했다. 이어 적극적으로 주도했다. 그러나 한국은 중국의 이런 노력을 별로 중요하게 생각하지 않았다. 그저 미국과의 조율을 통한 자국의 정책을 견지해왔다. 우선 중국이 지지하는 햇볕정책을 실패한 일방적인 퍼주기라고 규정했다. 그렇다고 대화를 시도한 것도 아니며 강경 대응으로 일관했다. 이 과정에서 경협이든 대화든 북한의 기존 입장을 받아들일 정책적 고려가 없었다. 더 이상 끌려가지 않겠다는 자세와 굳건한 한국의 이런 의지는 급기야 북한과의 대화 채널을 하나 둘 단절시켜 버렸다. 지금은 대화가 완전히 불가능한 지경으로 만들었다. 누구의 잘잘못을 따지기 전에 협상과 대화를 중요하게 생각하는 중국이 볼 때는 미국의 눈치만 보는 편향된 외교적 대응이라고 혹평해도 할 말이 없게 돼 있다. 제3자의 입장에서 볼 때 한국이 6자회담에 성실히 응하지 않을 것이라는 생각은 쉽게 알아볼 수 있는 것이었다.

미국에 너무 의존하는 현 한국 정권의 스타일은 한국 정치인들에 대한 중국의 불신 내지 불만으로 이어질 수도 있다. 이 사실은 한·중 양국 관계에 대한 중국 언론의 보도를 살펴보면 어느 정도 윤곽을 파악할 수 있다. 노무현 전 대통령 재임 시절인 2005년은 이른바 자주 외교를 주창하던 시기였다. 이때 광둥성 소재의 〈광저우르바오(廣州日報)〉는 '한국의 친중파 날로 강세, 한·미 동맹은 주춤'이라는 제목의 기사를 실었다. 중국으로서는 감히 요청하지는 못해도 진정 원하는 바라고 할 수 있었다. 진짜당시 중국은 친중파로 보이는 지도자와 그가 중용하는 정치인들에 대해 반가움을 숨기지 않았다. 동북아의 안정과 번영을 위해 미국이 아닌 중국을 더욱 중요한 대화 상대로 여기는 한국에 대해 암묵적인 반가움을 드러내기도 했다. 외견상 이런 중국의 생각은 요즘 들어서도 그다지 변한 것 같지는 않다. 한나라당과 민주당이 경쟁적으로 공산당과 자매결연을 맺고 당 차원의 교류를 활성화하고 있으니까 말이다. 더구나 최근까지 주요 인사들의 방중 일정도 꼬리를 이었다. 그러나 내심으로도 그런 것 같지는 않은 듯하다. 언론 보도를 분석해 보면 틀린 판단은 아닌 것 같다. 대체로 미국이나 일본의 입장에서 사물을 보는 이들의 방문에 대해 언급한 것들이 극소수에 불과하기 때문이다. 이 사실은 중국 측이 한국 정치인들의 방문에 그다지 큰 의미를 부여하고 있지 않는 게 분명하다는 사실을 말해 준다. 또 한국 정치인들과 만나 악수를 하거나 사진을 찍고 말뿐인 대화들이 오가는 것에 흥미를 잃었을 개연성도 다분하게 시사해 준다. 중대한 사안에 대한 진지한 토론이 오가고 그것이 대중 정책이나 외교 현안에 영향을 미치는 등 긍정적인 효과를 낸 것을 본 적이 거의 없으니 그럴 법도 하다.

요즘도 한국의 숱한 전직 정치인들이 방문학자라는 이름으로 중국의 유명 대학에 머물다 간다. 물론 방문학자라는 이름에 걸맞게 훌륭한 연구 실적을 가지고 돌아가는 경우도 있다. 그러나 대다수의 경우는 한국의 권력 다툼에서 밀려난 친미, 친일 성향의 인사들이 정계에서 잠시 벗어나 재충전의 시간을 갖기 위해 중국을 찾는다는 인상을 풍긴다. 그러니 중국에 머무는 동안 눈에 띄는 연구 업적이나 성과를 내지 않고 시간을 때우다 돌아가는 경우가 많다. 불신이 계속 불신을 낳는 악순환이 되풀이되는 것이 이상할 까닭이 없다.

중국이 한국 외교에서 차지하는 위상은 점점 중요해지고 있다. 하지만 외교 정책에서 중국의 지위가 차지하는 중요성에 비해 중국 관련 업무를 처리하는 일손은 턱 없이 부족하다. 이런 상황에서 중국 관련 주요 업무가 신속하고 효과적으로 처리되는 것을 기대하기는 어렵다. 외교부의 전통적인 구조와 정치인들을 비롯한 오피니언 리더들이 미국통, 일본통들이 주를 이루고 있다는 사실을 감안해도 한국이 중국 업무에 대한 중요성을 상대적으로 간과하고 있는 것은 분명해 보인다.

그러나 이렇게 하면 한국 외교의 미래는 절대 밝을 수가 없다. 적어도 중국과 직접 통할 수 있는 뛰어난 중국통 전문가들을 양성해 중국과의 교류에 적극 나서고 극단적인 친미 경향을 바로잡아야 국제 외교 공간에서 활동 영역을 넓혀갈 수 있다. 그렇지 않을 경우 진짜 한국은 중국으로부터 미국의 푸들이라는 편견을 불식시킬 수 없다.

중국의 다소 무례한 비판엔 자신들과 소통할 수 있는 콘택트 포인트를 만들어 달라는 요구의 뜻이 담겨 있다. 중국의 외교는 당과 정부 라인 등 2개 라인으로 구분되어 있다. 민감한 문제가 발생했을 때 우선 비공식적으로 접촉하여 대화를 진행하고 여기서 도출되는 의견을 정부 라인을 통해 공식 발표하는 식이다. 물론 중요한 결정은 모두 당을 통해 결정되고 행정 부처인 외교부는 발표 및 집행하는 기구다. 체제가 같은 북한은 이를 십분 활용하는 반면에 한국은 먼저 사안을 공개해 버려 대화와 담판의 여지를 미리 없애버린다. 여기서 중국 외교부 담당자는 무례한 단어를 써가며 한국을 비판하는 대변인 역할을 한다. 대중국 외교를 전개함에 있어 한국은 이와 같은 중국의 외교 시스템에 익숙해져야 한다. 한편으론 사전에 그들의 내면 얘기를 충분히 듣고 논쟁하고 조율할 수 있는 핵심 중국 전문가를 키워야 한다.

북한에 대한 중국의 미묘한 견제

　중국과 북한은 정말 오랫동안 혈맹 관계를 유지했다. 지금도 만만치 않다. 상대 국가가 군사적 공격을 받으면 해당 전쟁에 자동 개입한다는 내용 등을 골자로 하는 '북중 우호 협조 및 상호 원조 조약'이 공식적으로는 아직 폐기되지 않고 있다. 물론 냉전 종식과 함께 사문화됐다는 주장이 없지는 않다. 이런 주장을 하는 대표적 학자가 주펑(朱鋒) 베이징 대학 국제관계학원 교수이다. 그는 2011년 9월 1일 한국의 국가안보전략연구소 주최의 학술회의에서 발표한 '중·북 관계에서의 동맹 요소: 변화와 조정'이라는 글을 통해 이처럼 주장했다. 주 교수가 언급한 북·중 조약은 1961년 7월 11일 베이징에서 체결됐다. 이어 그해 9월 10일 발효됐다. 조약의 유효 기간은 두 번에 걸쳐 연장돼 2021년까지이다. 만약 주 교수의 주장처럼 북한에는 그야말로 생명줄이라고 해도 좋을 이 조약이 사문화됐다면 북·중 관계는 확실히 심각하다고 해야 할 것이다.

　그의 주장이 사실일 가능성을 뒷받침해 주는 분석도 없지 않다. 추수룽(楚樹龍) 칭화 대학 국제전략발전연구소 소장이 2011년 10월 17일 한국 니어 재단 주최의 제2차 한·중 안보전략 대화에서 행한 발제가 그렇다. 그는 이 발제에서 "북한과 중국은 현실적으로는 우호, 협력적인 관계에 있지 않다. 북한이 미국의 공격을 받아도 중국이 북한을 군사적으로 돕지는 않을 것이다"고 강조하면서 북·중 관계에 회의적인 입장을 피력했다.

　이어 "북·중 간에는 문서상으로 정치적 조약이 있기는 하다. 그러나 두 나라 사이에는 어떤 합동 군사 조직이나 군사 기지, 군대 주둔 등이 없기 때문에 그것은 군사나 안보적인 동맹이 아니다"면서 자신의 주장이 나름

합리적이라고 덧붙였다. 또 그는 "중국이 북한의 군사적 도움 요구에 응할 것이라고 생각하지 않는다. 심지어 북한이 남한이나 미국의 공격을 받아도 중국이 하려는 일은 외교적 해결을 요청하는 일일 것이다"면서 설사 북한에 급변이 일어나도 한반도에 중국이 개입하는 전쟁은 없을 것이라는 입장을 분명히 했다.

중국의 오피니언 리더들을 대표할 만한 이들의 이런 주장은 상당히 이례적이라고 할 수 있다. 또 지난 수십 년 동안의 양국 관계를 보면 그럴 수 있다는 생각도 든다. 예컨대 중국이 본격적으로 개혁·개방에 나선 다음 해인 1980년 〈런민르바오〉의 사설을 볼 필요가 있다. 이때 북한의 봉건적 권력 세습을 비판하는 사설을 2회에 걸쳐 게재했다. "수령은 인민이 선택하는 것이지 임의로 조직할 수 없다. 개인적인 숭배와 신격화는 일종의 미신으로 반 마르크스주의적이다. 당 중앙이라는 것은 당 기관을 뜻하는 것이지 특정 개인일 수는 없다"는 내용이었다. 양국 관계로 볼 때 정말 이례적인 내용이라고 해도 과언이 아니었다. 더구나 당시는 김일성 주석으로부터 김정일 국방위원장에게 이어지는 권력 승계가 공식화되기 한 달 전이었다. 중국이 아예 작심하고 북한을 비판한 것이었다고 할 수 있다. 이후 양국 관계는 과거보다는 못한 모습을 보였다. 심지어 펜타곤(미 국방부)의 일부 매파 사이에서는 중국이 북한을 모멸 차게 버렸다는 분석도 없지 않았다.

그러나 현실은 진짜 그런 것 같지는 않다. 무엇보다 양국이 조약의 공식 폐기를 선언한 바가 없다. 그렇다면 유효할 수밖에 없다. 또 2021년까지 자동 연장됐다고 봐야 한다. 게다가 지금은 양국 관계를 불편하게 만든 단초를 제공한 중국의 북한 정권 세습에 대한 시각이 과거와는 완전히 달라져 있다. 이는 북한 노동당 창당 65주년인 2010년 10월 10일 권력 서열 9위인 저우융캉 정치국 상무위원이 축하 사절단을 이끌고 이례적으로 김정은의 권력 승계를 축하한 사실에서 무엇보다 확실하게 드러난다. 또 이때 후진타오 주석은 "중·조 우의가 대대로 전해져 내려가야 한다"는 짤막하지만 강력한 메시지가 담긴 축전도 전달했다.

사랑하는 관계에서는 사소한 문제로 사이가 틀어져도 다시 좋아질 수가 있다. 시쳇말로 미워도 다시 한번을 생각할 수 있다. 중국과 북한은 지난 60여 년 동안의 역사로 살펴볼 때 바로 이런 관계라고 해도 크게 틀리지 않는다.

중국의 북한에 대한 입장이 이처럼 냉온탕을 왔다 갔다 하면서 다시 거의 원위치된 데는 당연히 이유가 있다. 무엇보다 중국의 전략적 이익과 관련이 있다. 북한의 상황 변화에 대해 중국이 발 빠르게 대응함으로써 영향력을 증대시키고자 한다는 것이다. 다시 말해 사회주의 이념의 관점에서가 아니라 중국의 미래 전략과 이익의 관점에서 양국 관계를 분석하고 대응한다는 얘기이다. 이에 대해서는 〈차이나 퀄리티〉, 〈포린 폴리시〉 등 저명한 세계적 학술지에 중국 지도자 문제에 대한 100여 편의 글을 발표한 중국 리더십 연구의 세계적 권위자인 리청(李成) 미국 브루킹스연구소 선톤차이나센터 연구주임의 말을 들어보는 게 좋을 듯하다. 그는 2010년 10월 8일 김영희 〈중앙일보〉 대기자와 가진 대담에서 다음과 같이 주장한 바 있다.

"가장 중요한 것은 중국이 북한 문제에서 쥐고 있는 레버리지와 협상력이 한반도가 통일될 경우 증발할 가능성이 있다는 사실입니다. 이렇게 되면 중국은 미국과의 경쟁에서 유리한 고지를 잃어버리게 됩니다. 국제 사회에서 더 고립될 위험을 감수해야 합니다. 게다가 북한이라는 중국의 동맹국도 사라지게 됩니다. 만약 북한이 미국의 손아귀에 떨어진다면 중국은 새로운 도전에 직면하게 됩니다."

중국의 전략적 이익에는 북한의 붕괴나 정치적 불안정으로 야기될 악영향을 최소화하겠다는 의중도 포함된다. 만약 북한 정권이 극도로 불안정하게 되면 그 다음 유추 가능한 결과는 뻔하다. 수백만 명의 난민이 압록강과 두만강 일대의 군사 접경 지역을 넘어 중국으로 유입될 가능성이 너무도 농후하다. 당연히 이는 중국의 경제와 안보에 불안정 요인으로 작용할 수밖에 없다.

다음 이유는 한·미·일을 중심으로 하는 한반도 주변국들이 일방적으로 북한을 옥죄는 데 대한 반발이다. 정파(政法) 대학의 문일현 객좌교수는 "강경 일변도의 대북 정책이 한·중 수교 이후 소원했던 북·중 간의 혈맹 관계를 더욱 돈독하게 만드는 원인을 제공했을 수도 있다"면서 이에 대해 충분히 가능한 분석이라고 강조한다.

경제적 이익 역시 중국이 북한을 포기하지 못하는 이유로 무시하기 어렵다. 무엇보다 중국과 북한은 군사 부문에서의 경제 협력이 이뤄지고 있다. 더구나 중국은 현재 경제 협력을 통해 각종 지원을 하고 있다. 무상 원조역시 제공하고 있다. 북한을 포기하면 이에 들어간 막대한 자금 역시 포기해야 한다. 바보가 아닌 한 이렇게 하지는 못한다.

중국은 한반도 통일을 원하지 않는다?

이렇게 본다면 결론이 하나 나온다. 중국의 북한 지지와 지원은 중국이 한반도 통일을 원하지 않는다는 사실을 말하지 않느냐는 추론이다. 다시 말해 중국은 한반도의 통일이 중국의 국익을 해칠 것으로 본다는 논리가 성립된다.

중국은 이미 베트남에서의 경험을 통해 통일에 대한 교훈을 얻었다. 당시 중국은 베트남 통일을 위해 대량의 인적 및 물적 지원을 했다. 그러나 미군의 개입과, 통일 후 베트남은 엉뚱하게도 미국과의 관계를 증진시켰다. 완전히 뒤통수를 맞았다. 지금도 베트남과의 관계가 좋다고 하기 어렵다. 이런 트라우마를 안고 있는 상태에서 남북한의 통일을 강력하게 지원한다는 것은 솔직히 쉽지 않다. 게다가 부언하건대 한반도의 분단 상황은 중국에 그다지 불리하지 않다. 이 때문에 중국은 김씨 왕조의 3대 세습이든 5대 세습이든 북한을 전폭적으로 지지할 가능성이 농후하다. 또 이런 전략적 정책 결정이야말로 중국의 핵심 이익에 부합한다고 생각한다.

물론 반대 논리가 전혀 없는 것은 아니다. 무엇보다 중국은 개혁·개방을 막 시작한 단계가 아니다. 이제 막 세계무역기구(WTO)에 가입한 세상 물정 모르는 국제 사회의 초년생 역시 아니다. 중국은 이미 국제 사회에서 정치, 경제, 사회 등 모든 분야에서 영향력을 행사하는 대국이 됐다. 또 국제 사회 문제가 시시각각으로 중국에 영향을 미치도록 만드는 환경을 조성하고 있다. 한반도에 강력한 통일 정권이 등장하는 것을 부담으로 생각하지 않을 수 있다. 또 북한을 개방으로 이끌거나 한반도 평화 정착을 통해 문제를 근원적으로 해결하는 것이 중국의 미래 이익에 더욱 합당하다는 전향적 판단을 할 가능성 역시 전혀 없지는 않다. 류장융(劉江永) 칭화 대학 국제문제연구소 교수가 이런 주장을 펼치는 전문가이다. "북한의 김정은 후계 구도는 이미 정착된 것 같다. 이전에 이 문제는 연구하기 가장 어려웠던 문제였다. 그러나 정말 이제 결말이 났다. 중국이 북한에 요구하는 것은 간단하다. 어떻게 살아가든지 간에 동 지역에서 문제를 일으키지 말라는 것이다. 북한은 자신만의 발전 전략을 찾아야 한다. 그것은 미국 모델도 아니고 중국의 개혁·개방 정책도 아닐 것이다. 그렇다면 대안은 무엇인가? 중국의 개혁·개방 정책과 한국의 국가 개발 전략을 절충해 자신의 것으로 만드는 것이 비교적 합리적 선택이 될 수 있다. 그러나 미국과의 관계 개선 없이는 이도 저도 어려울 것이다. 어찌 됐든 중국의 입장은 한반도의 안정, 비핵화, 남북의 자주 통일을 지지하는 것이다"면서 현실에 대한 인정과 과정의 어려움을 예상하면서도 점진적인 한반도 통일을 지지하는 입장을 보였다.

그렇다면 중국은 북한을 과연 어떻게 할 것인가 하는 질문이 떠올라야 한다. 외면적으로는 당근을 주면서 내면적으로는 채찍을 드는 정책을 견지할 가능성이 크다고 전망할 수 있다. 런민 대학 국제관계학원 스인훙(時殷弘) 교수의 말을 들어보면 이해가 되지 않을까 싶다. "북한에 대한 강경론과 이에 맞서 무조건적인 지원을 주장하는 포용론자들 간 정책 논쟁은 이제 끝난 것으로 보인다. 대북 포용론이 이제 중국 정부 내에서 절대적 다수의 지지를 받고 있다"고 주장하면서 이처럼 전망했다. 중국 외교부 소속의 국제문제연구소에서 중국의 외교 전략을 연구하는 진린보(晋林波) 교수 역시 "중국은 변화한 국제 환경 속에서도 북한과 전통적인 관계를 유지시켜 나가기 위한 많은 새로운 방법 등을 고안, 조율해 나갈 것이다"면서 비슷한 입장을 견지했다.

이런 전망은 중국의 행보에서 어느 정도 확인이 가능하다. 2010년 초까지 총액 100억 달러에 달하는 대북 투자를 한 것이 대표적인 행보로 꼽힌다. 또 최고 지도부 간의 빈번한 상호 방문 역시 무시해서는 안 된다.

이 전망이 맞는다면 북한은 과거의 한사군(漢四郡)처럼 외견적으로는 독립적이지만 실질적으로는 예속되는 위성국가가 될 가능성도 농후하다. 또 이처럼 중국의 대북 지배력이 확고해지면 남북 간 군사적 긴장은 지금처럼 지속될 수밖에 없다. 더불어 핵 및 인권 문제 역시 지금처럼 지리멸렬한 상태로 '머들 스루(muddle through)'를 지속할 가능성이 높다. 당연히 이 과정에서 중국의 북한에 대한 '미워도 다시 한번'의 생각 및 당근과 채찍 전략은 더욱 강화될 개연성이 농후하다. 더불어 남북 통일에 대한 한국의 열망은 그 실현 가능성이 갈수록 멀어질 수밖에 없다. 중요한 사실은 중국 역시 이렇게 생각할 가능성이 크다는 것이다. 남북 통일에 있어서 한국이 제 역할을 못한다고 판단하지 않느냐는 얘기이다. 이에 대해서는 스샤오민(石小敏) 중국경제체제개혁연구회 부회장의 말을 들어보면 이해가 쉽다. "중국이 불편한 것은 같은 형제국인 남북이 스스로 문제를 풀지 못한다는 사실이다. 특히 한국이 그렇다. 너무나 주위 대국의 간섭에 의존하고 있다. 정치적 협상 행태는 아직까지 냉전 시대의 방식을 답습하고 있다"면서 한국 정부와 한국인의 좀 더 자주적이고 독립적인 사고와 행동을 촉구했다. 귀담아 들을 만하다. 눈여겨볼 것이 아니라 적극적으로 행동에 옮겨야 한다. 그래야 북한이나 한반도 통일에 대한 중국의 영향력을 최소화할 수 있다. 아무리 미워도 다시 한번을 외쳐도 북한이 중국의 품속으로 돌아가지 않을 것이라는 얘기이기도 하다.

향후 중국이 북한의 혼란을 틈타 접수할 것이라는 생각은 너무 나간 것이다. 가뜩이나 팽창하고 있는 중국을 경계하고 있는데 중국이 북한을 넘보는 순간, 전 세계 수많은 국가는 패권의 마각을 드러낸 중국을 공공의 적으로 대할 것이다. 중국은 국토의 현 상태를 유지하기에도 버겁다. 아직 힘을 키워가는 과정인 중국은 북한이 사고를 쳐 힘이 분산되고 미국이 개입하는 것을 원치 않을 것이다. 그저 하고 싶은 대로 하고 조용히 있어 주기만 바라는 가운데 지역 안정의 근본적 해결을 위해 한반도 통일에 관한 한국의 보다 책임 있는 자세와 명확한 행동을 내심 기다리고 있을지 모른다.

파트너로 신뢰할 수 없는 한국

2008년 5월 27일 이명박 대통령은 베이징으로 날아갔다. 이어 중국 지도자들과의 회담에서 양국 정치, 경제 및 사회 문화의 교류와 발전을 위한 협정에 서명했다. 이로써 한·중 양국 관계는 '전면적 협력 동반자 관계'에서 '전략적 협력 동반자 관계'로 격상됐다. 외면적으로는 이 정부가 눈부신 양국 관계 발전을 가져왔다고 볼 수 있는 대목이 아닌가 한다. 이후의 양국 지도부의 행보 역시 그렇다고 봐야 한다. 예컨대 중국의 차기 지도자가 확실한 시진핑 국가 부주석은 2009년 12월 한국을 방문하고 출국할 당시 "한국의 발전상과 국민들의 열정에 대해 깊고 좋은 인상을 갖고 간다. 한·중 간 전략적 협력 동반자 관계가 한층 더 공고하게 발전할 것을 확신한다. 이번 방문을 통해 한·중 관계와 지역 문제, 국제 문제 등에 대한 양국의 공동 인식도 확인했다"면서 한국과 한·중 관계의 발전을 높이 평가했다.

원자바오(溫家寶) 총리와 자칭린(賈慶林) 정치협상회의 주석 등의 행보 역시 눈여겨볼 필요가 있다. 각각 2010년 5월과 8월에 한국을 방문해 한·중 관계의 중요성을 역설했다. 파트너로 신뢰한다는 얘기였다.

그러나 최근의 상황을 자세하게 들여다보면 전혀 그런 것 같지 않다. 상당히 삐걱거리는 분위기가 읽혀진다. 심지어 한국을 신뢰할 수 없다는 분위기마저 감지되고 있다. 2010년 7월 20일자 〈신화통신〉 사이트의 게시판에 번역돼 실린 〈중앙일보〉의 '중국은 정말 전략적 협력 동반자인가?'라는 기사에 대한 중국 네티즌의 반응을 살펴보면 그런 사실을 잘 알 수 있다. 중국의 북한 비호와 의도를 의심하는 내용에 대해 중국 네티즌이 거침없이 격양된 말을 쏟아낸 것이다. 이뿐만이 아니다. 2010년 이뤄진 김정일 위원장의 방중에 대해 중국 정부가 자세한 사실을 알려주지 않는 등 애매한 태도를 보인 것도 이런 분위기를 대변한다고 해야 할 것이다.

급기야 이런 분위기는 양국 고관들의 설전으로 이어졌다. 당사자들은 한국의 현인택 전 통일부 장관과 부임 인사차 예방한 주한 중국대사관의 장신썬(張鑫森) 대사 일행이었다. 시기는 2010년 5월이었다. 첫 대면은 그래도 화기애애했다. 그러나 현인택 장관이 "한반도 정세와 동북아 정세가 매우 다이내믹하게 전개되고 있다. 중국 정부의 책임 있는 역할이 어느 때보다 요구되고 기대된다"고 말문을 열면서 상황은 급반전됐다. 장 대사 일행의 얼굴도 싸늘하게 굳어졌다. 하지만 현 장관은 계속 "주지하다시피 우리는 천안함 사태에 직면해 있다. 금강산 관광의 경우 북한이 매우 비합리적이고 비이성적인 행태를 보이고 있다. 한반도 정세가 매우 긴박하게 돌아가고 있는 만큼 중국의 책임 있는 역할이 어느 때보다 요구되고 있다"고 재차 강조하는 적극성을 보였다. 아마도 작심하지 않았나 싶다. 물론 주권 국가로서 국익이 달린 문제와 관련해 다른 나라에 자국의 입장을 적극적으로 밝히는 것은 나쁠 게 없다. 하지만 현 장관의 발언은 외교적으로 상당히 이례적이라고 할 만큼 직설적이었다.

특히 뉘앙스를 보면 북한을 두둔하는 듯한 양상을 보이는 중국의 애매한 태도를 비난한 직격 발언인 것처럼 보였다. 아니나 다를까, 장 대사는 얼굴이 일그러지면서 옆에 앉은 싱하이밍(邢海明) 공사참사관에게 낮은 목소리로 뭔가를 지시했다. 그러자 싱 공사참사관은 통역이 진행되는 도중에 맞은편의 김천식 통일부 통일정책실장 쪽을 바라보면서 "한국 취재진이 이렇게 많이 왔다. 또 발언 내용이 공개된다. 녹음도 하고 촬영도 하는 것 아닌가. 너무하는 것 아니냐"고 항의했다. 그러나 한국 측 당국자들은 아무런 반응을 보이지 않았다. 통역은 계속됐다. 장 대사는 자신의 모두발언 순서가 되자 경직된 얼굴로 "감사하다"고 말하면서도 "한·중 양국의 관계는 전략적 협력 동반자 관계로 격상됐다. 이명박 대통령이 얼마 전 상하이를 방문, 후진타오 국가주석과 깊은 회담을 가졌다"고 뼈 있는 말을 던졌다. 천안함이나 금강산 관광 등 북한과 관련한 언급은 없었다. 아마도 의도적으로 하지 않았나 싶다. 이후 중국대사관은 본국에 이 사실을 전달했다고 한다. 중국 정부에서 비공식적으로 정중하게 항의한 것으로 알려졌다.

중국이 한국을 그다지 신뢰하지 않는 것 같은 분위기는 전문가들의 생각에서도 물씬 풍긴다. 중국 아태학회 한반도연구회의 왕린창(王林昌) 위원이 2010년 7월 발표한 「한국은 한·중의 전략적 협력 동반자 관계를 의심하고 있다」는, 말하고자 하는 의도가 다소 전도된 듯한 제목의 글을 읽어보면 잘 알 수 있다.

"노무현 정부 당시에는 한·미 관계가 약화되는 모습을 보였다. 그러나 이명박 정부 들어와서는 더욱 한·미 동맹에 매달리는 경향을 보여줬다. 노무현 정부는 평화와 번영 정책을 시행한 반면 이명박 정부는 비핵화를 대북 정책의 우선순위에 뒀다. 심지어 북한에 비핵화 정책에 동참하지 않을 경우 경제적 협력도 없다고 했다. 한국 정부의 이런 대북 및 대미 정책은 반대로 한·중 관계의 발전에 영향을 미쳤다. 심지어 후퇴를 시켰다. 한국이 한·미 동맹의 역할을 중요하게 생각하는 것은 백 번 이해할 수 있다. 하지만 한쪽으로 기울어진 대외 정책은 큰 위험을 불러올 수 있다. 빈약해져 버린 한·

중 관계의 발전을 위해 새로운 내용의 첨가가 절실하다."

물론 중국은 자신들의 생각을 솔직하게 내비치지 않고 있다. 외견적으로는 한·중 자유무역협정(FTA)의 체결에도 적극적으로 나서는 등 한·중 관계의 미래를 낙관하는 자세를 보이고도 있다.

그러나 중국의 입장에 보면 한·중 FTA는 할 수밖에 없다. 양국 FTA는 우선 중국의 국제 경쟁력 신장과 무역 자유화 또는 제도 개혁 추진에 도움을 준다. 더불어 정치적 안정, 군사 안보에도 긍정적인 영향을 미친다. 여기에 중국은 한·중 FTA 체결을 통해 동아시아 지역 내의 주도적 지위를 확보하는 부대 효과까지 거둘 수 있다. 이 경우 미국이 아시아 동맹국을 이용해 중국을 포위하려는 전략은 부정적 영향을 받게 된다. 중국으로서는 한국을 파트너로 신뢰하지 않는다 하더라도 판을 깨버릴 수는 없는 것이다.

더구나 중국 내에는 이런 일반적인 분석과는 다른 분석도 없지 않다. 류스진 국무원 발전연구센터 부주임의 분석이 대표적으로 꼽힌다. "과거가 창칼로 국가의 실력을 가리던 시기였다면 현재와 미래는 각국의 경제력과 관련 기술력으로 경쟁을 하는 상황에 있다. 정치적 목적과 논리에 따라 체결하는 FTA는 절대 반대한다. 한·중 FTA는 양국의 경협 수준을 한 단계 더 높이는 작용을 할 것이 분명하다. 일본이 대동아공영권 구축을 통해 중국에서 얻어간 이익보다 중국의 개혁·개방 이후 일본이 대중국 투자를 통해 얻어간 이익이 더 많다는 사례를 들고 싶다. 국가의 크기보다는 핵심 기술과 핵심 경쟁력이 더욱 중요한 시점이다. 작은 크기의 싱가포르, 홍콩이 아시아 경제에 기여한 부분은 적지 않다. 한국도 작지만 아시아와 세계무대에서 그 정치적, 경제적인 영향력은 무시할 수 없다. 중요한 위상을 가지고 있다"면서 조금 더 실사구시에 입각한 판단을 하고 있다. 이 경우는 더 말할 필요도 없다. 중국으로서는 한국이 가상 적국이라고 하더라도 FTA를 체결해야 하는 것이다. 중국이 한국을 전략적 협력 동반자로 신뢰하는지의 여부와는 더욱 아무 관계가 없다고 해야 한다.

이명박 정권 말기에 들어와 한국의 친미 행보는 더욱 적극적일 가능성이 농후하다. 한·미 FTA를 적극적으로 추진하여 정치적 비용을 지불하면서도 국회 비준을 강행처리한 사실만 보아도 이는 단박에 알 수 있다. 중국이 이 사실을 모를 까닭이 절대 없다. 아니 알고 있으면서도 남의 다리 긁는다는 식으로 공연히 먼 산만 쳐다보고 있을지도 모른다. 반면 한국은 중국의 이런 자세를 잘 모르는 듯하다. 솔직히 말하면 알려고도 하지 않고 있을 가능성이 농후하다. 당연히 이래서는 안 된다. 미국도 중요하나 중국을 경시했다가는 향후 몇 세대 동안 괴로울 수도 있다. 굴러들어온 복을 발로 차는 우를 저지른 대가를 치르지 않으면 안 되는 것이다. 한국은 지금부터라도 지정학적, 전략적 이점을 최대한 살리면서 어느 정도 균형 외교를 추구해야 한다. 미국과의 동맹 관계를 유지하더라도 중국과의 국가적 이익에 손상을 가져오지 않도록 연미화중(聯美和中)의 전략을 확실히 해야 한다. 국과 이제 전략적 소통을 시작하지 않으면 안 된다. 그래야 잃어가고 있는 중국과의 신뢰 관계를 다시 확고히 하는 일도 가능하다.

신뢰의 바탕이 없는 전략적 동반자 관계가 얼마나 가겠으며 또 누가 믿겠는가. 2012년은 한·중 수교 20주년이다. 20년 동안 경제 협력 외에 한·중 양국이 쌓아온 정신적 자산이 없다. 지금이라도 늦지 않았으니 미래 세대를 위한 물질적·정신적 자산 축적을 위해 대중국 외교 전략을 원점에서 재검토해야 한다.

남북한을 이용해 미국을 견제하다

중국인들은 선천적으로 양다리 걸치기를 좋아한다. 절대로 단 하나에 모든 것을 다 걸지 않는다. 한국어에는 올인이라는 말이 남발되나 중국어에는 이런 뜻에 합당한 단어가 별로 없다. 오죽했으면 중국인들이 가장 좋아하는 말 중에 교토삼굴(狡兔三窟)이라는 것이 있겠는가. 교활한 토끼는 도망갈 굴을 세 개나 만들어놓는다는 뜻이니 뭘 말하는지를 알 수 있지 않나 싶다.

양다리 걸치기에는 중국의 국부로 불리는 쑨원(孫文), 한때 중국을 주름잡은 여인으로 불리는 쑹아이링(宋藹齡) 역시 일가견이 있었다. 모든 것은 쑨원의 행적을 보면 이해가 된다. 그는 청나라를 타도하는 혁명에 번번이 실패한 이후 일본에 망명했다. 이때 그는 친구인 쑹루야오(宋如耀)의 큰딸 쑹아이링을 비서로 두고 있었다. 두 사람의 은밀한 관계는 지금 확인할 길이 없으나 일부 책에 의하면 둘은 연인 관계였다고 한다. 하지만 쑹아이링은 나이가 아버지뻘인 쑨원에게 완전히 마음을 열지 않았다. 대신 공자의 후손으로 대단한 부호로 소문이 자자했던 쿵샹시(孔祥熙)에게 은근히 추파를 보내고 있었다. 전형적인 양다리 걸치기였다. 급기야 그녀는 양손의 떡을 한참 비교해 보다 현실적인 길을 선택했다. 나이가 훨씬 젊고 부호인 쿵에게 가는 것이 낫다는 판단을 한 것이다. 쑨원으로서는 늙은 나이에 실연을 당했다고 할 수 있었다. 그러나 그는 울고불고하지 않았다. 조용히 그때까지 눈여겨봤던 쑹아이링의 동생 쑹칭링(宋慶齡)과 결혼했다. 그 역시 양다리를 걸친 것이다.

이런 중국인들이 모여 만들어진 나라가 양다리 걸치기를 하지 않는다면 그

것 역시 이상하다. 사례는 적지 않다. 당장 한국과 수교할 때인 1992년 8월 24일 이전의 수교 협상 과정을 상기해 보면 잘 알 수 있다. 당시 중국은 수교의 조건으로 한국에 대만과의 단교를 요구했다. 그렇다면 중국도 단교까지는 안 가더라도 혈맹 수준의 관계를 맺고 있던 북한과의 관계 재정립을 해야 했다. 한국 입장 역시 그랬다. 하지만 중국은 이에 대해서는 전혀 양보하지 않았다. 자신들은 양다리를 걸치겠다고 하면서도 한국은 양다리를 걸쳐서는 안 된다는 것이었다. 완전히 남이 하면 불륜, 자신이 하면 로맨스라는 주장이었다. 그러나 한국으로서는 마땅한 카드가 없었다. 결국 한국은 중국의 양다리 걸치기를 인정하지 않으면 안 됐다. 이후 중국의 양다리 걸치기는 계속돼 왔다. 앞으로도 한반도가 통일이 되지 않는 한 계속 이어질 것이 확실하다.

요즘 중국의 자세를 보면 양다리 걸치기는 경제 분야에서 더욱 빛을 발하는 것 같다. 무엇보다 한·중 FTA 체결을 위한 적극적인 자세가 그렇다. 한국이 전략적 협력 동반자 관계의 파트너로 신뢰하기 어렵다면 북한과 더욱 밀착하거나 굳이 FTA 체결에 적극 나설 필요도 없으련만 정반대의 행보를 보이고 있다. 국가급 프로젝트로 추진하는 이른바 동북 3성의 창지투 개발계획에 자본과 기술을 보유한 한국 기업의 진출을 은근하게 바라는 자세 역시 거론해야 할 것 같다. 북한의 바로 코앞 지대에 한국 기업을 유치하려는 것이다. 더구나 최근 들어 한국 기업들은 북방 진출의 발판이라는 점에서 동북 3성 개발계획에 적극적인 참여를 원하고 있다. 동북 3성이 중국의 양다리 걸치기 현장이 될 가능성이 높은 것이다.

한국 기업들의 동북 3성 진출을 은근히 원하거나 현실화시키면서도 자신들은 나진, 선봉으로 달려가는 행보 역시 전형적인 양다리 걸치기의 모습이 아닌가 한다. 현재 이 지역은 중국 자본이 거의 모든 인프라 개발 관련 권리를 획득한 상태인 것으로 알려져 있다. 중국이 이렇게 나오는 이유는 간단하다. 창춘, 지린, 투먼 지역과 나진, 선봉을 연결해 국제 무역의 거점으로 키우겠다는 의도인 것이다.

북한과 경제협력기본협정(ECFA)을 체결할 움직임을 보이는 것도 양다리 걸치기에 능한 중국의 모습을 잘 보여준다. 한국과는 FTA, 북한과는 ECFA를 체결하는 양다리 전략을 통해 한반도의 경제적 주도권을 잡으려는 것이다.

북한과 중국은 상당 기간 동안 혈맹 이상의 긴밀한 관계를 유지했으나 사실 경제적으로는 특별한 관계를 갖지 못했다. 그러다 2001년 북·중 정상회담 이후 양국 간 무역이 빠르게 증가했다. 2000년대 중반부터는 중국 기업의 대북 투자도 활발해졌다. 최근 들어서는 양국의 경제 개발계획을 연계하기 위한 정책 공조 역시 시도되고 있다. 실제로 정치적인 공조 관계 발전과 맞물려 북한의 대중 무역 의존도는 날이 갈수록 심화되는 것으로 확인되고 있다. 이에 대해서는 2010년 11월 옌볜 대학 주최의 두만강 학술 포럼에서 주제 발표를 한 권철남 옌볜 대학 교수가 밝힌 통계가 가장 정확한 것 같다.

"1998년 바닥을 친 이후 북한의 대외 무역은 연평균 13.5% 증가하고 있다. 특히 중국과의 교역이 급증하면서 1999년 3억7000만 달러에 불과하던 북한의 대중 무역액이 2008년 27억9000만 달러로 7.5배 늘어났다. 연평균 증가율이 무려 25.2%였다. 이 기간 북한 무역에서 중국이 차지하는 비중도 20.4%에서 49.5%로 높아졌다. 북한의 대중 수출액은 1999년 4000만 달러에 불과했으나 10년 만에 7억6000만 달러로 늘어나면서 연평균 38.7% 증가했다. 중국에 대한 의존도가 갈수록 높아지는 것이 특징이다."

권 교수의 말에서 보듯 북한의 대중 교역 의존도는 비정상적으로 높다. 자칫하면 북한 경제가 중국 경제에 예속되지 말라는 법이 없다. 이에 대한 우려 역시 한국과 미국에서 제기되고 있는 것도 현실이다. 그러나 중국은 이에 오불관언, 갈수록 북한과의 경제 협력을 강화해 나갈 것이 분명하다. 궁극적으로는 ECFA의 체결도 불사할 것처럼 보인다.

중국이 이처럼 한국과 북한에 양다리를 걸치는 듯한 행보를 보이는 데는 다 목적이 있다. 물론 경제적, 정치적 이익을 전혀 고려하지 않았다고 하기는 어렵다. 하지만 가장 큰 목적은 역시 남북한을 이용해 미국을 확실하게 견제하겠다는 의지가 작용한 때문이 아닌가 한다. 이 사실은 중국이 미국을 어떻게 생각하고 있는가에 대한 기본 인식을 보면 분명해진다. 지금도 포털 사이트 바이두를 검색해 보면 한국에서 열린 G20 정상회의와 관련한 보도들이 많이 나온다. 이 보도들에는 G2라는 말도 그야말로 부지기수로 등장한다. 이에 대해서는 중국 내 학자들의 의견이 분분하다. 그러나 기본적으로 미국과 중국의 대립 구도라는 전제를 이런 사고의 이면에서 공통적으로 발견하는 것이 가능하다. 미국을 중국의 주적으로 생각한다는 얘기이다. 또 이런 생각은 한국과 북한을 이용해 미국과의 대결에서 어느 정도 우위를 점하겠다는 전략적 사고로 이어질 수 있다. 이는 천안함 사건에 대해 의도적으로 미국에 의심의 눈초리를 보내는 중국 측 학자들의 의견을 들어볼 경우 보다 확연해진다. 베이징 대학 국제관계학원 리이후 교수의 말을 들어볼 필요가 있다.

"천안함 사건을 미국이 저질렀을 가능성도 있지 않을까. 미국이라면 가능하다. 예를 들어보자. 1898년 쿠바 아바나 항에서 미국 선박이 폭발해 침몰했다. 그러나 미국은 스페인의 주장을 무시하고 이를 스페인의 소행이라고 주장했다. 이어 스페인과 전쟁을 벌인 다음 필리핀을 얻었다. 몇 년 후의 조사 결과 역시 스페인 소행이라는 결론을 내렸다. 그러나 1975년 미국 단독 조사단의 조사 결과는 선박 자체의 보일러 폭발로 인한 침몰이었다. 스페인과는 아무 관련이 없다는 결론을 내렸다. 이라크 침공도 비슷한 사례가 될 수 있다. 천안함 사건을 미국이 저질렀다고 함부로 결론을 내려서는 당연히 안 된다. 하지만 과거 일본은 중국을 침략할 때 미국과 같은 방법을 많이 사용했다."

사실 중국은 한반도에서 안정적 환경만 얻어도 만족이다. 그럴 수밖에 없다. 바로 이웃이 시끄러워지면 내부 역시 혼란스러워질 가능성이 높으니까 말이다. 이뿐만이 아니다. 이웃의 혼란은 2006년 3월 제10기 전국인민대표대회 4차 회의에서 표결한 이른바 12·5 계획이 기치로 내건 샤오캉 사회의 실현에 영향을 끼친다. 확실히 국내 경제 발전과 안정이 다른 어떤 목표보다 앞서는 것이다. 또한 동북아 지역에서 미국의 입김이 강해질수록 중국은 일본과의 영토 문제, 대만 문제, 소수민족 독립 문제 등 여러 가지 문제에서 어려움에 봉착할 가능성이 농후하다. 어떻게든 남북한과의 관계를 더욱 증진시켜 미국의 영향력을 약화시켜야 하는 것이다.

한·중이 미국과의 관계에서는 판이한 차이를 보이고 있지만 통일 문제만 놓고 봤을 때 양국은 공통의 염원이 있다. 한국은 이 점을 파고들어 각자의 통일 열망을 공유하면서 연구 과제도 공동으로 수행하여 중국의 한반도에 대한 양다리 정책의 귀착점을 찾아주어야 한다. 한국도 스스로 통일에 대한 환경을 조성하고 외세 개입 없는 자주 통일의 명분 축적과 추진 역량을 함께 키워 나갈 필요가 있다.

이성적 친구와 감성적 타인

한국과 중국은 분명 애매한 관계라고 할 수 있다. 말로는 전략적 협력 동반자 관계이지만 서로를 철석같이 믿는다고 하기 어렵다. 특히 중국이 더 그렇다. 이런 양국의 현실적인 관계를 최근 벌어진 두 사건이 여실히 보여주지 않나 싶다. 첫 번째 사건은 2011년 하반기까지 한국을 떠들썩하게 만든 이른바 상하이 스캔들이다. 덩신밍(鄧新明)이라는 중국 여성이 주상하이 한국 총영사관 직원들과 벌인 엽기적인 성적 부적절 스캔들은 사실 그저 슬그머니 넘어갈 수 있었다. 하지만 덩씨의 남편이 이에 대래 강력한 이의를 제기해 일이 불거졌다. 급기야는 양국에서 지저분한 화제가 됐다. 특히 한국은 발칵 뒤집어졌다. 나중에는 이 스캔들에 연루된 다수의 한국 공무원들이 징계를 당했다. 일부는 부인과 이혼하는 횡액까지 부수적으로 감수해야 했다. 이 스캔들은 확실히 일국의 공무원으로서 연루됐다는 사실 자체만으로도 부끄러운 일이다. 그러나 과연 한국과 중국 간의 관계가 정상적이었다면 이처럼 모든 것이 철저하게 밝혀졌을까 하는 의문은 남는다. 역시 답은 아니라고 해야 한다. 진정한 전략적 협력 동반자 관계가 아니라는 판단이 있었기 때문에 양측이 이 사건에 민감하게 반응하고 사건이 커진 것이다. 특히 한국은 덩 여인이 한국 공무원들을 상대로 이른바 영화 '색계(色戒)'에서와 같은 정보 차원의 공작을 했다고 확신했던 것 같다. 당연히 중국은 크게 반발했다. 한국의 중국을 보는 눈이 이상하다는 태도였다. 이 사건은 이후 유야무야됐다. 진짜 정보원들이 개입된 공작 사건인지 아니면 단순한 치정인지의 진실은 현재까지 아무도 모른다. 다만 한 가지 분명해진 것은 이 사건을 통해 양측이 내심으로는 서로를 진정한 전략적 협력 동반자 관계로 생각하지 않는다는 사실이 밝혀진 것이 아닌가 싶다. 특히 중국의 시각은 더 그런 것 같았다.

2011년 10월 말 〈중앙일보〉에 보도돼 확인된 한·중 정보기관 간의 알력 역시 크게 다르지 않다. 우선 이와 관련한 기본적인 팩트를 봐야 할 것 같다. 중국도 그렇듯 한국의 정보기관 에이전트들은 중국에서 통상적으로 정부 수집 활동을 한다. 아무래도 중국에서 북한 관련 정보를 얻기가 쉬운 탓이다. 2010년 10월에도 그랬다. 두 명의 요원이 랴오닝성 일대에서 정보 수집을 하고 있었다. 그러나 이들은 곧 중국 정보 당국에 활동이 포착돼 체포되는 불운을 겪었다. 문제는 이후부터였다. 보통 수개월의 조사 후에 양국 협상을 통해 문제의 요원이 석방되는 것이 관례였으나 이들에게는 이 원칙이 적용되지 않은 것이다. 결국 이들은 양측 갈등이 한국 언론에 확인된 2011년 10월 말까지 중국에 억류되지 않으면 안 됐다. 물론 이들을 송환하기 위한 한국 측의 노력은 집요했다. 그러나 이 과정에서 말썽이 빚어졌다. 중국이 재발 방지를 확약하는 각서와 사과를 요구한 것이다. 더구나 중국은 만약 한국의 국정원장이 사과하지 않으면 해당 요원들에게 간첩죄를 적용해 10년 이상 징역을 선고할 것이라는 압박까지 가했다. 중국이 한국을 진정한 파트너로 신뢰했다면 벌어지지 않을 일이 발생했다고 할 수 있었다.

이뿐만이 아니었다. 양국의 미묘한 관계는 청춘남녀 간의 사랑에도 안타까운 영향을 미친 적이 있었다. 중국 관영 통신사의 유망한 기자였던 Z는 수년 전 한국에 특파원으로 파견됐다. 서울에서 그 누구보다 열심히 일하던 그는 우연한 기회에 한 한국 여성을 알게 됐다. 이후 둘 사이에는 연애 감정이 싹텄다. 자연스럽게 결혼으로 이어졌다. 그러나 결혼 말이 나오면서부터 심각한 문제가 있다는 사실이 확인됐다. 당원인 그가 한국 여성과 결혼하게 되면 더 이상 특파원을 하지 못할 수도 있다는 경고를 들은 것이다. 그는 그럼에도 결혼을 강행했다. 아니나 다를까, 그는 즉각 본국으로 송환됐다. 이어 얼마 안 돼 권고사직을 당했다. 주변으로부터 누구보다 능력이 뛰어나 최소한 통신사 고위 간부는 따 놓은 당상이라는 평가를 받던 그는 이렇게 해서 제도권 언론에서 밀려나 철저한 아웃사이더의 길을 걷게 됐다. 지금은 한국과 관련된 조그만 잡지사를 운영하면서 호구를 해결한다고 한다. 만약 그가 유럽이나 동남아 여성과 결혼했다면 이런 대우를 당했을까. 아마도 그렇지는 않았을 것이다. 중국이 한국을 보는 시각을 단적으로 대변한다고 해야 할 것이다.

위의 사례들을 총정리해 보면 중국의 한국에 대한 시각은 그저 이성적 우군이 아닐까 싶다. 절대로 감성적으로는 우군이 아니라는 것이다. 달리 말해 감성적 타인이라는 말이다. 물론 감성적 타인이 이성적 타인보다는 훨씬 낫다. 아마 미국이 이성적 타인이 아닐까 보인다. 물론 그렇다고 미국이 감성적 우군이라는 얘기는 아니다.

그렇다면 중국이 보는 감성적 우군은 어느 나라일까? 말할 것도 없이 북한이다. 특히 천안함 사건과 연평도 포격 사건에 따른 한·중 관계의 경색 이후에는 더욱 북한이 감성적 우군이 된 것 같다. 김정일 국방위원장의 방중, 북한의 3대 세습에 대한 인정 등 일련의 사건들과 북·중 간의 경제 협력 추진 등을 보면 진짜 이렇게 말해도 좋다. 심지어 시진핑 부주석의 경우는 양국의 관계를 피로 맺어진 위대한 우정이라고까지 표현했다. 이 표현으로 볼 때 양측 관계는 거의 혈맹 수준에 있다고 해도 무방하다. 또 이에 대해서는 이미 중국 최고 지도부가 내부적으로 입장을 정리했을 것으로 보인다. 국제 관계 전문가들의 말을 들어보면 진짜 그렇다는 생각을 지우기 어렵다. 2010년 7월 12일 서울에서 열린 심포지엄에 참가해 주제 발표를 한 바 있는 베이징 대학 국제관계학원의 주펑 교수가 이런 대표적인 전문가에 해당한다. "중국은 김정일의 생존 기간에는 대북 정책을 바꿀 생각이 없다. 김정일이 여전히 정권 안정과 비핵화라는 중국의 정책적 목표를 충실히 이행한다고 믿기 때문이다"라면서 핵 개발과 미사일 개발 및 발사, 3대 세습에도 불구하고 북·중의 혈맹 수준의 관계는 불변일 가능성이 높다고 단언했다.

반면 다시 한번 부언하건대 한국과 중국의 관계는 시진핑 부주석의 발언이나 한국전쟁의 공식 표현인 항미원조라는 단어로 미뤄볼 때 말 그대로 감성적 타인에 가까웠다. 이 관계의 변화는 설명이 필요 없을 만큼 분명해 보인다. 천안함 사건 발생 이전에는 한국과 중국은 외면적으로는 관계 발전을 거듭해 그 어느 때보다 친밀한 관계를 유지했다. 과거의 감성적 타인이 감성적, 이성적 우군이 아닌가 하는 관계로까지 발전한 것이다. 천안함 사건 이후에는 이성적 우군으로 다시 후진한 것처럼 보이기는 하지만 말이다.

물론 양국 관계가 이성적 우군이라고도 단언하기 어렵다는 주장도 있다. 천안함 사건 이후 한·미의 군사 동맹은 더욱 굳건해졌다. 중국 내에서는 대한미국(大韓美國)이라고 비아냥거리는 사람들도 더러 있다. 게다가 양국 간에는 역사적, 감정적으로도 풀어야 할 과제들이 상당수 두드러지고 있다. 이에 대해서는 굳이 더 이상의 설명을 필요로 하지 않는다.

앞에서도 잠깐 언급한 정보기관의 에이전트들은 시공을 초월해 공통적으로 대부분 정체성의 혼란을 느낀다고 한다. 특히 수면 하에서 일을 하다 이런저런 이유로 더블 크로스, 다시 말해 이중 스파이가 되면 이런 현상은 더욱 심해진다. 완전히 자신의 정체성에 대해 헷갈리게 된다. 마치 "내가 나비인지 나비가 나인지 모르겠다"는 고전 『장자』에 나오는 말이 실감난다. 중국이 남북한을 두고 느끼는 감정도 어쩌면 이런 것들이 아닐까. 그래서 감성적 우군, 이성적 타인 운운하는 말이 들먹여지는 것은 아닐까. 물론 중국은 분명히 확고한 내부적 매뉴얼 하에 남북한 관계를 설정, 외교 전략을 운용하고 있겠지만 말이다. 그럼에도 이런 말을 할 수 있는 것은 그만큼 남북한에 양다리 걸치기식의 관계 설정이 누가 보더라도 헷갈리기 때문이다. 하기야 이 점에서는 남북한 상호 간에도 별로 다를 게 없다. 나아가 이런 양측의 애매한 관계가 중국의 남북한 관계 설정에 결정적인 영향을 미쳤다고 해야 할 것 같다. 그렇다면 중국이 마치 더듬는 수를 놓는 것 같은 행태가 바람직하지는 않지만 비난만 할 일도 아닌 듯하다.

중국은 실사구시적 사고를 바탕으로 현 체제와 국정 상황에서 자신들에게 가장 유리한 외교 전략을 구사하고 있다. 오히려 한국이 자주 외교를 펼치지 못하고 사안에 피동적으로 끌려 다니며 명분과 실리를 모두 잃어버리는 우를 범하고 있다는 비판을 받고 있다. 외교는 생물체와 같아 이성적 우군과 감성적 타인을 상황에 따라 얼마든지 조합할 수 있고 바꿀 수도 있다. 독립의지를 바탕으로 국익과 국격을 모두 지키는 예민한 외교 전략이 무엇보다 요구되는 시대다.

중국은 개혁·개방 30주년과 건국 60주년을 벌써 몇 년이나 넘겨 보냈다. 경제를 비롯한 각종 분야의 눈부신 실적은 이 수년 동안 계속 주목을 받았다. 향후에도 그럴 것이다. 눈부신 경제 발전을 바탕으로 국격을 계속 올릴 것이라는 사실은 굳이 설명을 필요로 하지 않는다. 더불어 대외적으로는 국제 정치, 경제, 사회 문제 해결에 적극 참여할 것을 요구 받을 개연성도 농후하다.

한국은 미국, 일본의 해양 세력과 중국, 러시아의 대륙 세력의 중간에 위치한 인접국이다. 향후 중국의 정치, 경제, 외교, 안보 등의 분야에서 긴밀한 협력이 필요한 전략 국가로 손색이 없다. 좀 과감하게 말하면 한반도 안정은 중국의 안정을 담보한다고 볼 수 있다. 양국 수교 20년 동안 경제 협력은 폭발적으로 증가했다. 교역량은 2000억 달러를 이미 넘어섰다. 중국으로서는 한국을 막무가내로 무시하거나 부정적으로 보기 어려운 상황인 것이다. 그렇다면 중국은 21세기 전략적 협력 파트너로서 한국을 어떻게 긍정적으로 평가하고 있을까. 또 한국은 그들에게 어떤 전략적 의의가 있을까. 이를 정치적 측면에서 분석해 본다.

5장

미래 파트너 한국,
최선인가 차선인가

진정한 전략적 협력 동반자 관계

  분명히 말하건대 중국은 아직 한국을 완전히 믿고 있지 않다. 그러나 믿고 싶지 않은 것은 아니다. 한국이 자신들이 보기에는 뻣뻣한 고개를 국력에 맞게끔 숙이고 너무나도 친미적인 경향을 보이지 않는다면 진정으로 믿을 가능성도 없지는 않다. 이 경우에는 전략적 협력 동반자 관계를 분명하게 인정하고 더욱 관계 강화에 나설 수도 있다. 혈맹까지는 몰라도 한국이 차려 놓은 밥상을 먹도록 도울 개연성은 농후하다.

  1992년 한국이 중국과 수교할 때 중국이 규정해 놓은 5단계 친밀도 정도에 따른 양국의 외교 관계 수준은 단순 외교 관계였다. 그러다 경제 분야의 협력을 위주로 다음 단계인 선린 외교 관계로 격상됐다. 이어 1998년 김대중 전 대통령의 방중으로 양국 관계는 제3단계인 동반자, 즉 파트너 관계로 발전했다. 한 단계 더 발전한 것은 2003년 노무현 정권에 이르러서였다. 전면적 협력 동반자 관계를 맺기에 이른 것이다. 이명박 정부에서는 혈맹 전 단계인 4단계 내에서 하나 더 올라 러시아, 인도, 파키스탄 등과 더불어 중국의 전략적 협력 동반자 관계가 됐다. 2011년 현재까지는 문서상으로 이 관계가 유지되고 있다. 이에 대해서는 〈신화통신〉 역시 확인해 주고 있다. 2010년 5월 28일 이명박 대통령이 장신썬 신임 대사의 아그레망을 제정하면서 "한·중 양국의 지리적 근접성과 유구한 역사, 다각적인 협력을 바탕으로 양국이 전략적 협력 동반자 관계를 보다 강화해 우호적 협력의 새로운 단계로 나아가길 희망한다"고 말했다고 보도한 것이다.

양국의 관계가 이처럼 수교 20년 만에 빠른 속도로 혈맹 전 단계로까지 증진된 것은 다 이유가 있다. 창춘 대학 다이스취안(戴士權) 교수와 지린성 사회과학원 조선한국연구소의 장위산(張玉山) 소장의 설명이 우선 명쾌하다. 각각 『당다이한궈(當代韓國)』와 『링다오커쉐(領導科學)』에 실린 최근 글을 통해 다음과 같이 설명하고 있다.

우선 양국은 정치 분야에서 공통의 이익이 존재한다. 동북아 평화와 안정 등의 문제는 양국의 공통적 정치안보 이익을 대변한다. 게다가 양국의 관계는 근본적으로 이익 충돌이나 서로 간에 입을 손해가 없다. 한 걸음 더 나아가 중국과 한국은 모두 한반도의 군사 충돌을 원하지 않는다. 공통의 이익이 확실히 존재한다.

다음으로 경제 분야에서는 상호 보완성이 강하다. 양국은 자원, 자금, 기술과 시장 등에 있어 비교적 강한 상호 보완성을 가지고 있다. 중국은 넓은 시장과 풍부한 자연자원과 저렴한 노동력을 보유하고 있다. 그러나 자금 및 선진 기술과 관리에 있어서는 한국의 주요 신흥 공업국가로서의 경험이 필요하다.

문화적인 면에서 양국은 상당한 유사성도 보인다. 양국 문화의 동질성은 양국 관계 발전의 중요한 배경이다. 문화 사상 면에서 양국은 유교 문화의 영향도 받았다. 상호 간의 교류와 공통된 인식이 비교적 많다. 이뿐만 아니라 양국 국민들의 참여 역시 적지 않다.

교육 분야에서 양국의 교류는 날로 증가하고 있다. 여행을 통한 일반 국민들의 상대국에 대한 이해도도 높은 편이다. 중국이 형식적으로든 아니면 진심으로든 한국을 전략적 협력 동반자 관계로 인정하지 않는 것이 이상하다고 할 수 있을 듯하다.

중산 대학 한국연구소 웨이즈장(魏志江) 부소장의 분석은 한국 측의 입장을 반영하고 있다. 한국이 중국과 전략적 협력 동반자 관계를 맺기 위해 다음과 같은 사항을 고려했을 것이라고 말한다.

우선 북핵 문제를 해결하고 평화 시스템을 건설하기 위해서는 중국의 전략적 영향력을 배제할 수 없다는 사실을 고려했을 것이다. 이에 대해서는 〈런민르바오〉의 평양과 한국 특파원을 지낸 쉬바오캉(徐寶康) 대기자 역시 비슷한 입장을 피력한다. 한반도 핵 문제의 평화적 해결을 위해서는 중국이 건설적 역할을 해야 한다는 것이다.

둘째, 한국은 중국이 한국의 친미, 친일 정책에 대한 우려를 떨칠 수 있을 것이라고 판단했을 가능성이 있다. 다음으로 '비즈니스 한국'을 실현하기 위해 경제무역 협력, 대중 투자, 중국 시장 진출 확대, 한·중 FTA 등을 고려했을 개연성 역시 농후하다. 마지막으로 북한의 통미봉남 전략을 무력화시키고 미국의 지나친 외교적 간섭을 방지하면서 북핵 문제 해결에 있어서 한국의 주변화를 피하기 위한 목적도 고려됐다고 할 수 있다. 이는 중국과의 전략적 협력 동반자 관계의 수립은 대미, 대일 외교에서의 지분 강화로 나타날 수 있는 만큼 틀린 분석이라고 하기 어렵다.

그러나 양국 관계의 쾌속 질주 배경에는 역시 중국의 의지가 가장 결정적으로 자리 잡고 있다고 해야 한다. 다시 말해 중국이 한국과의 관계를 외견상으로라도 발전시키지 않으면 역내의 주도권을 쥐지 못한다고 판단, 대국적으로 결단을 내렸다는 것이다.

그럼에도 적지 않은 중국의 전문가들은 한·중 관계의 발전이 순조롭지만은 않을 것이라고 예측한다. 이런 판단의 근거는 많다. 한국이 미국이 주도하는 동아시아 지역 미사일 방어 체계(TMD: Theater Missile Defense)와 대규모 살상무기 확산 방지 구상(PSI: Proliferation Security Initiative)에 참여할 것을 우려하는 시각이 먼저 이유로 꼽힌다. 향후 더욱 갈등을 빚을 한·중 양국 간의 고구려 역사 귀속 문제, 서해 해양 권익을 둘러싼 분쟁, 날로 거세지는 민족주의 충돌 등의 현안 역시 양국 관계의 폭넓은 증진에 걸림돌로 작용할 수 있다.

물론 한국 내에도 회의적인 시각이 적지 않다. 최근에는 중국의 북한 두둔이 과거보다 노골적인 탓에 더욱 이런 경향이 확실하게 대두하고 있다.

6자회담에서 한국의 역할

한국이 그렇듯 중국 역시 가능한 한 양국의 전략적 협력 동반자 관계가 실질적으로 가동되기를 바라고 있다. 중국으로서는 전략적으로 한국이 너무나도 중요한 까닭이다.

다행히도 최근의 상황은 나쁘지 않다. 무엇보다 현실이 껄끄러운 상황에서도 양국 교류와 이해의 폭이 넓어지고 있다. 특히 중국에 대한 정책의 전략적 허점을 드러내고 있는 한나라당의 공산당과의 교류가 활발하다. 한번 살펴볼 필요가 있을 듯하다.

2001년 당시 한나라당 이회창 대표는 중국 공산당 건당 80주년을 기념해 "수교 이후 양국 관계는 발전하고 있다. 한나라당과 중국 공산당 간의 관계 역시 날로 강화되고 있다. 한·중 관계 발전에 기여할 수 있도록 양 정당 관계를 발전시키자"는 메시지를 전했다. 지금도 레드 콤플렉스를 벗어나지 못하고 있는 한나라당이라는 사실에 비춰보면 상당히 이례적인 관계 증진의 제스처였다고 할 수 있다. 이어 2006년 11월에는 박근혜 전 대표가 공산당 초청으로 27일부터 4박 5일 일정으로 베이징, 산둥성 칭다오 (靑島) 및 옌타이(烟臺)를 방문했다. 이 기간 중 박 전 대표는 중앙당교를 방문해 새마을운동과 중국 신농촌 운동의 공통점에 관해 연설하는 기염까지 토했다. 공산당 이론을 집대성하는 싱크탱크에서 향후 대권을 노리던 공당의 대표가 연설하는 파격을 보인 것이다. 한나라당의 파격은 여기에서 그치지 않는다. 양당의 교류 10주년을 기념해 2005년과 2006년 양국에서 번갈아 축구 시합을 가진 것을 상기하면 박 전 대표의 파격은 파격도 아닌 셈이다.

2009년 11월에는 아예 양당이 공식적인 문서를 주고받았다. 한나라당 사무총장이 베이징의 댜오위타이(釣魚臺)에서 왕자루이(王家瑞) 공산당 대외 연락부장과 '한나라당-중국 공산당 교류 및 협력 강화에 관한 양해각서 (MOU)'를 체결한 것이다. 양해각서의 내용도 파격적이다. 양당 고위급 정치인과 지도자 간의 상호 방문 활성화, 세계 평화와 안정을 위한 공동 노력, 한·중 우호 관계 강화, 다자적 정당 간 대화 메커니즘 구축 등을 포함하고 있다. 또 양당 간 교류 채널을 한나라당 국제 업무 담당 부서와 중국 대외연락부로 지정해 매년 적절한 방식으로 협의를 진전시키기로 합의했다. 한국의 집권 여당과 중국 공산당 간에 공식적 교류 협력을 위한 양해각서가 체결된 것은 한·중 수교 이후 당시가 처음이었다. 2010년 3월 정몽준 대표가 중국 공산당의 초청으로 3박 4일 일정으로 베이징과 상하이를 공식 방문한 것은 그래서 그다지 놀랄 것도 없다.

한때의 집권당인 민주당 역시 크게 다르지 않다. 김대중, 노무현 두 전직 대통령이 당선 이후 중국과의 관계 증진을 위해 가장 먼저 방문할 나라로 중국을 꼽았다는 사실만 봐도 이는 잘 알 수 있다. 두 전직 대통령은 이 생각을 행동으로 옮기기도 했다. 2003년 후진타오 주석이 베이징에서 당시 새천년민주당 대표단을 접견한 다음 "중국 공산당은 한국의 각 정당과 함께 노력해 양국의 우호를 증진하고 지역과 세계의 평화 안정을 위해 공헌하고자 한다"고 언급하면서 "정당 교류는 양국 우호 관계의 주요 내용으로 계속 교류를 강화해 서로에 대한 이해와 신뢰를 쌓아야 한다"고 강조한 것은 바로 이런 노력과 무관하지 않다.

한국과의 관계 증진이 현실이 되기를 희망하는 중국의 바람은 6자회담에서 한국의 역할을 기대하는 의중에서도 읽혀진다. 지금까지 중국이 사실상 주도적으로 이끌어오고 있는 6자회담에서 한국의 역할은 극과 극을 오갔다는 평가를 받고 있다. 그럼에도 평균적으로 말하면 긍정적인 역할을 했다는 평가를 많이 받아야 한다. 2005년에 열린 6자회담에서 도출된 '9·19 공동성명'이 비핵화 목표의 틀을 닦은 사실만 봐도 그렇다. 또 북한 핵시설 불능화와 대북 지원 등을 주요 내용으로 하는 2007년 '2·13 합의'와 '10·3 합의' 역시 북핵 문제 해결의 최대 당사자로서 창조적 외교의 촉진자 역할을 강조한 한국 외교의 결과물이라고 할 수 있다.

물론 6자회담이 진행되는 동안 한국의 역할은 변하기도 했다. 북·미 사이에서 '중재자'를 자처하는 것이 본연의 주 임무였으나 때로는 북한을 압박하는 자세도 취했다. 2008년 6자회담에서는 검증의정서가 채택되지 않으면 에너지 지원도 없다는 대북 압박카드까지 내보였다. 모두가 정권 교체 이후 이명박 정부가 내놓은 '비핵 개방 3000'을 적극적으로 추진한 결과였다. 한마디로 정권 교체로 인해 6자회담의 방향이 마치 럭비공처럼 이리저리 왔다 갔다 한 것이다.

중국은 말할 것도 없이 한국의 이런 냉온탕식 갈지자 행보를 원하지 않는다. 학자들의 언급을 들어보면 중국의 의중을 잘 알 수 있다. 우선 지린 대학 행정학원 국제정치학과 왕성(王生) 교수의 주장이다.

"중국은 6자회담을 진행하는 과정에서 한국이 중국과의 긴밀한 협조자가 돼 주기를 바란다. 이명박 정권 출범 이후 한국과 북한은 불과 얼음과 같이 변했다. 한·미 동맹 강화로 북한과 한국에는 냉기류가 흐른다. 이런 점에서 중국과 한국은 경제, 정치, 외교 면의 협력이 날로 증대하고 있다. 이런 양국의 협력을 통해서만이 동북아의 평화에 공헌할 수 있다. 중국은 경제 발전을 위해 국제 환경의 안정을 원하고 있다. 한국은 한반도 비핵화를 전제로 군사적 해결이나 경제적 조치가 아닌 평화적인 해결을 원한다. 한국과 중국의 이익이 일치하는 것이다. 먼 친척이 이웃사촌만 못하다는 속담이 있듯 한국은 중국과의 협력을 통해 동북아 지역의 평화와 안정에 한발 더 다가설 수 있을 것이다."

6자회담에서 일관된 기조를 유지하기를 원하는 지식인들의 목소리는 푸단 대학 국제문제연구원 학술위원회 주임 및 한국연구센터 주임 스위안화

(石源華) 교수의 말을 들어보면 더욱 분명해진다. "한국은 6자회담의 가장 적극적인 지지자이다. 그러나 한국은 미국과 북한 사이에서 압력을 받고 있다. 한국의 주도권은 제약을 받고 있다"면서 과거로 돌아갈 것을 강력하게 주문하고 있다.

중국은 한국이 주변 강대국의 이해관계에 둘러싸여 있다는 사실을 잘 이해하고 있다. 또 한·미 관계가 북핵 문제에 있어 중요한 요소인 점 역시 인정하고 있다. 그러나 그럼에도 한국이 중국과의 협력을 공고히 하고 대북 강경책에 유연성을 더해 김대중, 노무현 정부 때와 같은 유연한 태도를 보이기를 원하고 있다. 만약 한국이 진정으로 이렇게 할 경우 중국의 한국에 대한 신뢰는 더욱 증진될 수 있다. 말만이 아닌 진정한 의미에서의 전략적 협력 동반자 관계가 가동될 수 있다. 현실적인 벽에 가로막혀 있어 그렇지 중국이 분명 이런 의지는 가지고 있다고 단언할 수 있다.

중국은 한국과 대화하기 원한다. 한국은 이제 이리저리 끌려 다니던 구한말 시대의 나라가 아니다. 미국·일본의 해양세력과 중국·러시아의 대륙 세력 사이에서 캐스팅보트 역할이 가능한 경제 강국이다.

중국은 인접국 중에서 가장 중요한 나라 중 하나인 한국과 소통하기를 원한다. 그들은 밀실 대화, 비공개 대화를 통해 민감한 문제를 토론해 나가면서 답을 찾는 방식을 좋아한다. 최종 결론을 내고 발표할 때는 같이 잔치를 벌이는 것을 최상의 협상 결과라고 본다. 그들의 얘기를 경청하고 한국의 입장을 설명하면서 한국이 그들에게 얼마나 중요한 존재인지를 각인시켜 나가야 한다. 충분한 대화는 존중을 받을 수 있을 뿐만 아니라 정치·경제 안건에 대해 중국으로 하여금 더욱 숙고하고 신중하게 처신하는 것을 유도할 수 있다.

북한의 개혁·개방을 함께 이끌 나라

북한의 최근 상황은 암담하다. 공산권의 몰락에 따른 여파로 찾아온 경제난에 해마다 입는 수해로 상황이 좀체 좋아지지 않고 있다. 2012년 강성대국으로 우뚝 서기란 확실히 물 건너간 형국이다. 더구나 화폐 개혁 조치 이후 위기가 갈수록 심화되고 있다. 물론 현재의 위기가 북한 정권 및 체제를 직접적으로 위협할 수준으로 전개될 가능성은 비교적 낮다. 그러나 북한 사회의 내구성이 심각한 손상을 입고 있는 것만은 분명해 보인다. 생존을 위해서는 특단의 조치를 내려야 한다. 현재로서는 중국이 채용해 성공한 개혁·개방 외에는 현실적으로 다른 대안이 없다. 다행히도 북한은 개혁·개방에 전혀 뜻이 없는 것 같지는 않다. 2010년 8월 방중한 김정일 국방위원장이 창지투 지역을 방문한 사실에서 이런 의중의 일단을 읽을 수 있다. 2011년 5월에 이뤄진 그의 창춘, 장쑤성 양저우(揚州) 방문은 따라서 어쩌다 잡힌 일정이 아니라고 보인다.

중국 역시 북한이 개혁·개방의 길을 걸어가기를 원한다. 이 단정은 100% 확실하다고 생각한다. 이 사실은 원자바오 총리가 2010년 5월 김정일 국방위원장에게 "중국은 조선의 경제 발전과 민생 개선을 지지할 것이다. 나아가 중국의 개혁·개방과 경제 건설의 노하우를 소개해 주고 싶다"고 한 발언에서도 분명히 읽힌다.

중국 지식인들의 생각을 들여다봐도 그런 사실은 바로 엿보인다. 진짜 그런지는 중앙당교의 국제전략연구소 장롄구이 교수의 말을 들어봐야 할 것 같다. "북한은 전면적으로 중국의 개혁을 평가하기 시작했다. 중국이 이룬 놀라운 성과들도 인정하기 시작했다. 게다가 중국과 기타 국가들의 경험을 배우기로 결심한 듯 보인다. 이런 북한의 결심은 북한으로 하여금 고립된 국제 정세 상황에서 벗어날 수 있도록 할 것이다. 만약 북한이 개혁·개방을 추진한다면 미국의 북한에 대한 태도 역시 달라질 개연성이 농후하다. 북한 내정에 변화의 조짐이 보인다면 미국은 낙관적인 태도를 보일 수도 있다. 북한의 개혁·개방을 격려하고 북핵 문제에 있어서도 보다 많은 양보와 함께 더욱 융통성 있는 태도를 보일 가능성도 있다"면서 원자바오 총리의 말을 뒷받침했다.

그러나 중국은 북한이 언급한 개혁·개방이 실제 어떤 모습으로 나타날지에 대해서는 상당히 우려하고 있다. 말로만 하고 적극적으로 실천하는 모습은 별로 보이지 않기 때문이다. 이에 대해서는 런민 대학 국제관계학원 팡중잉(龐中英) 교수의 말을 들어보면 잘 알 수 있다. "중국은 말할 것도 없이 북한이 중국식 개혁·개방으로 나아가기를 희망한다. 그러나 아직 어떠한 성과나 추가 행동도 나오지 않고 있다. 문제는 중국이 북한에 어떤 압력도 가하기 힘들다는 사실에 있다. 북한에 대한 중국의 영향력은 제한적이다"면서 중국이 말과는 달리 소극적인 북한의 행보에 속으로는 초조해한다는 사실을 솔직하게 고백했다.

그럼에도 중국은 궁극적으로 북한이 개혁·개방의 길로 들어설 경우 결과를 상당히 낙관하는 입장을 견지하고 있다. 이유는 적지 않다. 우선 북한의 노동력이 우수하다는 사실을 들어야 한다. 다음으로 당과 정부의 조직력, 동원력, 계획을 밀어붙이는 이른바 관철의 능력이 뛰어나다는 사실 역시 무시하기 어렵다. 풍부한 자원도 거론하지 않으면 안 된다. 비슷한 인구의 대만보다도 상황은 훨씬 더 좋다. 중국의 경험을 참고해 시행착오를 줄일 가능성이 높은 사실도 이유로 손색이 없다. 중국과 북한은 정치, 사회 구조가 비슷하다. 중국의 개혁·개방 30년의 경험이 정말 옳았다고 생각한다면 북한이 잘못된 길로 접어들 가능성은 분명 낮을 수밖에 없다. 마지막으로 자금 유치가 용이할 것으로 보이는 것도 북한의 개혁·개방이 낙관적으로 전망되는 이유다. 일단 개혁·개방을 본격화할 경우 한국과 중국의 자본이 폭발적으로 들어갈 가능성이 농후하다는 얘기이다.

한국과 중국은 또 북한에 거대한 시장을 제공할 수도 있다. 이에 대해서는 류장융 칭화 대학 국제문제연구소 교수의 말을 들으면 충분히 수긍이 간다.

"개성공단에서 생산된 제품을 미국과 일본, 유럽은 사 주지 않는다. 그러나 중국과 한국은 다르다. 중국은 아세안과 FTA를 체결했을 때 아세안 국가 중 몇몇 빈곤한 국가에 대해서는 FTA가 발효되기 전에 우선 무관세로 정해진 상품을 수출할 수 있는 권한을 부여한 적이 있다. 만약 중국과 한국의 합의 하에 북한의 개성공단에서 생산되는 제품에 대해서도 이런 혜택을 준다면 북한 경제에도 많은 도움을 줄 수 있다."

바로 이 때문에 중국은 북한의 개혁·개방을 함께 이끌 전략적 파트너로 한국을 선택할 수밖에 없지 않나 싶다. 한국의 대안 국가를 찾으려고 해도 현실적으로 없다는 얘기이다.

중국이 한국과 더불어 북한의 개혁·개방을 촉발시키려는 목적은 여러 가지가 있다. 우선 한반도의 평화와 동북아의 안정이라는 대의명분을 꼽아야 할 것 같다. 어쨌거나 이런 말을 중국 정부가 공식적으로 하니까 말이다. 또 체면을 중요하게 생각하는 중국인들의 습성을 볼 때 결코 빈말도 아니라고 생각한다.

하지만 내면에는 더 직접적인 이유들도 적지 않다. 우선 경제적 이익을 꼽아야 할 듯하다. 현재 중국의 북한에 대한 경제 원조는 완전히 밑 빠진

독에 물 붓기 격이다. 게다가 대규모 경제 원조에 대한 중국 내부의 반발 역시 만만치 않다. 어떻게든 정부와는 반대 입장을 천명하는 일부 국민과 오피니언 리더들을 달래야 하는 것이다.

북한이 너무 가까이 있다는 사실은 더 말할 것이 없다. 어느 정도인지는 랴오닝성 단둥에만 가 봐도 피부로 느낄 수 있다. 단둥의 압록강가에서 보트가 고장이라도 나면 몇 분 안에 신의주 쪽으로 흘러가는 게 현실이다. 북한과 중국을 연결하는 중조우의교를 이용하면 월경하는 데는 10분도 채 걸리지 않는다. 여기에 단둥 시내에서 무수히 목격되는 북한 주민들과 식당, 상점 등까지 더하면 양국이 얼마나 지리적으로 가까운지는 설명할 필요조차 없다. 아무리 이념을 같이한다고 하더라도 도와줘야 할 나라가 멀리 떨어져 있다면 신경을 즉각적으로 쓰지 않아도 된다. 그러나 바로 코앞에 있는 나라가 시끄러워지면 얘기는 달라진다. 이웃 국가의 입장에서는 불편해지게 마련이다. 중국이 북한 안정의 필수 조건으로 개혁·개방을 은근하게 원하고 어떻게든 지원하려는 것은 당연한 일이 아닐까 싶다.

대만 문제에 간접적으로 영향을 미칠 가능성에 대한 고려도 언급해야 한다. 대만해협을 사이에 둔 양안 관계와 한반도의 남북 관계는 형성 배경, 쌍방 간의 정치적 관계 및 성격, 국제적 지위와 국력의 우열 등의 측면에서 볼 때 근본적인 차이가 있다. 그러나 같은 점도 무시하기 어렵게 많다. 무엇보다 장기간 이념적으로 대립했다. 크고 작은 군사적 충돌도 경험했다. 시기적으로 차이가 있기는 하나 교류, 협력을 추진하는 과정에서 유사한 경험과 성과 역시 공유하고 있다. 게다가 남북, 양안 모두는 지금 어떻게 관계를 풀어갈 것인가를 놓고 진통을 겪고 있다. 이런 점에서 남북 문제와 양안 문제는 쌍방 간에 서로 많은 시사점을 가진다고 볼 수 있다. 한마디로 남북 관계가 잘 풀리면 양안 관계에도 훈풍이 돌 개연성이 농후하다는 사실을 중국이 모를 까닭이 없는 것이다.

실제로 중국 측 인사들은 한반도의 남북 관계 개선을 위해 한국에 두 가지 제안을 한 바 있다. 우선 양안 관계에서 보듯 원칙에 일관된 대북 정책을 펼쳐야 한다는 조언이었다. 다른 하나는 중국과 대만의 실용적 경제 협력을 배우고 대화를 무슨 수를 쓰더라도 유지해야 한다는 충고였다.

그렇다면 진짜 남북 문제 해결은 대만 문제 해결의 실마리가 될 것인가 하는 의문이 든다. 이에 대해 칭화 대학 국제문제연구소 류장융 교수는 "중국은 예로부터 남북을 포함한 한반도 전체를 형제의 나라라고 생각해 왔다. 중국은 자신의 발전을 위해, 대만과의 통일을 위한 좋은 선례를 남기기 위해서라도 남북 통일을 지지한다"면서 의문에 대한 답을 명쾌하게 내놓았다.

중국은 이처럼 남북 문제 해결이 대만 문제 해결의 실마리가 될 수 있다고 생각하는 듯하다. 그렇다면 중국이 여러 차례 발표를 통해 한반도의 자주 평화통일을 지지한다는 입장을 표명해 온 행보는 충분히 이해할 수 있다. 2005년 11월 후진타오 주석이 부산에서 열린 아시아·태평양 경제 협력체(APEC) 정상회의에 참석하기 위해 방한, 국회 연설을 통해 "중국은 남북한이 대화를 통해 관계를 개선하고 신뢰를 증진해 자주 평화통일을 실현하는 것을 지지한다. 또 중국은 한반도 핵 문제를 평화적으로 해결하고 남북 통일을 이루는 데 지지를 아끼지 않겠다"고 한 발언을 굳이 상기할 필요도 없다. 더불어 중국이 북한을 개혁·개방으로 이끌어내기 위한 전략적 파트너로 한국을 긍정적으로 생각하는 사실 역시 마찬가지 아닐까 싶다.

중국은 한국의 실질적인 통일 열망과 로드맵 수립을 전제로 한국과의 협력 수준, 북한 압력 정도, 미국과의 전략 조정, 대만 문제 등 일련의 국가 정책을 조정하고 수립해 나갈 것이다. 한국의 명확한 자세가 없으면 중국은 계속 양다리 외교로 상황을 관망할 것이다. 그들은 '시간은 우리 편'이라고 믿고 있다. 중국이나 한국이나 모두 통일은 신앙이다. 이해 당사자가 아닌 국가는 어떤 명분과 이유로도 이에 개입할 자격이 없다. 한·중 모두 민족의 목표인 '통일'이라는 단어를 앞에 놓고 외교 문제를 풀어나간다면 대화의 폭이 훨씬 넓어질 것이다.

한국을 알면 미국이 보인다

미국은 19세기 후반부터 20세기 상반기까지의 제국주의 시절 중국인들을 사실상 인간으로 취급하지 않았다. 이 사실은 미국이 상하이 공원 등에 '중국인과 개 출입금지'라는 팻말을 내건 서구 열강의 일원이었다는 사실에서 무엇보다 잘 알 수 있다. 이뿐만이 아니었다. 미국은 자국의 건설 현장에서 육체노동에 종사하는 중국인들을 쿨리(苦力)라고 부르면서 노예 경험을 한 바 있는 흑인들과 비슷하게 대우했다. 지난 세기 미국의 대역사였던 샌프란시스코 금문교 건설 현장에서 중국인 쿨리 약 40여 명이 사망한 것은 이런 역사적 배경을 알면 충분히 이해가 된다.

이런 인식은 마오쩌둥 등에 의해 새로운 중국이 건국된 1949년 이후에도 상당 기간 이어졌다. 물론 중국이 무서운 속도로 경제 발전에 성공해 세계의 주목을 한눈에 받고 있는 지금도 기본적인 시각은 크게 달라지지 않았다. 미국조차도 비교가 안 되는 덩치와 인해전술로 경제를 발전시킨 것이지 중국인들의 평균적인 수준은 달라지지 않았을 것이라는 생각이 뇌리에 여전히 남아 있는 것이다. 만약 그렇지 않다면 세계 최강의 가능성을 가진 G2 국가를 무시하는 시각인 중국 위협론이나 황화론(黃禍論)이라는 게 어떻게 여전히 기승을 부리겠는가. 한마디로 중국인들을 보는 시각이 많이 왜곡돼 있다고 봐야 한다.

그럼에도 중국인들은 미국이라고 하면 열광을 한다. 특히 젊은이들은 더욱 그렇다. 미국인에 대한 호감이 러시아나 북한보다는 덜하나 미국이 잘사는 나라, 자유의 나라, 기회의 나라 아니냐는 환상에 사로잡혀 있다고 봐도 좋을 듯하다. 어떻게 보면 자존심도 없는 것 같다. 유학지로 가장 선호하는 나라가 미국이라는 사실이 우선 이런 중국인들의 시각을 반영한다. 또 최근 더욱 기승을 부리는 영어 광풍, 영어를 조금만 할 줄 알면 영어 이름을 가지는 유행 등 역시 이런 시각이 반영된 결과다. 그러나 결정판은 따로 있다. 요즘 미혼 여성들 사이에 유행하는 은어인 홍군(紅軍), 미군(美軍)이 바로 그것이다. 홍군은 돈 없고 무능력한 중국인 배우자, 미군은 돈 많고 스마트한 미국 배우자를 일컫는다. 이 정도면 더 이상의 설명은 필요 없어진다.

말할 것도 없이 중국 정부는 이런 식의 얼빠진 생각은 하지 않는다. 아니 공식적으로 공언하고 있지는 않으나 미국을 주적으로 생각한다고 보는 게 맞지 않나 싶을 만큼 극도로 경계한다. 미국이 매년 인권백서를 발표해 자국을 비난하면 뒤따라 미국의 인권백서를 연초부터 준비하는 게 연례행사인 것은 그래서 그다지 이상한 일도 아니다. 또 미국이 한반도나 대만해협 인근에서 군사 훈련을 할 경우 즉각 대응 훈련을 하는 것 역시 크게 다르지 않다. 미국을 주적이라고 생각하지 않으면 취하지 않을 행보이다.

그러나 중국은 이처럼 미국에 대응하기 위해 준비는 많이 해도 의외로 미국을 잘 모르는 것 같다. 중국이 최근 들어 더욱 한국과 한·미 관계를 예의 주시하는 것은 다름 아닌 바로 이 때문이 아닌가 보인다. 미국을 이해하기 위해서는 현미경으로 들여다봐야 할 국가가 바로 한국이라는 판단을 하고 있다는 얘기이다. 하기야 중국이 한국을 미국의 아바타라고 보고 있는 것이 부인하기 어려운 현실이니 그럴 만도 하다.

사실 중국의 이런 생각이 반드시 틀렸다고만 하기도 어렵다. 한국을 파악하고 미국의 의중을 정확하게 분석해낼 경우 분명 중·미 관계를 설정하는 데 큰 도움이 된다. 또 한국이 미국의 아바타가 절대 아니라고 항변하기 쉽지 않다는 사실도 역사는 보여준다. 지난 세기 미국은 한국 정부의 수립을 도왔다. 이어 오늘에 이르기까지 한국에는 미군이 주둔하고 있다. 알게 모르게 한국은 상당 부분 미국화가 돼 있다. 홍콩이나 마카오가 영국화, 포르투갈화 돼 있듯 말이다.

각론으로 들어갈 경우 중국이 한국을 통해 미국을 분석할 때 얻는 이익도 적지 않다. 무엇보다 한국의 미국 의존도 심화를 통해 안보 방면에서 미국의 대동아시아 정책을 엿보는 것이 가능하다. 한국과 미국의 관계가 더욱 강화되는 모습을 통해서는 미국이 아시아 지역의 영향력 증강에 얼마만큼 집중하고 있는지도 알 수 있다.

중국은 한국과 미국의 돈독한 관계가 중·미 관계에 도움이 될 것이라는 기대 역시 은근히 하는 것으로 보인다. 한국이 교량 역할을 해 줄지도 모른다는 생각을 한다는 얘기이다. 한국도 이 사실을 모르지 않는다. 통일 한국을 위해서라도 중국과의 관계를 소홀히 할 수 없는 탓이다. 국익을 위해서라도 한국은 중·미 관계의 갈등 완화를 촉진할 촉매제로서의 역할을 수행해야 하는 것이다.

중국은 한국을 통해 미국을 제대로 알기 위해 한·미 관계에 대한 연구에도 매진하고 있다. 이는 냉전 시대 이후부터 지금에 이르기까지의 변화에 대해 자세히 서술하고 있는 논문들이 적지 않은 현실만 봐도 잘 알 수 있다. 이들 논문은 대부분 한·미 관계에 대해 냉전 이후 정치적인 면에서는 종속에서 협력자 관계로 발전했다고 기술하고 있다. 반면 경제적으로는 한국이 미국 의존형에서 상호 보완형으로 변화를 보였다고 기술하고 있다. 또 군사적 측면에서는 미국 주도 시스템에서 한국의 자주 국방 체제의 확립으로 그 관계가 점차 전환되고 있다고 보고 있다.

중국이 한·미 관계를 보는 눈은 연구를 많이 한 탓인지 비교적 정확한 것 같다. 우선 관계의 긴밀함이 양국의 이익에 부합한다는 점을 들어 앞으로도 한·미 관계가 계속 발전할 것이라고 보고 있다. 그러나 한·미 관계의 발전은 외부적인 요인의 영향을 받을 수도 있다. 일부 학자가 앞으로는 미·일 동맹이 한·미 동맹보다 더 강세를 보일 가능성이 전혀 없지 않다고 주장하는 것은 이런 분석에 따른 전망이 아닌가 한다. 하기야 우한(武漢) 대학 정치공공관리학원의 주탕링(祝唐凌) 교수 같은 사람은 「한·미 동맹의 선진적인 특징과 미래 전망에 대한 분석」이라는 논문에서 한국이 친중탈미(親中脫美)의 길로 접어들 가능성에 대해서도 언급했으니 전혀 엉뚱하다고만 하기는 어렵다. 사례도 없지 않다. 노무현 전 대통령의 행보를 상기해 보면 잘 알 수 있다. 대통령 후보 시절 한·미 관계에 대해 "수평적이고 대등한 관계로 갈 만큼 경제와 안보 환경이 변했다"면서 한·미 관계의 변화를 예견한 적이 있었던 것이다.

중국이 사회주의 체제 수호를 공식적으로 포기하더라도 미국은 중국의 주적이 될 수밖에 없다. 그게 솔직히 운명이다. 그래서 '지피지기, 백전불태', 즉 남을 알고 나를 알면 아무리 싸워도 위태롭지 않다는 말이 주는 교훈을 실천하려고 할 것이다. 무슨 수를 쓰더라도 미국을 계속 연구하고 분석할 것이라는 얘기이다. 양국 사이에 잊힐 만하면 주로 중국계 미국인이 연루된 간첩 사건이 터지는 것은 바로 이런 현실과 무관하지 않다. 그러나 정보원을 통해 미국에 대해 들여다보는 것은 한계가 있다. 게다가 정보도 단편적이다. 아무래도 전체적인 판을 보도록 만들어주는 리트머스 시험지 같은 곳이 있어야 한다. 현실적으로 이런 기회를 제공해 주는 곳은 한국밖에 없다. 중국이 한국을 현미경으로 들여다보면서 국익의 극대화를 위한 중·미 관계 설정이나 재구축에 부심하는 것은 너무나 당연한 일이다. 중국에 있어 한국은 이처럼 효용가치가 만만치 않은 소중한 국가로서 전혀 손색이 없다.

중국은 한국의 최첨단 IT 신제품의 테스트 베드 역할을 하듯이 정치적으로도 한국을 미국의 한반도 정책, 동아시아 정책, 아시아·태평양 정책을 파악할 수 있는 가장 좋은 국가로 보고 있다. 좀 더 구체적으로 한·미 동맹의 배경과 전망, 한국 정치인 및 지식인의 사고 흐름, 주한미군 현황, 한·미 FTA, 미국 문화 침투 등 정치·경제·사회 모든 면에서 한국은 중국이 미국을 연구하는 이슈를 끊임없이 제공하고 있다. 중국 학자들이 한국 기관 및 단체의 요청에 쉽게 응하는 것은 지리적으로 가깝기도 하지만 한국 세미나에 참석해 얻어가는 정보도 많아 향후 자신의 연구와 실적에 큰 도움이 되기 때문이다.

한국을 알면 일본이 보인다

동북아의 정세는 하루가 다르게 변한다. 괄목상대라는 말이 실감날 정도이다. 여기에 격변의 한반도 문제가 늘 상수로 존재하니 그렇지 않다면 오히려 이상하다. 변수도 많다. 결코 늘 환상의 커플처럼 좋기가 어려운 한·일 관계, 중·일 관계 등이 그것이다. 물론 최근에는 중·일 관계도 상수로 변할 조짐을 보이고 있지만 말이다.

정말 그런지는 1997년 미국과 일본이 채택한 가이드라인이 최근 더욱 구체화되고 있다는 사실에서 찾아볼 수 있다. 미·일이 채택한 가이드라인이라는 것은 일본과 일본 주변의 유사시 사태에 대비한 군사 협력 방안을 주 내용으로 한다. 문제는 일본 주변 유사시라는 가정의 현실이 주로 한반도의 유사시를 의미한다는 사실이다. 말하자면 미·일 가이드라인은 한국을 건너뛴 채 한국의 의사와 상관없이 한반도의 유사시에 대한 로드맵을 구체화하겠다는 말이 된다. 미국과 일본이 대규모 군사 동맹을 지향한다는 말이기도 하다. 중국으로서는 이에 주목하지 않을 수 없다.

특히 중국은 최근 일본과 댜오위다오 해역의 분쟁 문제로 감정의 골이 상할 대로 상해 있다. 이로 인해 중국 해커들의 일본 사이트 공격이 있었고 중국의 주요 도시에서는 격렬한 반일 시위가 잇따르기도 했다. 중국 희토류의 대일 수출 규제나 환율 공방 등은 이의 연장선상이라고 할 수 있었다. 중·일 관계가 앞으로도 쉽지 않은 길을 걸을 것이라는 전망을 진짜 단정하게 만드는 분위기가 아닌가 싶다.

그렇다면 중국은 중·일 관계와 관련해 한국을 어떻게 생각하고 있을까? 한국이 중·일 관계에 있어서 어떤 입장을 취해야 한다고 생각하고 있을까? 미리 답을 내려 보면 중재자 역할을 기대한다고 보는 게 비교적 정답에 가까울 것 같다.

중국이 이렇게 생각하는 이유는 간단하다. 한국이 일본과는 껄끄러운 관계이기는 하나 그래도 일본을 가장 잘 아는 나라 중의 하나라는 사실이 크게 작용한 것 같다. 하기야 이 지구촌에서 과연 어느 나라가 한국보다 일본을 더 잘 알겠는가.

과거와는 확연히 다른 현 정부의 일본 접근 정책과도 관련이 있다. 굳이 이를 증명할 필요도 없다. 양국의 정상이 수시로 만나 현안을 논의한 횟수 등은 과거 10년 동안과 비교하면 게임이 되지 않을 정도이다. 더구나 이명박 대통령은 일본 총리와 만날 때면 자주 중국을 포함한 3국 정상회담을 제안하기도 한다. 중·일 관계의 현안 중재자로서의 역할을 스스로 자처한다는 얘기다. 중국으로서는 마다할 이유가 없다.

분위기를 보면 중국의 입장을 어느 정도 읽을 수 있다. 2010년 10월 초 한국의 언론은 아시아·유럽 정상회의(ASEM) 참석차 벨기에 브뤼셀을 방문한 이명박 대통령의 행보를 대대적으로 보도했다. 이 대통령이 브뤼셀에서 일본의 간 나오토 총리와 가진 정상회담에서 중·일 관계에 대해 언급했을 뿐 아니라 그 해법으로 3국 정상회담을 제안한 탓이었다. 일본 언론도 이 사실을 주요 기사로 보도했다. 중국 역시 상당한 비중을 두고 보도했다. 그러나 묘하게도 중국 언론의 보도는 일본의 보도를 인용한 것이 대부분이었다. 중국 측의 입장을 직접 언급한 보도는 거의 없었다. 이는 중국이 댜오위다오와 희토류 등의 문제에 대해 강경한 입장에 있다는 것을 보여주는 증거라고 할 수 있었다. 그러나 이 사실이 양국의 중재에 나서겠다는 한국의 의중을 무시하는 것이라고 하기는 어려웠다. 아니 오히려 한국이 중·일 관계에서 어느 정도 교량 역할을 해 주기를 바라고 있다는 사실을 말해주는 증거라고 할 수 있었다. 어쨌든 상당한 관심을 기울인 채 일본 언론을 인용 보도했으니까 말이다.

그럼에도 중국은 한국에 중재자로 나서 줄 것을 요구하는 직접적 제스처

는 보이지 않고 있다. 물론 중·일 관계뿐만 아니라 한·중·일 삼국을 둘러
싼 관계의 저변에는 미국, 러시아 등 강대국과 북핵 문제 등이 깔려 있는
만큼 중국 입장에서는 쉽게 직접적인 역할을 요청하기 힘들 수도 있다.

하지만 행간을 읽으면 중국의 의중은 어느 정도 간파가 가능하다. 무엇
보다 독도를 둘러싼 한·일 영토 분쟁에서 한국을 지지하는 듯한 입장을 보
이는 것에서 잘 알 수 있다.

중국이 한국의 독도 문제에 대해 적극적인 관심을 보인 것은 사실 어제
오늘의 일이 아니다. 더불어 이에 대한 중국의 지지는 2011년 현재까지 이
어져 오고 있다.

2010년 9월 댜오위댜오 문제를 특집기사로 다룬 홍콩의 유력 주간지 〈야
저우저우칸(亞洲週刊)〉의 기사 일부를 살펴보면 잘 알 수 있다. "일본에 맞서
싸워 독도를 지키는 한국의 전략을 타산지석으로 삼아야 한다"면서 공공연
하게 한국을 치켜세우고 있는 것이다. 〈야저우저우칸〉이 비록 미국 〈타임〉
계열의 잡지이기는 하나 중국의 영향력이 절대적인 홍콩에서 발행되는 만
큼 중국의 입장을 상당히 반영했다고 봐도 괜찮다.

한국 정부의 독도에 대한 실효적 지배를 위해 적극적인 노력을 높이 평가
하는 것에서도 독도에 대한 중국의 지지 입장은 잘 엿보인다. 이를 증명하
기 위해서는 〈문화일보〉를 인용한 〈야저우저우칸〉의 기사를 다시 인용할
필요가 있다. "독도의 주민은 현재 3명에 불과하다. 그러나 이미 2204명에
이르는 사람들이 독도로 본적을 옮길 예정으로 있다. 지금의 독도는 아무도
살지 않는 섬이 아니다. 더구나 한국인들은 독도를 수호하기 위해 거국적으
로 단결하고 있다"면서 한국인들의 독도 수호 의지를 긍정적으로 그렸다.

대학 교수들을 비롯한 오피니언 리더들의 자세에서는 독도가 한국 영토

라는 사실을 인정하는 중국의 입장이 더욱 잘 읽힌다. 이들은 댜오위다오를 둘러싼 문제가 이슈가 될 때면 언론에 발표하는 기고문 등을 통해 "한국인이 해냈다면 중국인도 할 수 있다. 중국과 대만의 국민들이 애국심이 없는 것은 아니다. 정부 당국이 국민에 대한 통제력을 상실하게 될까 걱정하기 때문에 한국과 같은 민간 역량이 발휘되지 못하고 있는 것이다"라고 강조한다.

한국의 독도 영유권에 대한 중국의 적극적 지지는 말할 것도 없이 자국의 이익에 기초한 것이라고 보면 틀리지 않는다. 한국의 입장을 지지함으로써 한국 역시 중국의 주장을 지지해 주기를 기대하는 것으로 볼 수 있다. 물론 댜오위다오 문제에 있어서 중국의 입장은 독도 문제에서의 한국 입장과 다소 차이가 있다. 예컨대 한국은 독도에 대한 실효적인 지배를 하고 있다. 또 영유권 주장을 뒷받침할 만한 많은 기록과 근거들이 곳곳에 있다. 그러나 중국은 한국에 비해 근거의 타당성이 다소 충분하지 못하다. 따라서 일본이라는 같은 대상을 상대로 벌이는 싸움에서 한국에 대한 지지를 통해 자국의 입장을 보다 견고히 하려는 생각을 한다고 볼 수 있다.

중국은 앞으로도 한국이 중·일 관계의 중재자로서의 역할을 담당하도록 물밑에서 은근하게 요청할 개연성이 농후하다. 또 그에 대한 반대급부로 독도 문제에 대한 지지 입장도 견지할 것으로 보인다. 어떻게 보면 이런 자세는 상당히 모순적이라고 할 수 있다. 일본의 거센 반발을 부를 것이 너무도 명약관화하기 때문이다. 그러나 자세히 들여다보면 그렇지 않다. 중국이 독도 문제에서 일본에 기울 경우 일본의 기를 살려줄 가능성이 높다는 사실을 떠올리면 분명 그렇지 않다고 해야 한다. 영유권에 대한 탐욕의 창끝을 중국으로 돌리게 된다면 날개를 달게 되는 그 예봉을 피하기가 쉽지 않은 것이다. 또 독도는 여러 가지 정황상 한국에 유리하게 돼 있다. 중·일 관계 개선을 위해 도움을 받아야 하는 한국에 뜬금없이 등을 돌리는 것은 아무래도 멍청한 짓이라는 결론이 나올 수밖에 없다. 따라서 중국의 의중은 전혀 모순되지 않는다는 단정을 내려도 괜찮을 것 같다. 또 탁월한 선택이라고 해도 괜찮을 듯하다.

이래저래 한국은 동북아 지역, 특히 한·중·일 3국 사이에서 중국이 해야 할 일을 덜어주고 가려운 곳을 긁어주는 역할을 하고 있다. 중국의 영향력이 확대되면서 전 세계가 경계의 눈초리를 보이고 있는 지금 한국은 외교 안보, 영토 문제, 역사 인식, 경제 협력, 동아시아 통합 등 각종 문제들을 놓고 중국이 하지 못하는 언행을 대신 해 주고 있으니 얼마나 고마운 존재인가. 중국과 일본, 나아가 해양세력과 대륙세력의 중재 역할을 해 줄 나라는 한국밖에 없고 또한 이를 밀어붙일 충분한 역량을 갖춘 나라도 한국으로 보는 것이다.

미래 한국의 선택은 중국이다

중국은 솔직히 역사적으로 보면 중화라는 말을 운운할 자격이 있다. 진시황이 처음으로 통일 국가를 이룩했을 때의 중국과 당시 유럽의 현실을 비교하면 정말 그렇다. 중국의 경우 문명을 찬란하게 꽃피웠으나 유럽은 그리스와 로마를 제외할 경우 거의 야만의 대륙에 가까웠다. 오죽했으면 지금의 독일 바이에른이라는 지명이 야만인이라는 단어에서 유래했겠는가. 도시의 규모를 비교해 봐도 좋다. 당나라의 수도 장안이 인구 100

만 명을 넘어서려 하고 있을 때 프랑스 파리에는 고작 5만 명이 살고 있었다. 이랬으니 최고 극성기인 청나라 강희제(康熙帝) 때의 중국 GDP가 전 세계 GDP의 35% 이상을 차지했다는 통계는 별로 이상할 것이 없다. 물론 이후 중국은 쇠락을 거듭했다. 1949년 공산당이 대륙을 통일하면서 건국했을 때는 전 세계 GDP에서 중국이 기여하는 부분은 달랑 2.9% 남짓 정도에 불과했다. 부자가 망해도 3대는 간다는 속담을 감안하면 나쁜 의미에서 거의 기적 같은 조락(凋落)이었다고 할 수 있다. 심하게 말할 경우 그렇게 되고 싶어 몸부림을 쳐도 쉽지 않은 몰락이었다. 이후 중국의 국력은 좀처럼 회복되지 않았다. 아니 지난 세기 50년대 후반에서 70년대 중반을 관통한 대약진운동과 문화대혁명을 거치고 난 다음에는 거의 가망 없는 국가처럼 보이기도 했다. 그러나 역시 썩어도 준치라는 말처럼 중국은 개혁의 전도사 덩샤오핑이 추진한 개혁·개방 노선으로 인해 그야말로 기사회생하기 시작했다. 이어 서서히 전 세계 GDP에서 차지하는 점유율을 늘려나갔다. 지금은 강희제 때보다는 한참 뒤지나 그래도 10% 가까운 점유율을 기록하고 있다.

중국은 당분간 고속 성장을 계속할 것이 확실하다. 아무리 못해도 향후 최소 10년 동안은 연평균 8% 전후의 성장률 마지노선을 유지할 전망이다. 따라서 미래의 중국이 강대국으로 성장할 것인가 하는 질문은 이제 우문이다. 그렇다면 중국이 과거 미국이 그랬던 것처럼 그야말로 라이벌을 찾을 수 없는 압도적인 강대국으로 성장할 경우 한국은 과연 어느 쪽으로 기울게 될까? 그때에도 이른바 '닥치고 미국' 스타일의 친미 외교를 계속할 수 있을까? 아니면 슬그머니 국익을 위해 중국 쪽으로 곁눈질을 하게 될까? 이 질문은 답을 구하기가 정말 쉽지 않다.

이에 대한 답을 구하려면 중국의 시대가 정말 다가오고 있는가를 한번 냉정하게 판단해 볼 필요가 있을 듯하다. 중국이 미국에 이어 두 번째 강대국이 될 것이라는 의미의 G2라는 개념은 미국 경제학자 로널드 스트라즈하임이 처음 제시했다. 하지만 중국은 이 개념을 대체적으로 받아들이지 않고 있다. 원자바오 총리는 아예 분명하게 입장을 밝히기도 했다. 2009년 11월 "중국은 안정, 협력 나아가 양국의 이익과 세계 이익에 의거해 미국과의 관계를 중시한다. 그러나 G2라는 주장에는 찬성하지 않는다. 중국은 인구가 많은 개도국이다. 현대화 국가로 갈 길이 아직 요원하다. 또 중국은 독립 자주적인 평화외교 정책을 택하고 있다. 이 때문에 그 어떤 국가나 집단과도 동맹을 맺지 않는다. 중국은 세계적인 중요한 문제에 대해서는 반드시 각국이 공통으로 결정해야 한다고 생각한다. 오로지 두 국가에 의해 결정할 수 없다고 생각한다"고 명확하게 밝힌 것이다.

중국이 오바마 대통령까지 나서 받아들이도록 요구하는 G2의 지위를 거절하는 데는 나름의 이유가 있다. 우선 개발도상국으로서의 지위를 상실하는 것에 대한 부담이 있다. 세계적 대국으로서 미국과 함께 세계를 공동 관리하는 이른바 중미공관(中美共管)에 대한 부담 역시 없다고 하기 어렵다. 과도한 책임과 기대에서 벗어나고 싶어 한다는 얘기이다. 마지막으로 이로 인해 부상할 중국 위협론에 따른 주변국과의 관계에 미칠 영향 등도 이유로 꼽을 수 있다.

정부의 자세와는 달리 중국이 G2라는 사실은 중국 국내에서 어느 정도 용인하고 있는 실정이다. 중국 최고의 싱크탱크인 사회과학원이 2010년 발표한 '국가 경쟁력 보고'만 봐도 바로 분위기를 파악할 수 있다. 이에 따르면 중국의 2008년 종합 경쟁력은 17위에 머무르고 있다.

그러나 2020년에는 중국이 세계 5대 강국으로 부상하게 된다. 이어 2050

년에는 미국에 이어 세계 2위의 대국으로 떠오를 전망이다.

각론으로 들어가도 중국 정부의 지나친 겸손이나 책임 회피에 대한 노력은 그대로 드러난다. 굳이 3조2000억 달러에 이른다는 외환보유액을 거론할 필요도 없다. 유인 우주선을 수차례 발사한 과학기술력, 국방비 세계 2위에 항공모함까지 취역시킨 군사력만 거론해도 충분하다. 중국이 당장은 아니나 곧 G2로 불려도 손색이 없다는 사실은 정말 분명해진다.

물론 중국이 지속 가능한 발전을 할 수 있을 것인가의 여부, 다시 말해 'Linear Projection'의 문제가 있기는 하다. 이에 대해서는 중앙당교 상무 부교장을 지낸 정비젠(鄭必堅) 교수 역시 곱하기와 나누기라는 표현을 써가면서 언급한 바 있다. "아무리 큰 문제라도 중국의 13억 인구로 나누면 사소하고 하찮은 문제가 된다. 반면 아무리 작고 대수롭지 않은 문제라도 13억 인구로 곱하면 상당히 심각한 문제가 된다"고. 아무리 그래도 결론은 중국의 미래가 부정적이기보다는 긍정적이라는 쪽으로 나오기는 하지만 말이다.

그렇다면 이제 한국은 과연 어느 쪽으로 기울 것인가 하는 의문에 대한 답을 구해야 한다. 이를 위해서는 일단 중국이 한국의 정치, 경제, 사회 문화 등의 분야에 미치는 영향력을 알아봐야 하지 않을까 싶다. 우선 경제는 두 말이 필요 없다. 2010년만 놓고 보면 총 수출액 중 대중국 수출액 비중이 무려 25%에 달했다. 홍콩을 비롯한 제 3국을 경유한 수출까지 합치면 30%를 넘는다. 문제는 이런 의존도가 앞으로는 더욱 폭발적으로 늘어날 것이라는 사실이다. 미국이 기침을 하면 한국이 감기를 앓는 것이 아니라 중국이 콧물만 흘려도 한국은 앓아누워야 하는 것이다.

문화 분야에서도 중국의 한국에 대한 영향력은 간단치 않다. 비록 한류보다는 못하나 한조 역시 무시해서는 안 될 위력을 보이고 있다. 곧 20개를 돌파할 공자학원과 전국 100여 개 대학에 설치돼 있는 중어중문학과의 존재만 봐도 이는 분명해진다.

정치 분야는 더 말할 필요도 없다. 중국의 차기 지도부가 어떻게 구성될 것인가에 촉각을 기울이지 않는 한국 정치인은 간이 부었거나 정치를 포기한 정치인이라는 말이 나돌 정도이다. 여기에 중국이 동남아와 아프리카, 남미 등을 비롯한 세계 각지에서 발휘하는 국제 정치적 영향력을 감안하면 중국을 무시하는 것은 거의 자살행위라고 해야 할 것이다.

각 분야의 상황을 고려하면 한국이 지향해야 하는 길은 명확해진다. 비록 지금은 고개를 빳빳하게 들고 '닥치고 미국' 입장을 취하고 있으나 조만간 중국 쪽으로 상당히 많이 선회해야 한다는 결론이 나온다. 미국과 연합하되 중국과 화합하는 이른바 연미화중(聯美和中)이라는 단어나 주장이 최근 한국 내의 친미 보수 세력 사이에서도 꾸준히 대두하고 있는 데는 다 이유가 있지 않나 싶다.

중국이라고 이런 한국의 분위기를 모를 까닭이 없다. 아니 어떻게 보면 당연하다고 생각하고 있는지도 모른다. 또 미래 한국의 선택이 중국이 될 것이라는 기대를 상당히 하고 있다. 반면 한국에 진정한 중국통 친중 정치인이 없는 것에 대해서는 상당히 아쉬워한다. 이 때문에 이런 정치인들이 대거 등장하기를 기대하는 것은 너무나 당연하다.

이런 기대 심리는 푸단 대학 한국연구센터 잔더빈(詹德斌) 연구원의 말에서도 어느 정도 확인된다. "한국 정치와 외교는 중국통을 필요로 한다. 하지만 현실은 냉혹하다. 외교를 일선에서 책임지는 한국 외교부만 해도 중국통이 부족하다. 미국통에 의해 모든 것이 좌우된다. 또 미국통에 의해 정부, 대학이나 연구 기관 등 지식의 보고가 장악되기 때문에 중국통들은 한국에서 사실상 주변인일 수밖에 없다. 정책 결정 과정 참여나 건의의 기회도 적을 수밖에 없다. 중요한 자리에 등용되는 것은 더 말할 필요도 없다"면서 현재 한국이 직면한 현실에 진한 아쉬움을 토로했다.

솔직히 말해 잔 연구원의 주장은 틀린 말이 아니다. 실제로 한국에는 지화파(知華派) 내지 판다포용파(擁抱熊猫派) 등으로 불리는 친중파 정치인이나 외교관이 거의 없다고 해도 좋다. 이는 한국 외교가에 미국이나 일본에는 다 있는 이른바 차이나 스쿨(중국학파)이 없는 현실이 무엇보다 잘 말해 준다.

그렇다고 중국이 그저 손을 놓고 있는 것은 아니다. 한국의 중국통 인재를 키우기 위해 나름의 노력을 경주하고 있다. 공자학원의 존재는 너무나 확연하게 드러난 빙산의 일각일 정도이다. 우선 중국에 와서 장단기 공부를 하도록 초청하는 전·현직 정치인들에 대한 끊임없는 러브콜을 들 수 있다. 이 프로그램은 상당한 성과를 올리고 있다. 민주당의 N 모, S 모 전 의원, 한나라당의 전 서울시 모 지구당 위원장 K 모 등이 바로 이 프로그램에 의해 중국통으로 변신한 경우다. 자발적으로 중국에 와서 공부하는 될성부른 미래의 정치인들에게 장학금을 주는 것과 같은 투자 역시 거론해야 한다. 한때 한국 야권의 거목인 K 모 의원의 아들인 서울시 모 지구당의 K 모 민주당 위원장이 이 혜택을 본 대표적인 경우다.

한국은 시간이 갈수록 '닥치고 미국'식으로 나갈 수 없다. 적어도 지금보다는 더 중국과 가까워져야 한다. 또 그럴 수밖에 없다. 이런 시각에서 보면 중국이 미래 한국의 선택이 자국이 될 거라고 은근히 기대하는 것은 김칫국을 미리 마시는 일은 분명 아닌 듯하다.

다만 국제 정세의 흐름을 파악해 중국과 좀 더 가까워지는 외교 전략을 펴고 중국 전문가를 많이 양성하더라도 사안별 팩트를 정확히 짚어내고 할 말을 하는 인접국이 되어야 한다. 중국이 팽창하면서 수많은 외교 사절이 중국에 좋은 얘기만 하는 가운데 그들의 문제점을 짚어내고 다소 자존심 상하는 반박을 하더라도 사실을 사실대로 지적해야만 중국은 귀를 기울일 것이며 상대방을 대인으로 존중할 것이다. 싱가포르 전 총리 리콴유(李光耀)가 90세의 노 정객임에도 중국 정부로부터 존중을 받는 것은 사심 없이 지적하고 조언하며 대화하기 때문이다. 중국 시대의 도래와 함께 국격과 인격을 지키며 그들과 접촉하는 것이 한 차원 높은 대중국 외교 전략이다.

원 아시아(One Asia) 경제공동체

중국은 덩치에 걸맞게 판을 크게 보는 경향이 있다. 당연히 동북아 협력에 관심이 많다. 가능하면 주도적 역할을 하려고 한다. 이를 통해 잠재적 주적인 미국을 견제한다면 더할 나위 없이 좋다. 동북아 협력을 위한 각국의 노력이나 움직임에 각별한 주의를 기울이고 있다. 한국에 대해서도 그렇지 않을 까닭이 없다. 그것도 오래전부터였다고 해야 한다.

2005년 12월 3일의 〈신징바오〉 보도를 보면 확실히 중국의 이런 시각이 잘 엿보인다. 당시 외교통상부의 반기문 장관이 "만약 핵문제가 6자회담을 통해 평화적으로 해결된다면 이것을 기초로 동북아 다자 안전 및 협력 체제를 구축할 수 있을 것이다"라고 한 발언을 보도하며 관심을 기울인 바 있다. 최근에는 2010년 10월 한·미·일·중·러 등 5개국이 참가한 준정부 차원의 다자 안보 협의체인 동북아협력대화(NEACD)를 개최하면서 동북아 안보에 대해 논의한 한국의 움직임에 각별히 주목했다.

한국의 동북아 협력 메커니즘 구축에 대한 의지는 안보 분야에서뿐만 아니라 경제 분야에서도 적극적으로 나타난다. 중국 언론은 이 역시 놓치지 않았다. 중국 최대 포털 사이트 중 하나인 신랑이 대표적으로 꼽힌다. 2009년 10월 중·일 간의 해저 터널 건설을 화제로 올리면서 "한국이 동북아 공동체의 중추적 역할을 하고 싶어 한다. 이를 위해 해저 터널 건설을 추진하는 것 같다. 실제로 한국과 일본은 수십 년 동안 이에 대해 얘기를 나눠왔다. 한국은 요즘 들어 더욱 해저 터널에 특별한 열정을 보이고 있다. 정치적 요소도 있겠으나 자국을 동북아의 중심으로 만들고자 하는 생각이 작용하고 있다. 사실 이 아이디어는 김대중 정부 때부터 논의돼 왔던 사안이다. 동북아 경제센터와 동북아 물류센터의 구축이 핵심 사항이었다. 한국은 노무현 재임 시기에는 더욱 분명하게 동북아 중심 국가가 되려는 의지를 보였다. 남북 철도와 시베리아 철도를 연결해 동북아에 거대한 철도 교통망을 만들어 동북아 경제권을 형성하려고 시도한다"고 보도했다. 내용상으로도 그저 단순한 관심 차원을 넘는 보도가 아닌가 보였다.

동북아 협력 시스템의 구축에 나서려는 한국의 이런 열망에 대한 관심은 전문가들 역시 적극적으로 보여주고 있다. 대표적으로 랴오닝 사회과학원 조선한국연구센터의 뤼차오(呂超) 주임을 꼽을 수 있다. 2009년 12월 17일 〈런민르바오〉의 자매지 〈환추스바오(環球時報)〉와 가진 인터뷰에서 "동북아는 세계에서 가장 발전 잠재력이 높은 지역 중 한 곳으로 손꼽힌다. 그러나 이 지역의 발전은 온전히 한·중·일에 달려 있다. 따라서 한·중·일 해저 터널 연결이 비록 막대한 투자를 필요로 하지만 실현된다면 3국의 경제 교류에 큰 역할을 할 것이다"라고 밝힌 것이다. 그의 경우는 각별하게 긍정적인 평가를 내렸다는 점에서 주목을 모은 바 있었다.

사실 중국이 한국의 움직임을 주목하는 이유는 별로 어렵지 않게 찾을 수 있다. 세계 경제의 성장 축과 중력이 아시아로 이동하는 데다 역내 국가들의 협력에 대한 요구 역시 더욱 가속화하고 있기 때문이다. 더구나 중국은 이런 경향을 촉발시킨 중심 국가이자 주도 국가로 불리고 있다.

당초 이런 분위기는 하나의 아시아로 뭉쳐야 한다는 이른바 원 아시아(One Asia) 개념으로 출발했다. 그러나 원 아시아라는 개념은 너무나 다양하고 국가들 상호 간 발전 수준의 차이가 많다. 따라서 동아시아 경제공동체라는 개념으로 좁혀 생각해 볼 필요가 있었다. 현재로서는 한국, 중국, 일본의 경제 협력과 현재 진행되고 있는 다수의 자유무역협정들이 어떻게 설계되고 진행되느냐에 따라 동아시아 공동체의 진로와 향방, 나아가 원 아시아의 개념에 부합하는 디자인이 그려지지 않을까 생각된다. 이에 대해 베이징 대학 국제관계학원의 왕정이(王正毅) 국제정치경제(IPE) 학과장은 "동북아 역내 각국 간 산업 분업을 통한 경제 협력 가능성이 점차 높아지고 있다. 동북아 경제 협력에서 러시아를 포함시킬지 여부를 비롯한 지역경제협력체의 범위에 대해서도 충분히 논의할 필요가 있다"고 구체적으로 그랜드플랜을 밝히기도 했다. 중국으로서는 관심을 갖지 않을 수 없는 상황인 것이다.

역내의 전체적인 움직임이나 중국의 스타일로 볼 때 중국은 한국이 이런 분위기를 이끌고 나가는 것에 대해 긍정적으로 평가한다고 봐야 한다. 2009년 10월 28일자 〈환추스바오〉에 실린 "중국의 경제는 계속 성장하고 있다. 대외 무역액과 투자 능력도 상당히 성장하고 있다. 그러나 역내에 공공 메커니즘을 제공하기에는 아직 능력이 부족하다. 중국은 동북아 협력에 있어서의 경제공동체를 강조한다. 그러나 동북아 협력의 가장 중요한 목표는 지역의 평화와 번영이지 주도권 쟁탈이 아니다"라는 요지의 내용만 봐도 어느 정도 확인된다. 중국도 일본도 아닌 한국이 할 역할의 중요성을 은근히 강조하고 있다. 이에 대해서는 일본 역시 어느 정도 인정하고 있다. 2010년 9월 한림대학에서 열린 한국일본학회 학술대회 기조 강연자로 참석한 도쿄가쿠게이(東京學藝) 대학 기미지마 가즈히코(君島和彦) 교수의 주장을 들어보면 감을 잡을 수 있다. "중국이 중화사상, 일본이 대동아공영권에 근거해 동북아 공동체의 주도권을 잡았던 역사는 있다. 하지만 한국이 주축이 됐던 적은 없었다. 중국과 일본은 미래 한국의 역할에 기대하고 있다"는 입장을 피력한 것이다.

말할 것도 없이 한국이 중국과 일본이 공감하는 역할을 제대로 수행하기 위해서는 전제조건이 있어야 한다. 그것은 바로 미들 파워 즉, 일정한 추진력과 기본적인 능력을 보유한 중견 국가로 성장할 수 있는가의 여부이다. 이에 대해 스콧 스나이더 아시아재단 한미정책 연구소장은 "한국의 현실적인 여러 여건들은 한국이 동북아 지역에서 질서 창출의 핵심적인 동력이 되는 데 장애물이 될 가능성이 농후하다. 미국과 중국 양국이 동북아 지역에서 지배적인 세력이기 때문에 이런 구조 안에서 중견 국가로서의 역할을 찾는 것이 쉽지 않다. 또 중국과 일본, 중국과 미국의 관계 때문에 한국이 역할을 발휘하는 것도 쉽지 않다"면서 다소 회의적인 입장을 보였다. 지린 대학 동북아연구센터의 선하이타오(沈海濤) 연구원이 2007년 9월 〈둥베이룬 탄(東北亞論壇)〉에 발표한 「동북아 화해와 합작: 역할 충돌에 있어서의 한국의 작용」이라는 논문에서 주장한 시각 역시 대체로 비슷하다. 대략 다음과 같은 내용이다.

"한·미 동맹과 동북아 공동체, 동북아 협력의 병존 방법을 찾아야 한다.

특히 핵 문제는 한국이 미국과의 공조를 필요로 하기 때문에 한·미 관계와 동북아 협력에서 한국의 역할이 충돌하지 않도록 출구를 찾아야 한다. 한국의 외교는 한·미 동맹과 동북아 지역 특히 한반도 정세에 제약을 많이 받고 있다. 따라서 국내 정치의 권력 관계로 인한 제약도 무시할 수 없다. 국제 환경과 지역 관계의 변화가 한국이 역할을 발휘할 수 있는 공간을 제약한다. 국제 지위 및 가치관의 차이 등으로 말미암은 한국의 국제적 지위에 대한 인식과 역할에 대한 기대 역시 각국이 다 다르다. 동북아 지역 국제 사무에 있어서 한국이 어떻게 교량, 중재자의 역할을 하는가 하는 점이 완벽하게 각국의 이해와 지지를 얻을 수는 없다. 한국이 능력과 역량을 가지고 있고 또 다른 국가들이 우리가 중재자 역할을 할 수 있다고 인정할 때 비로소 한국은 이러한 역할을 발휘할 수 있는 것이다. 경제 발전과 정치 민주화에 따른 역내 국가들의 공동체 의식 방면에 있어서 한국은 일본과 같은 탈아시아를 표방하고 있다. 서구의 자유, 민주, 평등, 인권 등의 개념이 민중들 사이에 광범위하게 퍼져 있다. 이런 지역 공동체 의식 문제는 한국이 중추적인 역할을 수행하는 데 영향을 끼칠 수밖에 없다."

동북아 협력의 축, 한반도

중국 정부는 한국이 앞으로 동북아 협력에 있어서 중요한 역할을 할 능력이 있다는 사실은 인정한다. 특히 경제 협력에 있어서 한국이 차지하고 있는 무역액과 경제 발전 정도는 동북아 경제 협력, 나아가 경제공동체 건설에 큰 도움이 될 것이라고 보고 있다.

그렇다면 중국은 맡은 바 역할을 제대로 수행하기 위해 한국이 어떻게 해야 한다고 생각하고 있을까 하는 의문이 든다. 이는 한국이 추진해야 할 정책 방향 내지는 목표와도 일치한다고 볼 수 있다. 이런 관점에서 볼 때 아무래도 역내의 지역 기후를 개방형 지역주의(Open regionalism)로 유도할 필요가 있다. 동아시아 지역에는 아직도 과거사 문제, 역내 패권 경쟁을 둘러싼 중국과 일본 사이의 갈등, 군사 안보에서의 협력과 경제 무역에서의 협력 간의 격차 등이 존재하는 까닭이다. 또 중국의 부상과 미국의 상대적인 쇠락을 통해 경제 공간과 안보 공간 간의 괴리 현상이 동아시아의 지역 협력을 방해할 장애 요소로 등장하는 것도 이유가 될 수 있다.

이런 전략 하에 'Top-down 방식'과 'Bottom-up 방식'을 동시에 조화롭게 추진하는 것도 소망스럽다. 소위 Top-down 방식은 한 · 미 FTA와 한 · 유럽연합(EU) FTA 등 양대 경제권과의 자유무역협정을 원심력으로 이용하면서 동아시아 역내에 일어나고 있는 각국과의 FTA를 추진하는 데 구심력으로 활용하는 것이다. 동시에 중요한 것은 소위 Bottom-up 방식이다. 그것은 동아시아의 국경을 초월한 각국의 도시와 지역 시민, 더불어 지식인들이 상호 연대를 하면서 동아시아의 통합 기류를 더욱더 가속화하는 일이다.

한반도는 지리적으로 분명히 대륙 경제권과 해양 경제권 사이의 물류, 금융 등에서 초일류의 허브화 기능을 가질 수 있다. 이 때문에 이런 접근 방식을 통해 Meta region, Meta city와 같은 개념을 더욱 확실하게 발굴해야 한다. 예컨대 부산과 후쿠오카, 인천과 칭다오 등이 시민 세력에 의해 상호 공존 및 공영을 구가하고 시민 사회의 상호 이해를 더욱 돈독하게 하도록 만드는 것이다. 만약 이런 경험들이 축적된다면 동아시아에 있었던 갈등의 역사는 극복이 가능하다. 국가와 국가 간의 협력 체계를 공동체 개념으로 더욱 숙성시킬 수 있는 지름길도 찾을 수 있다. 마지막으로 북한 핵의 불안정 요인을 한국이 적극적, 주도적으로 해체시키는 노력 역시 소망스럽다. 말할 것도 없이 이를 위해서는 6자회담에서 한국이 주도적 역할을 해야 한다.

중국은 거침없이 마이바흐처럼 질주하는 자국의 쾌속 발전에 방해가 될 걸림돌을 가장 두려워한다. 그래서 무엇보다 아시아, 범위를 더 좁히면 동북아의 안정이 필요하다. 동북아 협력 구도의 구축이 절실한 것이다. 그렇다고 이를 위해 도광양회의 전략을 완전히 버리고 적극적으로 나서기도 쉽지는 않다. 이 역할을 누군가는 대신 해 주면 좋은 상황인 것이다. 누가 봐도 이런 역할은 한국이 하는 것이 가장 합당하다. 중국의 입장에서는 더 말할 것도 없다. 최근 들어 각종 행보에서 한국에 뭔가 은근히 주문을 하는 듯한 움직임을 보이는 것에는 다 이유가 있다.

역사적으로 한반도의 불안정과 전쟁으로 인해 중국 왕조가 결정적 타격을 입은 경우가 몇 차례 있었고 이는 지금도 재현될 공산이 없지 않다. 한반도가 남북으로 분단되어 냉전체제를 이어가기 때문이다. 중국은 미래 발전 전략을 연구하고 수립하는 데 자신들의 역사적 경험을 매우 중시한다. 중국 지도부는 한가할 때 가장 즐겨 읽는 서적이 자신들의 역사서이며, 중국의 미래를 알고 싶으면 중국 역사를 보라고 말한다. 한반도 및 동북아 지역 안정은 중국의 지속 발전을 담보하는 중요한 변수다. 중국은 한국의 지리적 중요성과 현실적 역량을 인정하고 앞으로도 계속해서 동북아 지역 안정을 위해 중재자 역할을 해 주길 바랄 것이다. 한국도 이를 받아들이는 전제로 한반도 통일에 중국의 적극적 역할을 주문하는 거래를 할 수 있을 것이다.

G20 정상회의 의장국, 유엔 사무총장 배출국

중국은 주변국들을 노골적으로 우습게 보는 교만한 국가는 분명 아니다. 하지만 지대물박(地大物博, 땅이 넓고 물산이 풍부함)의 대국답게 골수에 박혀 있는 어쩔 수 없는 이웃 나라에 대한 편견은 가지고 있다. 이웃들이 대부분 야만인, 오랑캐라는 의식이 바로 그것이다. 세상에서 가장 문명, 문화적인 민족이라는 의미의 중화나 '동이(東夷), 서융(西戎), 남만(南蠻), 북적(北狄)'으로 대별되는 오랑캐라는 개념은 바로 이런 의식의 소산이다.

물론 일반적으로 한족을 뜻하는 중국인들도 오랑캐 대접을 받은 적이 없는 것은 아니었다. 이민족에게 정벌 당했을 때 대체로 이런 대접을 받았다. 대표적으로 원, 청나라 때를 꼽을 수 있다. 특히 원나라 때는 에피소드로 구전되는 치욕적인 일화도 남겼다. 칭기즈칸의 손자로 전 중원을 통일한 다음 베이징에 수도를 정한 쿠빌라이 칸은 가는 곳마다 여기저기 치이는 한족이 영 마뜩잖았다. 게다가 그의 눈에는 한족이 자신의 민족인 몽골족보다 영 못해 보였다. 국가 경영에 그다지 도움이 되지 않는 것 같기도 했다. 급기야 그는 조정의 신하들에게 자신의 평소 생각을 토로했다.

"이거 도저히 안 되겠어. 한족은 밥만 축내는 족속들이야. 쓸모없는 작자들을 선별해서 모조리 없애버려야겠어."

조정의 신하들은 깜짝 놀랐다. 평소 추진력 뛰어난 쿠빌라이 칸의 성격을 너무도 잘 알았던 만큼 대도살을 피하기 어렵다고 판단한 것이다. 모두들 서로 눈치만 보고 있는 사이 비교적 나이가 많아 보이는 한 신하가 조용히 말했다.

"그러나 폐하, 만약 한족을 다 몰살시켜 버리면 세금은 누가 냅니까? 또 조정의 크고 작은 노역은 누구에게 시킵니까? 신은 한족을 다 몰살시키는 것은 좋다고 생각합니다. 하지만 세금이나 노역을 생각하면 지금도 등에서 땀이 흐릅니다."

"아, 그렇군! 그렇다면 없는 일로 하지."

이 에피소드는 민간에 구전돼 오는 것일 뿐 정사의 기록은 아니다. 이 때문에 중요하지 않다고 할 수도 있다. 그러나 한족도 이민족에게 모욕을 당했다는 사실을 말해 주는 만큼 나름 의미는 있다. 이처럼 중국인들은 자신들도 모욕을 적지 않게 받았음에도 지금도 자신들 외의 타자에 대한 편견은 좀체 버리지 못하고 있다. 조선족을 일컬을 때 비하하는 의미로 '셴쭈(鮮族)'라고 하는 것도 이와 깊이 연관되어 있다고 볼 수 있다.

당연히 주변 국가들에 대해서도 높이 평가할 까닭이 일단은 없다. 금융 위기로 국가 부도 위기에 빠졌을 때인 1997년 이후 수년 동안 한국에 대해서도 이런 자세를 견지한 바 있다. 그러나 한국이 위기를 극복하고 당당하게 다시 우뚝 서자 조금은 시각이 달라졌다. 이어 2006년 말 반기문 전 외교통상부 장관이 유엔 사무총장으로 당선되자 결정적으로 달라지기 시작했다. 중국으로서는 대국 출신이 사무총장을 맡지 않는다는 관례 때문이기는 했으나 어쨌든 사무차장밖에 배출하지 못했으니 솔직히 그럴 만도 했다. 이런 시각은 G20 정상회의 의장국으로 서구 선진국과 개발도상국의 의견 차이 중재를 통해 세계 경제위기 극복과 재건을 위한 합의를 도출하려고 했던 한국의 노력을 목도하면서 더욱 굳어졌다.

진짜 이런 시각을 가지고 있는지는 언론의 보도를 보면 바로 확인이 가능하다. 우선 유엔 사무총장 배출에 대한 시각을 보자. 2006년 10월 3일 홍콩 〈중핑서(中評社)〉의 보도가 가장 대표적이다.

"속세의 교황이라고 불리는 유엔 사무총장은 국제 사회에서 비할 데 없는 영향력을 행사하는 자리이다. 중국은 자랑스러운 유구한 역사를 가지고 있는데도 불구하고 아직 국제기구의 수장을 배출하지 못했다. 반 사무총장은 기권 1표를 제외하고는 모두의 찬성을 받았다. 이는 정말 축하할 만한 일이다. 이 쾌거는 한국이 국제 사회에서 더 많은 발언권을 갖게 됐다는 사실을 의미한다. 또 국가 지위 역시 이로써 한 단계 더 높아졌다. 국제 외교 문제에 있어서 실제 이익을 절대로 경시하지 않으면서도 국제 외교 사안에 대해 충분히 적극적으로 대응할 수 있게 됐다. 반 총장의 당선이 가져올 긍정적 효과는 많다. 무엇보다 한국의 신용이 올라갈 것으로 보인다. 한국 기업 역시 더 많은 도움을 얻을 수 있게 됐다. 더 많은 한국인들이 유엔을 비롯한 기타 국제기구에서 일하게 됐다"면서 한국의 개가를 높이 평가했다. 단순한 축하의 메시지 정도가 아니었다. 다른 중국의 언론들 역시 논조는 대체로 비슷했다. 차이라면 노골적으로 한국을 부러워하지 않은 점이었다고나 할까. 어쨌든 한국이 자신들이 평소에 생각했던 아웃사이더 국가가 아니라는 사실은 분명히 인식하는 기사라고 할 수 있었다.

G20 정상회의에 대한 보도 역시 살펴봐야 할 것 같다. 중국의 대표적 인터넷 TV인 CNTV의 2010년 10월 19일 보도를 우선 보자. "G20 정상회의로 한국은 약 276억 달러의 경제 효과를 얻을 수 있을 것이다. 또 국제적인 핫이슈들과 관련한 적절한 협의를 끌어내는 중대한 임무를 맡았다"면서 상당히 긍정적으로 평가한 바 있다. 〈둥팡자오바오(東方早報)〉의 5월 31일자 보도 역시 주목을 요한다. "선진국 대열에 진입하기를 희망하는 한국에 2010년 11월의 G20 정상회의는 큰 전환기가 될 것이다. 분단국으로 놀라운 경제 성장을 이룩한 한국은 국제 사회의 외교 무대에 있어서는 경제력

에 상응하는 주목을 받지 못해 왔다. 그러나 한국은 G20 정상회의를 통해 주요 4강과 다른 국가 간의 교량 역할을 적절히 발휘하면서 성공적으로 주도권을 장악할 것이다. 한국과 중국은 보호무역주의 탈피, 국제 금융 체제 개혁, 세계 경제의 불균형 극복, 수출입 전쟁 해결 등의 문제에서 주장이 비교적 일치한다. 또 핵 확산 금지 등에서도 생각이 통한다. 이 때문에 G20 정상회의에서도 한·중 양국이 완벽한 상호보완 체제를 이룰 수 있다고 믿는다"면서 G20을 통한 양국 관계의 진전을 바란다는 뜻까지 내비쳤다.

오피니언 리더들의 말에서도 중국의 시각은 확인된다. 중국에서도 내로라하는 석학인 후안강(胡鞍鋼) 칭화 대학 국정연구센터 주임교수의 말이 대표적으로 꼽힌다. "G20은 이제 국제 경제 문제를 결정하는 또 다른 상임이사국 역할을 한다. 이런 기구의 정상회의를 한국이 의장국 자격으로 개최하는 것이 놀랍다. 중국은 행동의 폭이 더 넓어진 G20 국제 무대 위에서 앞으로 한국과 협력을 더욱 강화해야 한다"면서 한국을 경이적인 시각으로 평가했다. 심지어 역내 최고의 협력 파트너로 한국이 될 수밖에 없다고 생각하는 듯한 뉘앙스마저 풍긴다.

이처럼 유엔 사무총장을 배출하고 G20 정상회의를 개최한 나라로서 한국을 바라보는 중국의 시선에는 분명 부러움과 기대감이 읽힌다. 또 이런 욱일승천을 바탕으로 경제 분야에서 한국의 목소리가 힘을 얻을 것이라는 데에 대한 우려 역시 조금은 느껴진다. 그러나 역시 전체적인 느낌은 한국이 미국 등 서방 국가 중심이 아닌 신흥 세력, 개발도상국까지 껴안고 조정자 역할을 해 나갈 수 있다는 사실에 대해 중국은 상당 부분 만족하고 기대하고 있다는 것이 아닐까 싶다.

한국은 지난 세기만 해도 분명 마이너 리그에 속해 있었다. 믿을 수 없는 얘기겠지만 중국에서도 한국이 어디에 붙어 있는지 모르는 사람이 있었을 정도였다. 어떻게 보면 철저한 아웃사이더였다. 그러나 한국에 대한 중국의 신뢰 여부와 관계없이 이제 한국은 적어도 중국에 있어서만큼 아웃사이더가 아니라고 해야 한다. 나아가 이 시각은 향후 점점 더 구체적인 형태로 굳어질 것으로 보인다.

최근 중국의 업적에 한국의 눈이 휘둥그레지듯이 중국 또한 이웃의 조그만 나라가 국제조직, 정치경제, 사회문화, 스포츠 등에서 두각을 나타내는 것에 감탄을 금치 못하고 있다. 한마디로 간단한 민족이 아니라는 것이다. 각 방면에서 중국이 발전해 나가는 데 한국의 도움이 필요한 이때, 한국은 중국과 큰 그림을 그리고 큰 딜을 도모하기 위한 국가 전략을 마련해야 한다. 어쩌면 중국이 한국의 통 큰 제안을 기대하고 있을지도 모른다. 그들의 말대로 때를 맞추어 함께 앞으로 나아가야 할 시점이다.

한국의 대통령이 희망이다

솔직히 말해 지금 한국과 중국의 관계는 좋을 까닭이 없다. 이유는 이루 열거하기 어려울 정도로 많다. 2010년 연이어 터진 천안함 침몰 및 북한의 연평도 포격 사건에 따른 외교적 갈등이 첫 번째 이유로 꼽힌다. 아무래도 중국이 안으로 굽을 수밖에 없는 팔을 가지고 있다 보니 친미적인 색채가 농후한 한국과 충돌할 수밖에 없는 것이다. 여기에 한국이 일부의 원인을 제공했다고 할 수밖에 없는 반한류 내지는 혐한류 정서 역시 양국 관계에 부정적 영향을 미치고 있다. 하지만 결정적인 원인은 아무래도 대놓고 중국을 자극하는 한국의 행보에 있다고 단언해도 좋다. 2011년 10월 중순 미국을 국빈 방문한 이명박 대통령의 행보를 보면 이 말이 지나치지 않다는 사실은 바로 알게 된다. 당시 이 대통령은 한·미 관계가 FTA 체결로 정치, 군사 동맹과 경제 동맹이 결합된 새로운 형태의 동맹을 형성할 것이라고 기염을 토했다. 그 어느 나라보다 미국을 견제해야 하는 입장인 중국으로서는 기가 막힐 발언이었다.

게다가 그는 이 말을 한 다음 즉각 예정에도 없던 펜타곤을 방문해 리언 패네타 국방장관과 마틴 뎀프시 합참의장, 육해공 참모총장 등 미군 수뇌부로부터 한반도 안보 상황에 대한 브리핑을 받았다. 한국 입장으로서는 "예정에 없던 일로 극히 이례적이다. 미국이 상당한 호의를 베푼 것이다"라고 호들갑을 떨지 모르나 중국과 입장을 바꿔놓고 생각하면 확 달라진다.

이 대통령은 이 정도에서 그치지 않았다. 결정타는 〈워싱턴포스트〉와의 인터뷰에서 한 발언이었다. 중국 견제를 위한 미국의 개입을 강조한 것이다. 발언 수위가 엄청난 만큼 정확한 내용을 한번 봐야 할 것 같다. "아시아 국가들이 중국과 그 어느 때보다 긴밀한 경제적 관계를 발전시켜 나가는 것은 이해할 수 있다. 또 불가피하다. 그러나 아시아 국가들은 세력 균형, 평화, 안보 이런 것들을 생각하기 때문에 아시아에서 미국의 역할에 대해서도 긍정적으로 생각하고 있다. 실제로 아시아 국가들은 경제적으로 협력을 강화해 나가긴 하지만 군사적인 것은 항상 위협을 받았다. 역사적으로도 그렇다. 중국과 이웃 나라 관계에서는 군사적 위협이 늘 있었다. 특히 요새 아시아 각국들은 영토 분규가 있기 때문에 그런 점에서 상당히 중국을 두려워하는 것도 사실이다"라는 내용이다. 누가 보더라도 대통령의 입에서 나와야 할 발언이 아니었다. 자칫하면 중국과 큰 분쟁을 야기할 수도 있는 내용이었다. 발언이 파문을 일으킬 조짐을 보이자 청와대는 부랴부랴 "중국의 약진과 미국의 역할을 설명하는 원론적 발언이었다"는 해명을 했다. 하지만 이미 엎질러진 물이었다. 중국에서도 보도는 그대로 나갔다. 그런데도 이상하게 중국에서는 정부 차원의 특별한 반응이 없었다. 놀라운 일이 아닐 수 없었다. 평소 같았으면 불쾌하다는 반응을 보였겠으나 진짜 전혀 그렇지 않았다. 그 이유는 대략 짐작해 볼 수 있다.

우선 중국이 꾹꾹 참고 있다는 분석을 할 수 있을 듯하다. 참는 자에게 복이 있다고 굳이 성질을 부려 안 그래도 그다지 좋다고 하기 어려운 사이를 더 나쁘게 만들 필요가 없다는 생각을 했을 것이라는 분석이다. 아예 코멘트 할 가치가 없다는 생각도 했을 가능성이 높다. 실제로 중국 관변의 분위기를 보면 이런 정서를 어느 정도 느낄 수 있다. 한마디로 이명박 정부 하에서는 합리적인 대화를 하는 것이 아무 소용없다는 생각을 한다고 볼 수 있는 것이다. 아무려나 중국을 자극하는 한국의 행보가 양국의 관계를 꼬이게 만든다고 해도 틀리지 않는다.

이러니 당연히 미래의 한국 지도자에 대한 기대가 높을 수밖에 없다. 이는 최근 10년 동안의 한국 전·현직 대통령에 대한 중국의 평가 및 논의에서도 어느 정도 가늠해 볼 수 있다.

노무현 전 대통령은 대체로 균형적 실용 외교를 통해 미국, 일본, 중국과 동북아 평화를 위한 통합 질서를 모색하고자 했다. 이에 반해 이명박 대통령은 실용 외교와 자원에너지 외교에 주력했다. 또 아시아 최초로 G20 정상회의를 서울에서 개최하는 등 국가 위상을 나름 높였다. 중국 역시 이런 평가에는 전반적으로 동의한다. 그러나 중국의 언론이나 관계 당국의 말 및 각종 연구 성과 등을 자세하게 들여다보면 뚜렷한 차이를 발견하게 된다. 노무현 전 대통령 시절의 외교 정책에는 호의적인 글이나 말들이 많은 반면 이명박 정부의 그것에 대해서는 불만을 표하는 게 자주 발견되는 것이다. 특히 천안함 사건 이후에는 더욱 그렇다.

2004년 〈신화통신〉은 노 전 대통령이 "한국은 더욱 독립적인 외교 정책을 취해야 한다"고 말한 내용들을 인용하면서 한국이 외교 정책과 안보에 있어 미국 의존도를 줄이고자 한다는 사실을 강조했다. 말이 인용 보도지 노 전 대통령에 대한 무한한 신뢰와 고마움을 표시하는 보도라 해도 과언이 아니었다.

중국현대국제관계연구소 한반도연구실 리쥔(李軍) 연구원의 분석 역시 거의 비슷하다. 2008년 발표한 논문을 통해 "이명박 정부는 한국이 더 넓은 시야를 가져야 한다면서 주도적인 태도가 필요하다고 말한다. 또 한·미 동맹을 한국 외교의 초석으로 삼는다. 전체적으로 볼 때 이명박 정부의 외교는 균형과 자주를 강조하던 노무현 정부와는 다르다. 동맹과 실리를 중시한다"면서 완곡하게 비판적인 시선을 보냈다.

천안함 사건 이후 중국의 변화

천안함 사건이 발생한 이후 중국의 이런 시각은 더욱 확고해졌다. 심지어 미국과 마치 사전에 약속이나 한 것처럼 보조를 맞추는 한국에 상당한 섭섭함을 표시하기도 했다. 서해와 동해에서 예정된 한·미 연합 훈련에 대해서는 아예 격앙된 반응까지 보였다. 심지어 외교부 대변인의 입을 통해서는 공개적으로 반대 의사를 밝히기도 했다. 결정타는 〈환추스바오〉가 날렸다고 해도 좋을 것 같다. 2010년 7월 15일자 기사에서 "노무현 정부는 균형 외교를 했다. 그러나 이명박 정부는 이를 모두 포기해 버렸다. 현재 한국은 정치와 군사적 측면에서 지나치게 미국과 가깝다. 사실 한반도는 냉전의 길을 걷고 있다고 할 수밖에 없다"고 비판한 것이다. 〈환추스바오〉의 비판은 여기서 그치지 않았다. 내친김에 "중국은 한국의 최대 무역국으로 한국 스스로도 자신들의 경제가 중국에 달려 있다고 생각한다. 그러면서 한·미 연합 훈련을 실시하려는 것은 중국에 대해 보여줘야 할 태도가 아니다"라면서 직격탄까지 날렸다. 아예 작심을 한 것 같았다고 해도 좋았다.

물론 중국이 직접적으로 한국의 지도자에 대한 기대를 언급한 평론이나 자료, 고위급 관계자들의 말 등은 쉽게 찾아 볼 수 없다. 일국의 대통령에 대해 논하는 것이 민감한 사안이기 때문이 아닐까 한다. 그러나 위에 언급한 일련의 평가나 보도들을 보면 중국이 한국의 미래 지도자에게 기대하는 점을 어느 정도 유추해 볼 수 있다. 우선 노무현 정부의 대외 정책 기조에 대해 반가운 마음을 표했다는 사실에서 볼 때 중국은 한·미 동맹, 친미를 강조하는 지도자와 정부를 달가워하지 않을 개연성이 농후하다. 따라서 이런 지도자가 나오는 것은 절대 반기지 않을 것이다. 이렇게 하는 것은 동북아 지역에서 중국을 견제하려는 미국을 돕는 꼴이 된다. 말할 것도 없이 중국의 국익에 부합하지 않는다.

중국은 이명박 정부의 실용 외교에 대해 당초에는 적극 지지하는 입장을 표명한 바 있다. 그러다 천안함 사건 이후로 그야말로 확 돌아섰다. 표변했다는 말이 적당하다. 이 점에서 미뤄볼 때 중국은 자국과의 경제적 협력뿐만 아니라 장차 외교 분야로까지 협력을 확대할 지도자를 원할 것이라고 생각해 볼 수 있다. 이 생각은 나아가 중국이 미국의 동북아 지역에서의 영향력 확대를 방지하고, 경제적 협력을 통한 실질적 이익을 확보하는 길을 택할 수 있는 정부가 한국에서 탄생되기를 원할 것이라고 판단하게 만든다. 당연히 한국이 실리를 따르는 실용 외교 노선을 택하든 자주 노선을 택하든 관계는 없다.

또 중국은 한국의 지도자가 외교 무대에서 중국의 지위를 존중해 주기를 간절히 바랄 것이다. 중국에 대한 전면적인 이해와 인식을 가진 인물이기를 바란다는 얘기이다. 이외에도 중국은 미래의 한국 지도자가 중국의 외교 방침과 부합하는 '동북아의 평화와 안정'을 함께 얘기하고 이끌 수 있는 인물이기를 기대하지 않을까 싶다. 어쨌거나 중국은 지금의 한국보다 미래의 한국에 더 희망을 걸고 있다고 볼 수 있다.

한·중 수교 20년을 앞둔 지금 양국은 경제 협력을 중심으로 원만한 관계를 정립해 왔다. 정치안보, 역사문화 차원에서 양국 네티즌의 공방도 있었으나 이는 아주 지엽적인 문제였다. 오히려 이를 통해 상대국을 더 잘 이해하게 되었다. 2012년은 1월 대만 총통 선거를 필두로 러시아 대선, 미국 중간선거, 중국 18차 당 대회, 한국 대선 등 동북아 지역 관련 국가 지도자가 거의 바뀐다. 특히 한·중 양국은 지도자 및 지도부가 새로 교체된다. 향후 5~10년의 한·중 관계는 향후 30년의 한·중 관계를 새로이 정립하는 매우 중요한 시간이 될 것이다. 차기 양국 지도자의 대중 및 대한 관계 설정을 위한 대화와 행보는 동북아 정세 변화에 결정적 역할을 할 것이다.

★

한국을 바라보는 시각 중에 가장 좋은 것은 역시 경제 분야다. 지난 세기 70년대 초반까지만 해도 북한
에조차 뒤지던 나라가 하면 된다는 꾸준한 노력을 통해 세계 10대 경제 대국으로 발돋움했으니 이렇게
생각하지 않을 까닭이 없다. 한때는 벤치마킹해야 할 최고의 모범적인 모델로 생각한 데는 다 이유가 있
었다. 그러나 지금은 아닌 것 같다. 중국 역시 지난 30여 년 동안에 걸친 개혁·개방의 과실을 지금 확실하
게 수확하고 있을 뿐 아니라 한국이 지난 10여 년 동안 많이 헤맨 것이 이런 시각의 가장 큰 이유다. 더구
나 최근에는 산업 기술 측면에서도 중국은 한국을 많이 따라잡았다. 한국 경제를 마치 신처럼 볼 이유가
없는 것이다. 최근 한국 기업이나 경제인들이 중국에 나쁜 인상을 준 것도 거론해야 할 것 같다. 중국이
한국을 더 이상 최선이 아닌 차선의 경제 협력 상대로 보기 시작한 이유는 이처럼 적지 않다. 이제 그 이유
들을 하나씩 살펴보도록 하자.

6장

한국을 반면교사
삼아야 할 것들

이익만 추구하는 철학 없는 기업 정신

1992년 8월 24일 한·중 수교 당시 양국의 관계는 단순한 외교 관계에 지나지 않았다. 남녀 관계에 비유할 경우 그저 알고나 지내는 정도였다고 하면 딱 좋을 듯하다. 그러나 수교 20년을 맞는 지금 양국의 관계는 그야말로 빛의 속도로 발전했다. 이미 연인 관계를 넘어 결혼을 앞둔 예비 부부 같은 사이라고 해도 지나치지 않다. 정치적으로는 다소 후퇴한 느낌이 들지 않는 것은 아니나 경제 관계를 보면 진짜 그렇다. 우선 무역액을 살펴보자. 2005년 1000억 달러를 돌파한 다음 2011년에는 2000억 달러의 벽도 허물었다. 수교 첫해의 63억 달러에 비하면 무려 30배 이상에 이르는 규모이다. 투자 역시 크게 다르지 않다. 중국의 경우는 한국의 최대 투자 대상국이고 한국은 중국의 신흥 투자국으로 떠오르고 있다.

양국은 이에 만족하지 않고 있다. 2015년 양국의 교역량이 3000억 달러를 넘어서도록 노력을 경주하고 있다. 이 규모는 한국의 제2, 제3무역 상대국인 일본 및 미국과의 교역량을 합친 것보다 크다. 이런 추세에 발 맞춰 최근에는 한·중 FTA 체결에 대한 실현 가능성 역시 높아지고 있다. 지금까지 진행돼 온 양국의 협력 과정은 향후 한·중 관계, 더 나아가 동북아 지역의 경제 협력과 교류에도 장밋빛 전망을 하게 해 준다.

그러나 양국 전문가들은 한·중 경제 관계의 발전이 순조롭지만은 않을 것이라는 예측도 내놓고 있다. 그 이유는 이루 헤아릴 수 없이 많다.

첫째 외교 안보 측면에서 한·중 양국의 북한 문제를 둘러싼 국가 전략이 상이하다. 따라서 이로 인해 마찰이 발생할 소지가 많다. 이는 양 국민의 정서로 이어져 민간 경제 협력에도 영향을 줄 가능성이 높다.

둘째, 경제적으로 중국의 대한국 무역 역조가 지속되고 있다. 무역 역조에 관해서는 대체로 비판적인 시각이 많은 것이 현실이다. 우선 베이징 사범대학의 웨이즈민(衛志民) 교수 같은 이의 시각이다. "한국은 중국을 ATM 기계로 본다. 이 말은 절대 농담이 아니다. 중국은 이런 무역 역조 문제에 주의를 기울여야 한다. 그렇지 않으면 영원히 역조는 해결되지 않는다"고 일관되게 주장한다. 웨이젠궈(魏建國) 상무부 부부장 역시 같은 생각을 가지고 있다. 최근 가진 기자회견에서 "한국과의 무역 적자 문제는 정말 심각하다. 이 문제는 반드시 해결해야 한다"는 입장을 밝힌 바 있다.

셋째, 한·중 간의 고구려 역사 귀속 문제 등과 관련한 설전도 무시하기 어렵다. 이는 중국 내의 소수민족 문제와도 직결된다. 또 한국의 국가 정체성에도 적지 않은 영향을 미친다. 이 때문에 양국은 긴장의 끈을 놓지 않고 있다. 이를 지켜보는 양국 국민들 간에도 직간접적인 설전이 오가고 있다. 당연히 이런 분위기는 국민감정으로 전이돼 한·중 경협은 말할 것도 없고 한국 기업의 중국 시장 개척에 영향을 미칠 개연성이 농후하다. 민감한 문제의 점증에 따른 한류의 반한 감정으로의 변화도 꼽아야 한다. 이런 분위기가 중국에 있는 한국 기업과 한국 제품에 대한 반감으로 이어지지 말라는 법이 없다.

한국 기업에 대한 인식 악화는 더 결정적인 요인이라고 해야 한다. 과거 한국 기업은 중국과 중국인들에게 좋은 인상을 줬다. 그러나 지금은 언제 그랬나 싶게 변했다. 단순하게 이익을 추구하는 철학 없는 기업으로 비쳐지고 있다. 얼마나 시각이 나빠졌는지는 2010년 7월 말 둥관(東莞)시 셰강(謝崗)진에서 발생한 사건을 보면 그대로 드러난다. 당시 이곳 인후(銀湖)공업구에 입주해 있던 한국 전자회사인 오진(鎢珍)에서는 중국 기술자인 모(莫) 모씨가 3차례나 기계를 멈추는 일이 발생했다. 그는 그러나 그 사실을 회사 간부들에게 보고하지 않았다. 그러자 한국인 관리자인 길 모 씨가 모 씨를 불러 훈계를 했다. 훈계는 곧 말싸움으로 이어졌다. 또 자연스럽게 간부의 직원 폭행으로 이어졌다. 실제로 언론에 보도된 사진에는 길 씨가 모 씨의 배에 올라탄 채 주먹을 휘두르고 있었다.

폭행을 당한 중국인 근로자 모 씨는 곧바로 병원으로 옮겨져 치료를 받았다. 검사 결과 가벼운 골절상을 입은 것으로 확인됐다. 사건은 그대로 끝나는 듯했다. 하지만 언론에 보도되면서부터 상황이 이상하게 전개됐다. 언론이 일방적으로 한국인 관리자를 비난한 것이다. 상황이 예사롭지 않자 길 씨는 모 씨에게 즉각 사과했다. 이어 1만7000위안을 주는 조건으로 합의했다.

그러나 며칠 후 오진 근로자 300여 명이 간부의 폭행에 불만을 터뜨리면서 도로까지 점거하는 기습 시위를 벌임으로써 사태는 다시 불거졌다. 시위 소식이 전해지자 셰강진 정부 고위 간부들이 현장에 출동해 진화에 나섰다. 또 오진의 한국인 사장 역시 근로자들에게 사과했다. 하지만 100여 명의 근로자는 끝까지 사과를 받아들이지 않았다. 이 사건은 나중에 원만하게 타결됐으나 파장은 컸다. 네티즌이 "한국과의 성전을 벌여야 한다"는 등의 과격한 글들을 올릴 정도였다.

1990년대 한국 기업들은 일본 기업들처럼 중국에 진출할 때 본국 사업본부의 글로벌 생산지 최적화 전략을 중요하게 고려했다. 이 때문에 중국 내수 시장보다 글로벌 시장을 타깃으로 생산이 이뤄졌다. 이에 따라 현지 부품 조달 비율을 높이는 방식으로 이익을 실현하고자 했다. 또 여기에서 발생하는 이익은 대부분 본사로 귀속시켰다. 중국 내 조세 부담을 최소화하는 전략이었던 것이다. 중국은 당시 외국인 투자 유치를 위해 법적, 제도적 정비를 추진했다. 이 과정에서 대부분의 한국 기업도 세제, 토지 혜택 등을 누렸다. 반면 중국 정부는 고용과 수출, 그리고 선진 기술을 배우기 위해 세수입을 포기했다.

그러나 최근 중국의 발전 정책은 자원 동원에 의존한 외연적 성장에서 점차 기술과 창의성이 중시되는 내실 위주의 성장으로 변화했다. 더불어 투자의 양보다 질을 우선하는 정책으로 전환됐다. 저임금 거점을 목표로 진출한 한국 기업들로서는 임금 상승세와 환율 압박에 시달릴 수밖에 없었다. 급기야 중국을 떠나기 시작했다. 기업들이 수익성에 따라 공장을 이전하거나 사업을 전개하는 것은 기업으로서의 당연한 권리다. 하지만 이런 철수 기업들이 합법적인 절차에 따라 중국을 떠나는 것이 아니라 임금을 체불하거나 탈세하는 방법 등으로 무단 철수한다는 것이 문제였다. 기업으로서의 사회적 의무와 책임을 저버린다는 비난에 직면한 것은 당연할 수밖에 없었다. 이렇게 되자 2008년 12월 중국 당국이 이례적으로 칼을 빼들었다. 외교부, 공안부, 사법부 공동으로 '외자 기업 비정상 철수에 대한 공동

지침'을 발표한 것이다. 야반도주하는 외자 기업에 대해서는 "국경을 넘어 끝까지 민·형사상 책임을 추궁하겠다"는 내용이었다.

중국에 있는 한국 기업들의 비도덕적인 기업 행위는 향후 한국 기업들의 중국 진출에 찬물을 끼얹을 위험이 크다. 벌써 이런 조짐이 나타나고 있다. 한국 기업에 취직하는 것이 과거에는 선망의 눈길을 받는 일이었으나 지금은 전혀 그렇지 않다. 다른 좋은 외국 기업에 취직을 하지 못해 마지못해 가는 대안 정도로 평가받고 있다.

현재 한·중·일 3국은 동북아 공동체의 구축에 뜻을 모으고 있다. 이를 위해서는 한국과 중국과의 협력 및 교류 강화가 절대적으로 필요하다. 또 양국이 동북아 공동체의 버팀목이 돼야 한다. 그러나 협력의 심화를 방해하는 제약 요인들이 해결되지 않으면 이런 기대는 요원해진다.

다행히도 양국은 모두 군사적으로 한반도 내에서 군사적 충돌을 원하지 않는다. 경제적으로는 제로섬(zero-sum) 게임이 아닌 상호 보완성에 의한 발전을 원하고 있다. 실제로 중국은 넓은 시장, 풍부한 자원, 경쟁력 갖춘 노동력을 보유하고 있다. 또 한국은 선진 기술과 관리 경험, 세계적인 기업을 보유하고 있다. 인류가 고통 속에서 인류의 번영을 이끌어냈다면 한국과 중국도 산고의 고통을 극복하면서 새로운 발전의 길을 함께 모색해야 한다. 역시 결론은 양국이 관계 발전을 위해 이를 제약하는 요인들을 시급히 해결해야 한다는 쪽으로 나야 할 것 같다.

양국은 외교 안보 트랙과 경제 협력 트랙을 별도로 진행해 정치적 이유로 인해 양국 기업인의 기업 활동이 방해 받지 않도록 주무부서 실무 협의를 통해 법적·제도적 장치를 마련해 나가야 한다. 특히 중국에 진출하는 한국 기업과 기업인들은 중국이 한국과 다르다는 사실을 인지하고 사전 중국 공부와 조사를 철저히 한 후 진출해야 한다. 진출 후에도 합법 경영을 견지하고 단순 이익 추구보다는 중국 사회 혁신에 동참하는 적극적인 참여자의 자세로 기업 활동을 전개해 지역 정부 및 소비자의 존중을 받는 민간 외교 역할까지 다해야 할 것이다.

기업인들의 허풍과 도덕적 문제

중국인들은 허풍에 관한 한 세계적으로 명함을 내밀 만하다. 당장 이백(李白)의 시에 나오는 백발삼천장(白髮三千丈, 흰 머리의 길이가 3000장)이라는 글귀만 봐도 어느 정도인지 잘 알 수 있다. 천하의 맹장인 항우(項羽)를 일컫는 역발산(力拔山), 기개세(氣蓋世)라는 말 역시 비슷하다. 아무리 힘이 세도 그렇지 어떻게 사람이 산을 들어 뽑아버린다는 말인가. 연예계의 분위기도 크게 다르지 않다. 지나치다는 지적을 받고 있을 정도로 허풍의 강도가 무척이나 심하다. 연예계에 입문해 조금 인기가 있으면 주변에서 너 나 할 것 없이 천후(天后)나 천왕(天王)으로 부른다. 이렇게 불리지 않으면 연예 활동에 문제가 있다는 평가를 들어야 할 정도이다.

이런 현상은 여자 연예인들이 더 심하다. 신문이나 방송에 이름이 빈번하게 오르내리면 무조건 천후로 불린다. 언론이 그렇게 부르지 않으면 팬들에게 그렇게 불러달라고 부탁하는 연예인들도 없지 않다. 전체 연예인들의 20~30%가 자칭 타칭 천후로 불린다. 남자 연예인들도 크게 다르지 않다. 배우, 가수 가릴 것 없이 천왕이라는 호칭이 현란할 만큼 많다. 4대 천왕 같은 이름으로 활동하는 무명 언더그라운드 밴드들이 몇십 개에 이른다는 우스캣소리까지 나오고 있다.

군인들의 허풍은 한술 더 뜬다. 2005년 7월 즈음이었다. 당시 국방대학의 방위학원장으로 있던 주청후(朱成虎) 소장은 정부가 마련한 외신기자 회견에 참석해 중국의 입장을 설명했다. 그는 이 자리에서 "미국과 중국이 대만 문제로 군사적 충돌을 하게 되면 중국은 핵무기로 대응할 수밖에 없다. 양국 핵전쟁에서 중국 동부 지역이 폐허로 변하면 미국의 100~200개 도시도 초토화될 것이다"고 호언장담했다. 아무리 중국의 핵전력이 생각 이상이라고 해도 미국 도시 200개 초토화 운운은 확실히 너무 심했던 것이다.

결혼식장을 비롯한 관혼상제의 현장에서도 중국인들의 허풍은 두드러진다. 예컨대 호화 자동차를 가능한 한 많이 동원해 남의 이목을 끌고자 하는 등의 행태를 꼽을 수 있다. 이런 유형의 허풍을 다룬 기사가 일주일이 멀다 하고 언론의 지구촌 화제로 다뤄지는 것은 다 나름의 이유가 있다.

그러나 이런 중국인들도 한국 기업인들의 허풍에는 혀를 내두른다. 예를 들면 이해하기 쉽다. 베이징에서 부동산 사업을 하는 S 씨는 원래 한국에서 운영하던 조그만 사업체가 부도가 나 중국으로 도피한 사람이었다. 당연히 수중에 돈이 많지 않았다. 하지만 그는 진면목을 숨긴 채 한국에서 가지고 온 많은 돈으로 사업을 한다고 큰소리를 쳤다. 심지어 베이징의 명동에 해당하는 왕푸징(王府井)에 대형 쇼핑몰을 건설할 예정이라고 주변 중국인들에게 떠들고 다녔다. 그러나 그의 사업은 아직까지 실행되지 않고 있다. 그를 잘 아는 중국인들은 영원히 사업이 추진되지 않을 것이라고 주장한다. 왕푸징과는 한참 거리가 먼 한인 타운인 왕징에서 조그맣게 운영하는 복덕방의 직원들 임금도 종종 체불하고 있으니까 말이다. 그의 주변 중국인들은 그가 야반도주하지 않는 것이 기적이라고 할 정도이니 더 이상의 설명은 사족이다. 그럼에도 그는 지금도 허풍을 멈출 줄 모른다.

L 씨의 허풍 역시 놀랍기만 하다. 그는 한때 칭다오에서 조그만 봉제 공장을 했다. 그러나 2002년 즈음에 부도를 맞았다. 할 수 없이 베이징으로 흘러든 그는 이때부터 본격적으로 허풍을 치기 시작했다. 곧 한국에서 1000만 달러를 가져와 투자하겠다거나 국내 정치권의 내로라하는 고위층과 막역한 사이라는 주장 등이 이를테면 이런 허풍이었다. 국내 굴지의 그룹인 S사에 자문을 해 주고 1년에 30만 달러를 받는다는 주장은 차라리 애교에 가까울 정도였다. 그러다 그는 최근 진짜 사고를 쳤다. 자신의 인맥을 활용해 한국으로 보내 줄 수 있다는 허풍에 넘어간 수백여 명의 조선족과 한족에게 수수료조로 받은 1000만 위안 이상을 들고 종적을 감춘 것이다. 피해자들은 뒤늦게 그의 허풍에 속았다는 사실을 알고 고소했으나 소용이 없었다.

피터 드러커는 "기업가는 언제나 변화를 탐색한다. 또 이 변화에 대응하고 기회로 활용한다"고 했다. 또 창조 경영 전도사로 널리 알려진 라피 아밋(Raffi Amit) 미국 와튼 스쿨 교수는 "변화를 지향하는 것이 곧 기업가 정신이다. 변화가 시장의 판도를 바꾼다. 경쟁 무대에서 안주하는 순간 뒤처지고 만다"면서 변화의 시대에 대응하는 창조적 기업가 정신의 중요성을 강조했다. 한때 중국인들은 한국의 기업가들이 이런 정신을 가지고 있다고 믿었다. 많은 관심도 보였다. 한강의 기적을 만들어 낸 것은 한국의 기업가 정신으로, 이게 한국의 경쟁력이라고 말했다.

그러나 지금은 단언컨대 이렇게 믿는 중국인은 많지 않다. 자신들보다 더 허풍을 많이 치는 사람이 한국의 기업가들일지 모른다고 생각한다. 특히 중국에 진출한 기업가들에 대해서는 더욱 이런 시각을 가지고 있다.

상황이 이러니 한국 기업인들의 무계획적인 중국 진출과 야반도주에 대해 좋게 평가할 까닭이 없다. 특히 야반도주에 대해서는 그럴 줄 알았다는 반응들이 대부분이다.

중국의 기업 파산은 2001년 거의 정점에 달했다. 이후 지속적인 감소세를 보이다 2007년을 기점으로 다시 큰 폭의 증가세로 전환됐다. 한국 기업들이라고 예외는 아니었다. 문제는 이들의 상당수가 적법한 절차를 거치지 않고 야반도주했다는 사실이다. 어느 정도인지는 한국 기업들이 많이 진출한 산둥성 칭다오 시의 사례를 보면 바로 알 수 있다. 2003년에서 2007년 사이 칭다오에 진출했던 한국 기업은 961개였다. 그러나 이 중 206개 업체는 근로자들에 대한 임금 인상, 세금 우대 혜택 철폐 등의 변화된 상황에 적응하지 못하고 부도를 냈다. 곧 이어 야반도주가 이어졌다. 부도가 난 업체의 근로자들이 한국인 사장이나 간부들을 구금하는 일도 다반사로 일어났다. 중국인 근로자들과 한국인 기업인들과의 전쟁이 따로 없었다.

2011년에는 상하이에서 이런 일들이 벌어졌다. 예를 들어보면 상황이 보통 심각하지 않다는 사실을 알 수 있다. 상하이 쑹장(松江)구에 진출한 장갑 제조업체인 S사는 최근 극심한 경영난으로 근로자들의 임금을 주지 못했다. 결국 견디다 못한 한국인 경영진은 2011년 9월 초 무단 철수를 감행했다. 그러자 직원들이 들고 일어났다. 이들은 지금도 한국인 경영진의 입국과 임금 체불 해결을 요구하고 있다고 한다.

한때 호되게 홍역을 치른 바 있는 칭다오 등의 산둥 지역도 심각하다는 점에서는 크게 다를 바 없다. 현지 교민들은 "제조업 분야의 중소기업 10개 중 7~8개는 문을 닫아야 할 판이다"라고 공공연하게 주장하고 있다.

기업 환경 변화에 따른 기업의 철수는 불가피한 상황으로 봐야 한다. 그러나 야반도주는 문제가 있다. 또 이에 따른 한·중 양국의 경제적, 사회적 파장도 적지 않다. 한국 기업과 기업인들의 이미지가 훼손되는 것은 더 말할 필요도 없다. 허풍을 떠는 것도 모자라 도덕적으로 문제가 있다는 인식까지 심어 주게 되는 것이다.

중국에 진출한 한국 기업인들의 야반도주 등의 추태는 분명 도를 넘어서고 있다. 이래서는 안 된다. 기업과 기업인의 윤리가 더 이상 땅에 떨어지기 전에 해결에 나서야 한다. 그러려면 우선 허풍을 자제하고 실사구시하는 노력이 필요하다. 이럴 경우 무계획적인 중국 진출이나 야반도주 등도 줄어들지 않을까 여겨진다.

한·중 양국은 1992년 수교 이후 경제 협력의 가속으로 상대를 파악할 시간이 별로 없었다. 중국의 발전과 국민경제의 구조조정으로 한국의 1차 대중국 진출 붐은 마무리 단계다. 무분별한 진출은 많은 문제점을 노정시켰으나 중국 내수시장 확대 전략과 함께 진검 승부를 펼치고자 준비하는 한국 기업들엔 반면교사 역할도 했다. 중국 학습 효과와 함께 앞으로는 글로벌 경쟁력을 갖춘 한국 기업들이 철저한 사전 탐구 조사를 마친 후 2차 중국 공략을 준비할 것인 바, 최근 몇 년간 발생했던 야반도주와 같은 사례는 급격히 줄어들 것이다.

중진국 신드롬과 경쟁력 약화

과거 한국 경제는 중국에 선망의 대상이었다. 적어도 경제 분야에서만큼은 한국을 배우자는 이른바 'Look East'라는 게 있었다. 지난 세기 말까지만 해도 확실히 그랬다. 언론에는 한국 경제의 부정적인 면보다는 긍정적인 면들이 더 많이 보도됐다. 그러나 지금은 변했다. 한국을 배울 필요가 있다는 식의 보도는 더 이상 나오지 않는다. 한국을 경쟁자로 보는 것 같지도 않다. 최근 상하이를 중심으로 한 이른바 장강삼각주(長江三角洲) 경제권이 조만간 한국을 앞지를 것이라는 보도들이 잇따라 나오는 것을 보면 이런 분위기를 잘 알 수 있다. 이뿐만이 아니다. 한국이 강점을 보유하고 있는 메모리 반도체, LCD 산업에서도 중국은 급격히 한국을 추격하고 있다. 조선 산업의 경우 경쟁력의 3대 지표인 수주량, 수주 잔량, 건조량 등에서 종종 중국이 한국을 앞지르는 성과마저 보이고 있다.

한국은 태생적으로 외부 경제에 크게 의존해야 하는 나라라고 단언할 수 있다. 지리적으로 가장 인접한 중국과 경제 협력에 나서야 하는 것은 필연적인 선택이다. 중국 경제가 발전하면 할수록 중국의 시장은 확대된다. 이는 한국의 제2의 내수 시장 규모가 더 커지는 것을 뜻한다. 하지만 주력 산업인 철강, 석유화학, 반도체, 자동차 등의 경우 중국은 빠르게 기술을 축적하고 생산 능력을 확충하고 있다. 한국을 그야말로 맹추격하고 있다. 이 와중에도 다국적 기업들은 경쟁 업체에 앞서 시장을 선점하기 위해 기술을 후발국에 이전하는 속도를 빠르게 가져가고 있다. 자연스럽게 중국의 기술 도입과 기술 개발 능력도 갈수록 빨라지는 추세를 보이고 있다. 중국의 현 공업화의 특징은 대부분 개발도상국에서 볼 수 있는 노동 집약, 자본 집약, 기술 집약 산업이 순차적으로 발전하는 방식이 아니다. 동시에 발전하고 있다. 다른 개발도상국과는 달리 노동 집약 분야에서 첨단 기술 분야까지 폭넓은 풀세트(Full set)형 산업 기반을 갖추었다는 특징을 갖고 있다. 또 중국의 상용 기술 수준은 아직 상대적으로 낮으나 원천, 기초 기술 수준이 높은 탓에 한국 등 신흥 공업국에 매우 위협적인 요인이 되고 있다. 중국이 더 이상 한국을 안중에 두지 않는 것이 이상할 리가 없다.

통계에서도 이런 현실은 잘 엿보인다. 한국의 8대 수출 상품의 중국 제품과의 기술 격차가 3.9년에 불과한 것이다. 전국경제인연합회가 최근 20개 민간, 국책 연구소의 경제 전문가들을 대상으로 조사한 결과에 따르면 양국의 기술력 격차는 4년 미만인 것으로 나타났다. 반도체와 자동차가 각각 4.8년, 4.7년인 것이 다행일 정도이다. 이 때문에 향후 이들 수출 품목에서 한국 상품의 글로벌 경쟁력이 중국에 밀려 하락할 것이라는 사실은 굳이 더 이상 설명을 필요로 하지 않는다. 주바오량(祝寶良) 국가정보센터 부주임이 "한국 경제는 배울 점이 많다. 그러나 역시 국가 경제 규모가 작아 발전에 한계가 있다. 또 몇몇 뛰어난 대기업이 있으나 세계 경제를 주도한다고 볼 수도 없다. 기술력도 이제 중국의 추격을 받고 있다"는 평가를 과감하게 내리는 것은 이런 현실을 감안하면 크게 이상할 것도 없다.

중국은 한국의 경쟁력에 대해서도 색안경을 낀 채 보고 있다. 우선 한국 경제의 구조적 약점 중 하나로 대기업에 비해 경쟁력이 많이 떨어지는 중소기업 문제를 늘 거론한다. 중국에는 정부의 민간 기업 육성 정책과 산업 구조의 고도화에 따라 글로벌 경쟁력을 갖춘 중소기업이 향후 많이 출현할 것으로 예상된다. 그러나 한국의 중소기업들은 미래가 불분명한 상태에 놓여 있다. 한국의 중소기업을 연구한 바 있는 왕즈웨이(王志偉) 베이징 대학 경제학원 교수의 말은 그래서 상당히 인상적으로 들린다. "한국 경제는 수출 의존도가 너무 크다. 외부 환경의 변화에 나라 경제가 너무 민감하게 반응한다. 국민 경제에서 대기업이 차지하는 비중도 너무 커 보인다. 또 산업 구조적으로 제조업에 비해 서비스업 발전이 아직 부족하다. 특히 중소기업의 경쟁력이 대기업과 현격한 차이가 있는 것 같다. 향후 중국의 민간 중소기업이 성장하면 한국의 중소기업은 큰 도전에 직면하게 될 수밖에 없다"면서 향후의 상황을 부정적으로 전망했다.

이게 끝은 아니다. 한국 경제가 직면해 있는 가장 큰 구조적인 문제는 현재 한국이 상위 중진국 신드롬을 겪고 있다는 사실이다. 이는 여러 방면에서 확인된다. 우선 잠재성장률이 8%대에서 4%대로 대추락하고 있다. 노동과 자본 등 스톡의 증가율도 정지 상태에 있다. 경제 시스템 내에는 장기화된 비효율 요인 및 비용 요인이 존재한다. 저출산, 고령화로 야기되는 총요소 생산성이 정체돼 있는 것도 문제점으로 봐야 한다.

내친김에 세세한 한국 경제의 약점까지 거론해 볼 필요가 있을 듯하다. 한국은 두 번에 걸친 경제위기를 겪었다. 이로 인해 소득의 양극화 현상은 점점 심화되고 있다. 법과 질서는 상당히 훼손됐다고 해도 과언이 아니다. 여기에 청년 실업 인구가 100만 명을 돌파하고 있다. 하이라이트는 정치권에서 경쟁적으로 재정 건전성에 대한 진지한 논의와 검토보다는 포퓰리즘적 복지 정책의 입안만이 거론된다는 사실이다. 2011년 7월부터 도입된 복수 노조 문제는 또다시 사회 갈등을 야기할 가능성이 농후하다. 복지의 확장기를 앞두고 있는 한국이 겪을 또 한번의 전환기 실패를 걱정하는 것도 같은 이유에서이다.

지난 20세기 중반의 제2차 세계대전 이후 중진국에서 선진국으로 진입한 사례는 도시 국가인 싱가포르를 제외하고는 없다. 그러나 싱가포르는 인구 500만 명의 도시 국가에 지나지 않는다. 아주 예외적이고 특수한 경우다. 이렇게 본다면 그 어떤 나라도 중진국에서 선진국으로 진입한 사례는 없다. 오히려 선진국이던 아르헨티나가 중진국으로 강등된 역사적인 사례가 존재할 뿐이다. 중국이 한국을 다시 보기 시작한 것은 어떤 돌발적인 생각이나 행동이 아닌 것이다.

문제는 중국의 이런 시각의 변화가 한국 기업을 중국 기업의 전략적 파트너로 생각할 것인가에 대한 의구심으로 연결된다는 사실에 있다. 이런 시각은 〈포춘〉이 선정하는 세계 500대 기업으로 부상한 중국 기업들의 현황을 살펴보면 비로소 이해가 된다. 2005년까지만 하더라도 500대 기업의 반열에 진입한 중국 기업은 15개에 지나지 않았다. 그러나 2010년에 43개로 3배 가까이 늘어나더니 지금은 58개로까지 늘었다. 500대 기업의 총 매출에서 차지하는 비중도 놀랍다. 2005년에는 2.6%에 지나지 않았으나 지금은 10%를 가볍게 돌파하고 있다. 이에 따른 후폭풍도 간단치 않다. 한국 기업들이 자동차, 중공업, 전자, 그린, 바이오 산업 등의 글로벌 시장에서 중국 기업과 치열한 경쟁을 펼치고 있는 것이다. 그러나 경쟁은 힘겹기만 하다. 중국 기업들은 정부 지원과 내수를 기반으로 글로벌 입지를 강화하는 반면 한국 기업들은 별로 그렇지 못하다. 최근 아날로그(일본)→디지털(한국)→그린(중국)이라는 등식으로 산업 주도권이 이동할 수 있다는 가능성이 제기되는 데는 다 이유가 있다고 하겠다. 한국을 못 올라갈 나무로 생각하고 선망의 눈초리를 보낼 이유가 없다.

최근 중국 기업들이 글로벌 M&A에 적극 나서면서 한국에 대한 직접 투자액을 적극적으로 늘리는 것은 바로 이런 생각과 밀접한 관계가 있다. 주

중국자본의 한국 직접투자 (FDI)현황							
2008년		2009년		2010년		2011년 1~9월	
투자건수	금액	투자건수	금액	투자건수	금액	투자건수	금액
389	3억3643만 달러	538	1억6050만 달러	616	4억1417만 달러	260	2억5294만 달러

*투자건수와 금액은 투자신고 기준임

로 관련 기술, 한국 내 시장, 브랜드 등의 확보가 목적이다.

현재 한국과 중국의 산업 구조가 보완적인지 아니면 경쟁 국면인지를 명확히 구분하기는 어렵다. 그러나 경쟁 부분이 없다고는 말할 수 없다. 특히 IT 산업 방면에서 중국은 한국과의 경쟁 국면으로 진입하고 있다. 그러나 아직까지 전체적으로는 보완성이 강하다고 봐도 괜찮다. 예컨대 무역 구조에서도 알 수 있듯 중국은 전자제품, 중간재, 원자재 등 상당 부분을 한국에서 수입해 사용하고 있다. 또 LCD 관련 부품을 한국으로부터 수입한 다음 중국에서 조립해 중국 자체 브랜드를 붙여 재수출한다. 아직까지 한국 제품 및 부품에 많이 의존하고 있는 것이다.

그러나 시간이 흐를수록 이런 상황이 계속 이어지지는 않을 것으로 보인다. 중국이 속속 한국의 산업 기술력을 추월하거나 수준이 근접할 가능성이 높기 때문이다. 이 경우 한국과 중국의 경제는 질적인 면에서 완전히 역전될 수 있다. 이 참극을 당하지 않으려면 한국은 한국 경제의 경쟁력에 문제가 있고 약점도 다양하다는 사실을 간파한 중국의 시각이나 생각을 나 몰라라 해서는 절대 안 될 것이다.

개혁·개방 초기 시장과 기술을 교환하는 방식으로 외자를 유치하고 기술을 습득했던 중국이 흘러넘치는 자본에다 정부의 기술 혁신 정책과 대대적인 R&D 투자로 지금은 기술 외자기업의 진입을 사양하고 있다. 한편 노동 집약적 산업을 필두로 진출해 왔던 한국 기업은 퇴출의 기로에 있다. 내수시장 진입을 위한 현지화 가속과 일괄생산 시스템 구축의 진전으로 중국 수입시장에서 한국 제품의 점유율도 점차 낮아지고 있다. 한국이 미래 산업으로 지목한 바이오·생명공학·신재료 등은 중국의 미래 중점 혁신 기술 품목과 겹쳐 시작도 하기 전에 레드오션이 될 지경이다. 향후 한국 경제 발전의 가장 큰 변수는 바로 '고령화'와 '중국'인데 어떻게 중국 시장을 잘 활용하여 한국 기업의 경쟁력을 지속할 것인가 하는 것은 한국의 지속 발전에도 직결되는 팩트이다. 한국 정부는 물론 업계 및 학계 모두 심각한 고민이 필요한 시점이다.

기술 혁신에 대한 투자 부족

중국의 평균적인 과학 기술력은 한마디로 대단하다. 유인 우주선 선저우(神舟) 시리즈 발사에 성공하고 달과 화성 탐사 계획을 세우고 있는 것만 봐도 분명히 알 수 있다. 그러나 일반 산업 분야에서는 이런 기술력이 완전히 발휘되지 않는다. 특히 지난 세기에는 더욱 그랬다. 바늘이나 라면 봉지조차 그럴듯하게 제대로 만드는 것이 쉽지 않았다. 중국이 1970년대 말 개혁·개방 조치를 취한 이후 외국인 직접 투자(FDI)를 환영한 것은 바로 이 때문이었다. 외국 자본도 자본이지만 산업 분야 기술을 너무나도 절실하게 필요로 했던 것이다. 이 결과 1982년 약 4억 달러에 불과하던 외국인 직접 투자액은 1990년대 초부터 급격히 늘기 시작했다. 글로벌 금융위기가 한창 진행 중이던 2009년에는 무려 782억 달러를 유치했다. 2010년에도 상황은 큰 변화가 없다. 1057억 달러에 이르는 외국인 FDI가 밀려들었다. 하지만 최근 들어서는 중국의 외국인 직접 투자 정책에 구조적인 변화가 나타나고 있다. 외자 유치에 대한 긍정적 태도는 달라지지 않았으나 투자의 양보다는 질을 우선시하면서 사업 고도화와 낙후된 지역의 균형 발전을 도모하고 있는 것이다. 한마디로 기술 없는 기업은 사양하겠다는 의중을 가지고 있다고 해야 한다. 이 점에서는 한국 기업들도 예외가 되지 않는다.

　이를 위한 조치들도 속속 취해지고 있다. 그동안 외자 유치를 위해 제공한 각종 조세 우대 정책이 하나씩 폐지되고 있는 것이 그 좋은 예에 속한다. 또 가능하면 외자 유치보다는 자국 기업들의 대대적인 외국 투자를 저우추취 (走出去)라고 부르면서 장려하는 행보도 이런 조치의 일환이라 할 수 있다.

　중국이 이처럼 담대하게 나오는 것은 말할 것도 없이 산업 분야에서도 기술력을 자신하기 때문이 아닌가 싶다. 정말 그런지는 한때 한국이 세계를 주름잡았던 온라인 게임 시장의 상황만 봐도 알 수 있다. 2010년만 놓고 봐도 세계 온라인 게임 시장에서 차지하는 중국의 점유율이 30.4%로 25.9%의 한국을 따돌리면서 독주 체제에 돌입하고 있다. 2011년에도 이 격차는 흔들림 없이 유지된 것으로 추산된다. 그나마 다행인 것은 그래도 한국 게임의 중국 시장 점유율이 여전히 30%를 넘어서고 있다는 사실이다.

　하지만 이런 현실 역시 역전될 가능성이 없지 않다. 중국 게임 업체들이 최근 한국 시장을 본격적으로 공략하고 있기 때문이다. 실제로 중국을 대표하는 텅쉰(騰訊), 쿤룬(崑崙), 더 나인, 성다(盛大) 등은 최근 잇따라 한국 지사를 설립한 데 이어 시장 공략을 위한 신작 게임을 내놓고 있다. 우선 중국 1위 게임 업체인 텅쉰은 2011년 초 5년 만에 한국의 연락사무소를 법인으로 전환하고 게임 서비스에 나섰다. 쿤룬 역시 2011년 6월 법인을 설립하고 한국 내 사업을 시작했다. 온라인 게임 MMORPG '뮤'를 중국에서 서비스하는 더 나인도 한국 지사를 설립하고 게임 서비스에 본격적으로 나섰다. 이외에 성다의 한국 자회사인 액토즈소프트 역시 한·중 합작 온라인 게임 MMORPG 그레이트 마스터를 개발 중에 있다. 중국 게임 업체의 이런 한국 시장 공략은 향후에도 계속될 것이 확실하다. 그동안은 한국

업체에 기술력이 꽤 밀린다고 봤으나 최근 들어서면서 한국 게임도 철옹성이 아니라는 생각을 가지게 된 것이다. 반면 한국 게임의 본격적인 중국 진출은 쉽지 않을 것으로 분석되고 있다. 한국 업체들의 기술력 정도는 가진 업체들이 많기 때문에 과거처럼 한국 게임을 간절히 원하지 않게 됐다고 봐도 좋다.

원전 분야에서도 이런 분위기는 감지된다. 한국은 2010년 초에 아랍에미리트(UAE) 아부다비에서 47조 원에 이르는 원자력 발전소 공사를 수주하는 개가를 올렸다. 이를 계기로 원전이 한국의 새로운 전략 수출 상품으로 떠오르게 됐다. 하지만 수출 시장을 확대하기는 말처럼 쉽지 않다. 원전 선진국들의 견제도 있으나 중국의 원전 기술이 하루가 다르게 발전하는 것과 관련이 있다. 물론 중국의 원전 기술은 분명 한국에 비해 뒤떨어졌다. 그러나 격차는 과거처럼 그리 크지 않다. 압도적이라고 하기 어렵다. 굳이 중국 당국이 한국 업체를 찾을 까닭이 없다. 한국 업체가 중국에 진출한다는 것은 그래서 언감생심이라고 해야 한다.

태양광 산업을 예로 들어보자. 미국 〈뉴욕타임스〉 보도가 현실을 잘 말해 준다. 2010년 10월 12일자에서 "중국 태양광 패널 제조사들이 미국 최대 태양광 시장인 캘리포니아 주에서 40%의 점유율을 기록했다"고 보도하면서 중국 기술력의 성장에 경악했다. 솔직히 미국의 놀라움이 이해가 가기도 한다. 원래 태양광 산업은 미국 실리콘 밸리에서 태동했다. 그러나 중국이 자금력과 노동력을 등에 업고 더 빠르게 성장했다. 오죽했으면 미국 태양광 업체 이노벌 라이트의 콘래드 버크 최고경영자조차 "막대한 정부 보조금, 저리 대출, 값싼 노동력과 규모 등에서 우세를 보이는 중국 업체들과 경쟁하는 것은 불가능하다. 기술 혁신만이 살길이다"고 하면서 중국 기업들의 부상과 함께 각국 글로벌 기업들이 경계를 늦추지 말아야 한다고 경고하고 나섰을까. 이렇듯 중국의 기술력은 철강, 조선, 물류 등에만 머물지 않고 게임, 원전, 태양광 산업 등에서도 한국을 추월하고 있다. 또 일부 분야는 세계 선두를 달리고 있다.

물론 한국의 기술력을 보는 중국의 시각에 대한 반대 의견도 만만치는 않다. 한국이 양적인 분야에서만 뒤처지고 있을 뿐 기술적으로는 그래도 꽤 앞서고 있다는 의견이 많다. 예컨대 조선 산업이 그렇다. 한국의 업계 관계자들은 중국이 수치상으로는 한국 조선업을 앞질렀다고 말하나 기술 면에서는 아직 한 수 아래라고 평가하고 있다. 또 중국의 수주량 수치 대부분은 자국의 수주라면서 그저 수치만으로 세계 시장을 상대로 하는 한국과 비교한다는 것은 아직 섣부른 판단이라고 덧붙이고 있다. 하지만 앞으로 이슈가 될 신성장 산업 분야에서는 이 같은 논리가 맞지 않을지도 모른다. 중국은 후발 주자임에도 불구하고 뛰어난 내수 시장과 정부 부양책에 힘입어 한국을 압박해 오고 있다. 또 더욱 주목해야 할 것은 이른바 과학 기술 분야에서의 대대적인 인해전술이 한국보다 훨씬 앞서 시작되고 있다는 사실이다.

2011년을 기준으로 중국은 미국의 주요 이공계 대학에서 약 1만여 명에 이르는 훌륭한 박사를 양성했다. 반면 미국의 대학에서 과학 기술 분야 박사 학위를 취득한 한국 인재들의 수는 고작 1000여 명에 불과하다. 한국보다 압도적으로 많은 고급 두뇌, 과학 기술 인력을 중국이 배양하고 있다는 사실은 그 의미하는 바가 크다. 대단히 중요한 의미의 경종을 한국에 울리고 있는 것이다. 중국에 기술을 전수하면서 선진 기업 문화까지 덤으로 주던 한국은 이제 중국으로부터 "한국 기술 별것 아니군요!"라는 말을 듣는 시기에 직면했다. 심지어 봉제, 완구 등 노동 집약적인 일부 분야에서는 투자도 별로 반기지 않는다. 완전히 상전벽해가 따로 없다.

앞으로 중국에 진출하려는 한국 기업은 기술 집약적인 분야를 중시하는 중국 정부의 의중을 제대로 파악하지 않으면 안 된다. 또 중국 산업 발전에 도움이 되는 기술과 경영 노하우를 갖지 못한 기업은 환영받지 못할 것이라는 사실도 잘 인식해야 한다. 인접국 일본이 이미 대중국 투자 분야를 노동 집약적, 비용 절감형 투자에서 연구개발 위주의 투자로 바꾸는 것을 참고할 필요가 있다.

중국 정부의 정책 변화에 따른 비즈니스 환경 변화는 이미 중국에 투자하고 있거나 향후 중국에 진출할 계획을 가지고 있는 한국 기업들에는 중요한 변수가 될 수밖에 없다. 투자에 따른 위험을 최소화하고 투자 성과를 최대화하기 위해 정책의 변화 내용에 대한 정확한 분석과 대응 전략을 수립해야 하는 것은 두말할 필요가 없다. 그렇지 않으면 중국 투자는 실패로 돌아갈 것이 명약관화하다. 동시에 기술 없는 기업에 대한 냉대 내지 규제는 법적으로도 모양을 갖춰갈 것이 분명하다. 기술만이 살길이 아닌가 한다.

한국 외교 정책의 중점이 미국에 있는 가운데 앞으로 중국에 기술조차 밀리면 그들의 존중을 받기는커녕 대화의 발길조차 갈수록 뜸해질 것이다. 한국은 다른 것은 몰라도 기술력은 반드시 중국보다 한 발짝 앞서야 한다. 21세기는 국가 간의 기술력, 문화력 싸움이다. 한국은 독창적 기술 확보에 총력을 기울여야 한다. 또 필요에 따라 중국과 협력하여 글로벌 기술 표준을 공동으로 추진, 중국 내수시장은 물론 글로벌 시장도 노리는 큰 포석을 생각해야 한다.

대만이 한국의 대안이다

팔은 안으로 굽는다는 말이 있다. 굳이 시험을 통해 알아볼 필요도 없다. 팔만 부러지는 횡액을 당할 수 있다. 민족은 더 말할 필요도 없다. 남북한이 대치하고 있기는 하나 팔이 안으로 굽는다는 사실은 여러 분야에서 확인된다. 중국과 대만 역시 다르지 않다. "중국인은 중국인을 때리지 않는다"는 불후의 진리가 요즘은 경제 협력을 통해 완전히 현실이 되고 있다. 이대로 가다가는 굳이 통일을 강조할 필요도 없을 듯하다. 경제 통일이 자연스럽게 정치적인 통일로 이어질 가능성이 점증하고 있는 것이다. 더구나 천수이볜(陳水扁) 전 총통이 각종 비리 혐의로 투옥된 이후 국민당의 대항마였던 민주진보당의 인기도 이전만 못하다. 상황이 급변하지 않는 한 다시 국민당 전성시대로 돌아가 대만 독립이라는 말이 수면 아래로 가라앉을 가능성 역시 농후하다. 정치적으로도 중국과 문제될 것이 아무것도 없다는 얘기이다.

중국과 대만의 경제 협력은 2008년 마잉주(馬英九) 대만 총통이 집권하면서 본격화됐다고 해야 한다. 마 총통이 2000년대 이후 지속적인 경제 부진을 타개하기 위해 최대 교역국인 중국과의 경제 교류 확대에 적극 나서면서 양안 협력이 급물살을 타기 시작한 것이다. 이어 2010년 6월 대망의 ECFA도 전격적으로 체결됐다.

ECFA 체결로 양안의 경제 교류는 향후 폭발할 것으로 전망된다. 우선 교역액 규모 2000억 달러 시대가 2~3년 안에 도래할 것이 확실시된다. 2011년 말 현재 1000억 달러 돌파가 유력하므로 이런 전망이 충분히 가능하다. 양안의 상호 투자 역시 봇물 터지듯 이어질 수밖에 없을 것으로 보인다. 특히 대만의 대중국 투자는 완전히 걸림돌이 사라져 빛의 속도로 늘어날 것으로 예측된다.

당연히 이런 분위기는 이해 당사자들의 대대적인 환영을 받고 있다. 베이징 왕징에서 요식업체를 경영하는 한국 출신 화교인 류바오란(劉寶蘭) 씨의 말을 들어보면 어느 정도인지 알 수 있다.

"과거 대만 사람이나 대만 출신 화교는 중국 투자에 조심스러웠다. 공연히 친중 성향이라는 오해를 받기도 했다. 그러나 이제 ECFA의 체결은 이런 부담에서 벗어나도록 해 주고 있다. 대만에서뿐만 아니라 한국에서도 화교들이 투자를 위해 중국을 오가고 있다. 내 주변에서도 중국 투자를 계획하는 사람들이 많다. 앞으로는 봇물 터지듯 이어질 것으로 본다."

양안 간 ECFA가 체결된 2010년 6월 29일 주한 대만대표부 천융췌(陳永綽) 대표 역시 긍정적인 입장을 굳이 숨기지 않았다. "아시아에 국가 간 FTA 체결로 자유무역지대가 형성되고 있다. 그러나 이 흐름에서 소외된 나라들이 있다. 주인공은 바로 대만과 북한이다. 만약 중국과 ECFA조차 체결하지 못했다면 아마 대만은 주변국으로 전락할 것이다"라면서 중국과의 경제 협력이 대만의 숨통을 열어 줬다고 강조했다.

중국 당국은 말할 것도 없이 대환영한다는 입장이다. 후진타오 주석의 당시 발언을 반추해 볼 필요가 있을 것 같다. "중국이 대만과 체결한 ECFA가 양안 관계 정상화의 초석이 되기를 기대한다. 이는 양안 관계가 새로운 단계에 접어들었다는 신호탄이기도 하다. 향후 양안 관계가 정상화, 제도화되기를 기대한다. 대만 독립 반대와 하나의 중국이라는 원칙하에 정치적 신뢰를 구축하고 민족의 동질성을 강화하자"면서 기대를 숨기지 않았다.

ECFA 체결은 사실 중국이 정치적으로 대만에 안겨 준 선물이라고 할 수 있다. 마잉주 총통이 대만 독립을 천명하지 않은 것에 대한 보은 차원에서 많은 것을 양보했다고 볼 수 있다. 그렇다면 행간에 숨어 있는 또 다른 목적은 없을까 하는 의문이 든다. 확실하게 있다고 단언할 수 있다. 우선 읽을 수 있는 목적이 홍콩과 대만을 포함하는 중화경제권을 가시화하겠다는 야심이 아닌가 한다. 실제로 중국은 대만과 ECFA를 체결함으로써 홍콩과 대만, 마카오를 포괄하는 중화경제권 지대에서 자국의 막강한 영향력을 더욱 확대할 발판을 마련하게 됐다. 아니 더 단정적으로 말하면 중화경제권의 맹주라는 사실을 문서로 확인하게 됐다고 해도 좋다. 북미, EU에 이어 세계 세 번째 거대 시장으로 부상할 것으로 예측되고 있는 대경제권의 맹주 말이다.

한국을 대체하려는 용도로 대만을 활용하겠다는 의도 역시 없다고 하기 어렵다. 이는 대만의 경제 구조가 한국과 상당히 비슷하다는 사실을 감안하면 어느 정도 수긍이 간다. 달리 말하면 중국이 그동안 한국을 대만의 대안 정도로 생각해 왔다는 얘기도 되지 않을까 싶다.

정말 그런지는 삼성경제연구소가 최근 조사한 자료가 잘 설명해 준다. 이에 따르면 2010년 한국과 대만은 중국 시장에서 치열한 경쟁을 벌였다. 양국 공히 대중국 수출 상위 20개 품목 가운데 많은 품목이 겹치는 것으로 분석됐다. 구체적으로 보면 전자집적회로, 액정 디바이스, 화공제품, 전화기 및 기타 송·수신기기 부품 등 한국의 대중국 수출에서 60%를 차지하는 14개 품목이 중복 경쟁을 벌이고 있는 것으로 나타났다. 특히 플라스틱 등 석유화학 제품과 전자집적회로, LCD 등 분야에서는 더욱 치열한 경쟁을 벌인 것으로 확인됐다.

이 사실은 한국과 중국의 관계가 삐걱거릴 경우 중국이 언제든지 수입선을 대만으로 돌릴 수 있다는 사실을 분명히 말해 준다. 칼자루를 잡은 중국이 여차 하면 대만을 한국의 대안으로 활용할 것이라는 전망은 이제 단순한 전망이 아닌 셈이다.

이런 전망은 2010년 6월 대한상의가 국내 제조업체 615개사를 대상으로 실시한 '최근 경제 현안에 대한 기업 인식 조사'의 결과에서도 여실히 드러났다. "중국·대만 ECFA 체결로 위기감을 느끼고 있다"고 답한 기업이 전체의 25.4%에 이르렀다. 이는 대중국 수출 기업의 무려 40.0%에 달하는 수치이다. 대한무역진흥공사(KOTRA)가 ECFA 체결 당일 언론에 제공한 자료의 내용 역시 크게 다르지 않다. "석유화학, 기계 방직 등 대만과의 경합 분야에서 경쟁력 제고가 시급하다. 대중국 전략을 새롭게 구상해야 한다"는 입장을 밝힌 것이다.

물론 중국이 대만을 한국의 대안으로 적극적으로 활용하려는 조짐은 아직 나타나지 않고 있다. 또 양안의 경제 협력 가속화에 따른 경제적인 피해도 아직 눈에 두드러지게 나타나지는 않은 것으로 조사되었다. 그러나 장기적으로는 아무래도 한국에 불리할 수밖에 없다. 중국 역시 같은 값이면 다홍치마라고 한국보다는 대만 제품에 더 관심을 돌릴 가능성이 높다. 그렇다면 한국이 가야 할 길은 뻔하다. 중국이 대만을 한국의 대안으로 생각하지 못하도록 압도적인 기술력과 품질로 승부해야 하는 것이다. 그러나 아쉽게도 현실은 그렇지 못한 듯하다. 중국이 대만을 한국의 대안으로 더욱 확실히 생각하고 이를 행동으로 옮길 경우 한국 경제의 위기는 예상보다 커질 수 있지 않나 보인다.

그러므로 한국은 더욱더 기술 혁신을 위한 고삐를 늦추어서는 안 된다. 사실 기술이라는 게 조그만 차이로도 접목해 사용하는 제품의 독자성을 유지할 수 있다. 아직까지는 한국이 대만보다 기술력에 앞서 있으며 제조업 기반과 기술 인력 측면에서 강력한 경쟁력을 보유해 대만 기업이 중국 내수시장을 놓고 한국 기업과 한 판 승부를 벌일 수 있는 단계는 아니다. 중국은 경제 협력을 통한 대만과의 협력으로 대륙에서 돈을 벌어가는 대만 기업과 대만인들이 많아질수록 대만 독립에 관한 목소리는 줄어들 것이며 이는 시간은 걸리지만 미국과 마찰을 피하면서 대만과의 교류를 강화할 수 있는 매우 유용한 전략으로 보고 있다. 양안 간의 경제 협력이 심화되면서 대만 기업의 기술 혁신에 대한 열정과 동력이 둔화될 수도 있어 한국이 기술 경쟁력만 유지한다면 중국 내수시장을 충분히 개척할 수 있다.

일본 제품보다 품질이 떨어진다

요즘 중국의 한류는 확실히 주춤하고 있는 느낌이다. 김희선이나 장나라 등은 여전히 여신으로 군림하고 있으나 안티 분위기도 그만큼 농후하다는 것이 아마도 정확한 분석이 아닐까 싶다. 이 점에서는 한국 제품들 역시 마찬가지 아닐까 보인다. 일부 품목은 완전히 광풍이라는 말조차 부족할 정도로 인기를 끌고 있으나 전체적인 평가는 과거보다 확실히 못한 듯하다.

그렇다면 메이드 인 코리아 제품이 어느 정도 수준에 있는지를 우선 살펴보는 것이 순서일 것 같다. 무엇보다 요즘 젊은이들 사이에서 대세가 되고 있는 스마트폰을 먼저 살펴보자. 이 분야에서는 두말할 것도 없이 삼성전자의 브랜드 이미지가 단연 압도적인 명성을 자랑한다. 소비자들은 자국의 ZTE 제품이 있으나 가능한 한 삼성전자 제품을 사고 싶어 한다. 특히 젊은 층은 더욱 그렇다. 이에 대해 런민 대학 중문과의 마샹우 교수는 "워낙 삼성의 브랜드 이미지는 과거부터 좋았다. 일부 반한 감정을 가진 젊은이들조차 삼성이 한국 브랜드인지 모를 정도로 빠져 있다. 굳이 비교하자면 애플급 명성을 자랑한다. 앞으로는 브랜드 이미지가 더욱 올라갈 것으로 본다"면서 삼성전자의 스마트폰이 대세라는 사실을 분명히 했다. 마 교수의 말대로 지금 삼성전자는 세계 최대 스마트폰 시장 중 한 곳인 중국에서 상당히 선전하고 있다. 2010년에는 점유율이 8.8%에 불과했으나 2011년 5월에는 23.5%까지 치고 올라갔다. 이 상태대로라면 2012년 부동의 정상인 노키아를 제치고 30% 이상의 점유율로 1위를 차지할 가능성도 농후하다. 2012년 스마트폰 시장 규모가 8000만 대 규모가 될 것으로 예상한다면 2000만 대 이상 판매할 것으로 예상된다. 한국과는 비교도 하기 어려울 만큼 시장이 훨씬 큰 것이다. 말할 것도 없이 이런 실적 전망은 삼성전자의 브랜드 이미지에 충성하는 소비자 덕택이라고 해야 한다.

이런 압도적 이미지를 자랑하는 브랜드는 또 있다. 바로 설화수다. 설화수 화장품은 그야말로 중국 여성들에게 선풍적 인기를 끌고 있다. 2011년 3월 베이징의 바이성(百盛) 백화점에 처음 입점한 이후 매장이 급속도로 늘어나고 있다. 2012년에는 구입 가능한 지역이 기존의 베이징, 상하이, 톈진 등의 대도시에서 지방 대도시로 확산될 것으로 보인다. 매장 역시 기존의 8개에서 20개 이상으로 늘어날 예정이다. 최근 중국 여성 관광객들이 한국에 왔다는 증거로 너 나 할 것 없이 대량으로 설화수 화장품을 구입해 가는 것은 다 이유가 있는 것이다.

이외에 중국인들은 한국 브랜드 중에서 이슬람권이 2011년 말 수입을 금지한 초코파이, 현대 자동차 등에 비교적 높은 점수를 준다고 보면 되지 않을까 싶다. 그러나 평균적인 메이드 인 코리아의 브랜드 이미지는 메이드 인 재팬보다 떨어지는 느낌이다. 특히 이런 생각은 최종 소비자나 중간 유통상보다는 도매상들이 많이 하는 것 같다. 아무래도 전문가적인 시각을 가진 쪽이 좋게 평가하지 않은 것에서 볼 때 상당히 정확한 평가라고 해야 할 것이다. 당연히 이유가 무엇인지 답을 찾지 않을 수 없다. 우선 기업들이 한류의 유행에 너무 안주한 채 브랜드 이미지 제고에 노력하지 않은 사실을 꼽아야 하겠다. 사실 그동안 한국 제품의 중국 진출은 상품 자체의 품질보다는 메이드 인 코리아에 안주했다고 해도 과언이 아니었다. 한류가 주춤하면서 동시 퇴조의 운명을 받아들이지 않으면 안 된 것이다.

말할 것도 없이 제품 자체의 브랜드 수준에도 문제가 있다. 또 중국 소비자들의 변화를 한국 기업들이 읽지 못했다는 사실 역시 거론해야 할 듯하다. 전자는 몰라도 후자는 충분히 개선이 가능했다는 점에서 아쉬움이 많이 남는다.

현실이 이렇다면 한국의 대중 무역 흑자는 폭발적으로 늘어나지 않아야 정상이다. 그러나 통계는 그렇지 않다는 사실을 무언으로 보여준다. 2010년의 경우만 봐도 한국의 대중 무역 흑자는 전년 대비 40%나 증가한 452억 6000만 달러를 기록했다. 사상 최고치였다. 2011년에도 대략 비슷한 규모로 늘어날 것으로 가정하면 대략 600억 달러 이상의 흑자는 가능할 것으로 분석된다.

중국의 막강한 경제력이나 수출 경쟁력에 비춰보면 너무나 이례적인 이런 결과는 사실 어제 오늘의 일이 아니다. 양국이 수교하던 1992년을 제외하고는 줄곧 한국이 무역수지 흑자를 기록하고 있다. 2011년에 이어 2012년에도 천문학적인 적자가 예상되고 있으므로 무려 20년 동안이나 적자를

자료: 한국무역협회 (단위: 100만 달러)

년도	수출		수입		수지	
	금액	증가율	금액	증가율	금액	증가율
1998	180,515,543	–	140,385,350	–	40,130,193	–
1999	196,176,531	8.7%	165,779,093	18.1%	30,397,438	–
2000	249,239,664	27.0%	225,095,142	35.8%	24,144,522	–
2001	266,661,113	7.0%	243,567,050	8.2%	23,094,063	–
2002	325,642,067	22.1%	295,302,905	21.2%	30,339,162	–
2003	438,472,557	34.6%	413,095,616	39.9%	25,376,941	–
2004	593,647,174	35.4%	560,811,175	35.8%	32,835,999	–
2005	762,326,760	28.4%	660,221,766	17.7%	102,104,994	–
2006	969,323,615	27.2%	791,793,900	19.9%	177,529,715	–
2007	1,228,155,477	26.7%	956,291,491	20.8%	271,863,986	–
2008	1,428,869,189	16.3%	1,131,468,686	18.3%	297,400,503	–
2009	1,200,362,414	-16.0%	1,000,578,478	-11.6%	199,783,936	–
2010	1,168,370,000	-2.7%	715,730,000	-28.5%	452,640,000	
2011(1월~09월)	995,420,000	-14.8%	650,750,000	-9.1%	334,670,000	–

대중국 무역 수출입 총괄

보게 되는 진기록을 세우게 된다. 당연히 중국으로서는 이런 무역 불균형의 시정을 요구할 수밖에 없다.

그러나 현재 상황에서는 무역 역조의 시정이 쉽지 않다는 게 일반적 분석이다. 중국의 무역 적자 구조가 한국의 대일 무역 역조 구조와 별반 다를 바 없는 까닭이다. 중국은 지난 20년 동안 한국에 기초 제품 내지 부가가치가 낮은 자원 집약형과 노동 집약형 공업 제품 등을 수출했다. 반면 한국으로부터는 소재, 부품 등 기술 집약형과 자본 집약형 중간재 제품을 위주로 수입했다. 기술 단계의 차이에서 비롯된 상품 교역 규조가 역조 현상을 나타낼 수밖에 없게 돼 있는 것이다. 그럼에도 중국은 무역 적자가 한국의 구조 개선 노력 부족이라는 편견을 버리지 않고 있다. 한국이 일본에 그러듯 한국에 줄기차게 무역 흑자 축소를 요구하는 것은 바로 이 때문이다.

물론 중국도 나름의 노력을 기울이지 않는 것은 아니다. R&D(연구개발) 투자 강화와 기업의 기술 추격에 의해 중간재 중심으로 거래되던 한·중 간의 교역 구조를 최근 들어 개선 중이다. 이를테면 수출과 수입 모두 저위 기술 제품의 비중은 크게 하락하는 대신 중·고위 기술 이상 제품은 늘어나고 있다. 앞으로 중국의 대대적인 기술개발 정책과 기업들의 약진이 이어질 경우 중국의 수입 시장에서 차지하는 한국 제품의 비중이 줄어들면서 한국의 대중 무역의 흑자 폭은 점차 줄어들 가능성이 크다. 심지어 한국이 적자를 기록할 수도 있다.

그러나 중국도 현실은 인정해야 한다. 한국이 대일 무역 역조 개선을 위해 온갖 방법을 다 강구하듯 가능한 노력을 다 경주해야 한다. 역조가 한국 때문이라는 편견에 사로잡혀 있으면 정말 곤란하다. 이럴 경우 역조 개선에 들어가는 시간만 공연히 길어질 뿐이다. 더불어 대체로 한국 기업에 책임이 더 많은 한국 제품 브랜드에 대한 편견까지 줄인다면 더욱 바람직한 양국의 경제 협력이 이뤄지지 않을까 보인다. 편견을 버리면 새로운 세상이 보이고 경쟁력이 높아진다는 말은 결코 빈말이 아니다.

한국의 국가 인지도 프리미엄이 선진국보다 떨어지는 가운데 중국의 발전과 시장 및 소비자 성숙에 따라 한국 기업들은 제품 품질, 디자인에 더욱 심혈을 기울여 브랜드력을 키워 나가야 한다. 글로벌 분업체계가 가속되면서 향후 소비자들에게는 어떤 국가 제품인가가 중요한 게 아니라 제품 자체의 품질과 브랜드가 중요한 구매 요인으로 작용할 것이다. 메이드 인 코리아가 아니라 메이드 인 삼성, 메이드 인 현대 등으로 소비자에게 각인될 것이다. 또한 한류는 급변하는 중국에서 하나의 지나가는 바람에 불과한 비주류 문화다. 한류가 중국 청소년들의 한국산 제품 구매 행위에 영향을 미친다고 볼 수 없다. 한류를 즐기던 젊은이들이 결혼하고 성인이 되면 이들이 즐겼던 한류는 비주류 문화, 심지어 하류 문화로 남게 될 뿐이다. 제품 개발은 등한시한 채 한류에 묻어가려 한다면 큰 코 다치게 될 것이다.

경제 협력 카드는 한국 옥죄기 카드

중국은 지난 수십 년 동안 자신들만의 정책과 전략으로 나라를 강국으로 회생시켜 온 경험이 있다. 이를 위해 우선 공산당의 강력한 영도 하에 중앙정부와 지방정부가 의사 결정의 중심에 섰다. 이어 홍색 자본가라고 불려도 좋을 기업가들이 전면에 나서 경제의 고속 발전을 이끌어왔다. 무려 30여 년 가까운 세월을 이렇게 했다. 사실 아무리 체력이 좋아도 줄기차게 뛰는 것은 쉬운 일이 아니다. 적어도 그 장구한 세월 동안 한두 번은 헛발질해야 하는 것이 정상이다. 세상에 끝나지 않는 잔치는 없다는 말은 그래서 누가 뭐래도 불후의 진리라고 생각한다. 중국 역시 이런 늪에 빠져 들어갈 뻔한 적이 있었다. 2000년대 초반의 IT 거품이 폭발할 때였다. 그러나 다행히 이 거품은 중국 경제에 트라우마를 크게 남기지 않은 채 조용히 끝났다. 일각에서는 거품이 폭발하지도 않았다고 할 정도였다. 중국으로서는 정말 운이 좋았다.

중국의 운은 최근까지도 이어지는 것 같다. 미국에서 촉발된 금융위기로 인해 중국을 축으로 하는 동아시아 시대가 성큼 다가왔으니 이렇게 말해도 진짜 무리는 없다. 이뿐만이 아니다. 일본이 잃어버린 10년이 아니라 잃어버린 20년이라는 말을 들을 만큼 헤매고 있는 것도 중국으로서는 호재다. 완전히 남의 불행이 나의 행복이 되는 셈이다. 더구나 중국은 최근 수년 동안의 쾌속 경제 성장을 통해 G2라는 이름으로도 불리게 됐다. 완전히 괄목상대라는 말이 딱 들어맞는 형국이 아닌가 싶다.

확실히 지금의 중국은 과거의 중국이 아니다. 미국에 언제든지 "노!"라고 말해도 이상하지 않게 됐다. 다행인 것은 중국이 이처럼 거인으로 커오는 과정에서 한국과의 관계가 그래도 그렇게 나쁘지 않았다는 사실이다. 내실이 어떨지는 몰라도 어쨌든 공식적으로는 전략적 협력 동반자 관계로 발전했으니까 말이다. 경제 방면의 현실을 보면 정말 그렇다는 말이 절로 나올 정도다. 우선 2004년 이후 중국은 한국의 최대 교역 대상국이 됐다. 또 한국은 중국의 제3교역국이 됐다. 다음으로 구체적인 통계를 봐도 좋다. 한국의 대중 의존도는 2001년 10.8%에 지나지 않았다. 그러다 2003년 15.3%로 대일 의존도(14.4%)를 넘어섰다. 이어 2004년에는 16.6%로 대미 의존도(15.9%)까지 추월했다. 1997년부터 2010년까지의 한국의 대중 누적 흑자를 보면 아예 경이롭기까지 하다. 무려 2117억 달러에 이른다. 여기에 대홍콩 누적 흑자 2443억 달러까지 포함하면 그야말로 입이 벌어진다. 대략 4500억 달러가 된다. 2009년 현재 한국의 전체 수출 규모에서 중국이 차지하는 비중은 25%에 이른다. 또 홍콩은 5%를 차지한다. 한국이 수출 시장의 약 30%를 중국 대륙에 의존한다는 계산이 나온다.

앞으로도 상황은 크게 변할 것 같지 않다. 아니 특단의 대책을 강구하지 않으면 한국 수출의 대중 의존도는 장기적으로 40%까지 늘어날지 모른다.

자료: 관세청 단위: (%)

한국의 국가별 무역의존도

24.42
□

18.38
□

18.43
□

19.91
□

20.53
□

21.1
□

미국

중국

2.90
□

10.80
□

13.18
□

11.39
□

9.71
□

10.1
□

1991(년)　　　2001　　　2005　　　2007　　　2009　　　2010

연간 수출입 총액에서 해당국이 차지하는 비중 〈내일신문〉 2010년 2월 1일자

또 FTA를 체결할 경우 속도가 더욱 빨라질 수도 있다.

의지할 든든한 언덕이 있다는 사실은 나쁠 것이 없다. 위기의 순간 결정적인 도움도 받을 수 있다. 하지만 너무 지나치면 미치지 못함과 같다는 과유불급이라는 말이 있다. 너무 의존하다 돌발 상황이 벌어질 경우 대책이 없어진다. 예컨대 중국의 경기가 좋지 않은 방향으로 흐를 경우를 예상해 보자. 한국 경제가 그대로 발목을 잡히지 말라는 법이 없다. 아니 잡힐 수밖에 없다. 만약 중국 경제가 경착륙으로 인해 경기가 싸늘히 식어버린다고 가정해 보자. 이 경우 중국의 수입은 줄어들게 되는 것이 정상이다. 자연스럽게 한국의 수출은 피해를 보게 된다.

이 단정은 한국의 투자 규모를 살펴봐도 어느 정도 수긍이 간다. 2011년을 기준으로 볼 때 한국의 전체 해외 투자 가운데 중국 대륙에서 이뤄진 비율은 25% 전후에 이른다. 이는 한국 경제가 중국의 경기 변동에 큰 영향을 받게 된다는 사실을 의미한다.

물론 한국 경제의 대중 의존도가 실제보다 과장돼 있다는 일부의 주장이 없지는 않다. 한국 수출의 약 3분의 1 정도가 중국 내 한국 기업이 수입한 것이라는 이유도 그럴듯하다. 또 실제로 상당수 중국 내 한국 기업이 한국

에서 수입한 제품들을 재가공해 수출하고 있다는 사실을 감안하면 틀린 말도 아니다.

수출 경제의 대중 의존도 심화가 바람직하지 않다는 사실은 2010년에 벌어진 중·일 간의 댜오위댜오 분쟁이 무엇보다 잘 말해 준다. 당시 일본은 댜오위댜오에 접근한 중국 선박을 나포한 다음 선장을 구금했다. 이때만 해도 일본의 입장은 강경했다. 선장을 처벌해야 한다는 것이 국민 여론이기도 했다.

그러나 결정적인 순간에 중국은 희토류 대일 수출 카드를 빼들었다. 희토류가 없으면 주력 산업이 굴러가지 않는 일본으로서는 바로 손을 들 수밖에 없었다. 국제 사회에서는 영원한 적도 친구도 없다. 중국이 한국에 이렇게 나오지 말라는 법 역시 없다. 예컨대 한국의 주력 수출품을 전면 수입 거부하는 케이스를 들 수 있다. 현재 상황에서 볼 때 이 경우 중국의 경제 압박 내지 옥죄기 카드는 충분히 위력을 발휘할 것 같다.

사례가 없는 것도 아니다. 2000년 발생한 마늘 파동을 기억하면 딱 좋다. 당시 한국 전역에는 값싼 중국산 마늘이 대량으로 수입됐다. 이 때문에 국내 마늘 농가가 다 죽게 됐다. 이에 2000년 6월 1일 한국 정부는 중국산 마늘에 부과하는 관세율을 30%에서 315%로 무려 10배 이상 올렸다. 중국은 당연히 가만히 있지 않았다. 아니 예상을 뛰어넘는 반격을 가했다. 한국이 관세 인상을 발표한 지 일주일 만에 한국산 휴대전화와 폴리에틸렌 수입 중단을 통보한 것이다. 이렇게 해서 약 110억 원 규모의 중국산 마늘 수입을 저지하려던 한국은 6000억 원에 달하는 휴대전화, 폴리에틸렌 수출에 타격을 입게 됐다. 급기야 한국은 연간 수입하는 중국산 마늘 3만2000톤에 대해 50% 미만의 낮은 관세율을 적용해 수입하기로 결정했다. 사실상 원상

복귀였다. 손 한번 써보지 못한 한국의 일방적인 완패였다.

한국은 중국에 수출 시장만 의존하고 있는 것이 아니다. 국채 시장도 상당 부분 의존하고 있다.

통계를 보면 중국이 넘치는 달러를 풀어 한국 국채 시장의 큰손으로 떠오르고 있다는 사실을 바로 알 수 있다. 2009년 8월부터 2010년 7월까지 1년 동안 사들인 국채가 무려 37억 달러에 이른다. 외국인이 보유한 국채의 10%를 가볍게 웃돈다. 2010년 실적만 보면 룩셈부르크와 미국에 이어 3위에 올라 있다. 2008년까지만 해도 한국 국채에 무관심했던 중국의 이런 변화는 분명 주목할 만하다.

중국의 한국 국채 매입 행보에는 양면성이 있다. 국채를 팔아 부족한 재원을 조달해야 할 한국 정부 입장에서는 매입 희망자가 많을수록 이자 부담이 덜어진다. 일단 좋을 일이라고 해야 한다. 게다가 중국의 외환보유액은 3조2000억 달러에 이른다. 그 누구와도 비교하기 힘든 압도적 세계 1위다. 한국과 비교해도 거의 10배 규모에 이른다. 넘치는 '차이나 머니'를 주체하지 못하는 상황이다. 어떻게든 전 세계를 상대로 활발한 투자 활동을 펴야 한다. 이 때문에 중국이 한국으로 눈을 돌린 것도 미국 국채 일변도에서 벗어나려는 투자 다변화 전략으로 평가할 수 있다. 굳이 색안경을 끼고 볼 필요는 없는 것이다. 하지만 한국 경제의 대중 무역 의존도가 급격히 늘어난 상태에서 한국 국채 시장마저 중국이 좌지우지하면 문제가 없지 않다. 충분히 한국 경제에 적지 않은 압박이 될 가능성이 있다. 최악의 경우 외교 등 비경제 분야에서도 중국의 영향력으로부터 자유롭지 못할 수 있게 된다.

한·중 양국은 지리적 위치로 볼 때 바다를 사이에 두고 가장 근접해 있다. 지정학적으로 유리한 만큼 국제적 협력의 가능성도 높다. 이뿐만 아니라 양국은 문화, 사회 등 다방면에서 많은 공통점과 유사성을 가지고 있다. 상호 간의 벽이 크게 높지 않다는 장점도 있다. 세계 경제에서 동북아시아가 차지하는 비중이 커질수록 한·중 관계의 필요성은 더욱 절실해질 수밖에 없다. 따라서 한·중 양국은 경제, 무역, 금융 등 여러 방면에서 협력을 강화해야 한다. 변화의 속도에 맞춰 새로운 협력 모델을 끊임없이 개발해 내야 한다. 세계 시장에서 협력 파트너가 돼야 한다.

그렇게 되기 위해서는 새로운 협력 관계를 모색하는 것이 필수적이다. 더불어 정치, 경제적으로 높아져만 가는 대중 의존도에 대한 해결 방안 역시 심도 있게 논의돼야 한다.

그래야 비로소 진정한 전략적 협력 동반자로서의 지위를 서로 인정할 수 있게 된다. 사람의 마음은 간사해서 어느 한쪽이 기울면 상대를 옥죄거나 압박을 하게 된다. 그게 이른바 인지상정이다.

중국은 이제 한국 대기업들이 한국의 정치·경제·사회에 미치는 영향력을 알았다. 외교 안보 측면에서는 한국과의 소통이 어려운 가운데 주변국을 자극할 수 있지만 한국 정부에 직간접적으로 영향을 줄 수 있는 경제카드는 많다는 것도 알아가고 있다.

무역 및 금융 협력, 한·중 FTA 추진, 한국 대기업의 중국 사업 인허가 조율, 진입 규제, 세무조사 등 쓸 수 있는 카드가 무척 많아지고 있고 그 사용 효과도 괜찮다는 것을 안다. 향후 한국은 양국의 기업 활동에 정치 문제가 개입하지 않도록 하는 외교 논리를 개발하고 전개해야 한다. 기업은 기업 나름대로 중국 현지에서 합법 경영과 겸손한 자세로 사회 문제를 일으키지 않도록 신중히 처신해야 한다.

3대 가는 부자 없다는 말이 있다. 이 말은 달리 말하면 부자가 망해도 3대는 먹고산다는 말이다. 실제로도 그런 것 같다. 기업은 망해도 기업인은 산다는 말이 있듯 아무리 쫄딱 망해도 바로 길거리에 나앉는 극단적인 사람은 진짜 그다지 많지 않으니까 말이다. 세계적 기준으로 볼 때 한국이 확실한 부자라고 단언할 수는 없을 것 같다. 하지만 아직 1인당 GDP가 5000달러 남짓한 중국의 입장에서 보면 그래도 한때는 잘나가던 부자였다고 해도 크게 틀리지 않는다. 당연히 지금은 이런 시각이 많이 변했다. 충분히 쫓아가는 것이 가능한 상대로 비쳐지고 있다. 물론 아직 완전히 죽지 않았다고 보는 시각도 없지는 않다. 부자가 망해도 3대 간다는 말이 적용될 수 있는 것이다. 더구나 일부에서는 아직 듣고 보고 배울 게 많은 것이 한국 경제라고 보기도 한다. 과연 그런지를 중국인의 시각으로 분석해 보는 것도 나쁘지 않을 듯하다.

7장

한국에 대한
긍정적인 집착

★

중국의 벤치마킹 교과서 한국 경제

흔히들 남의 성공 사례를 자신에게 적용해 대체로 그대로 따라 하는 것을 일컫는 벤치마킹이라는 말을 많이 한다. 말이 그럴싸해 그렇지 사실 이런 행위는 모방이라고 해도 좋다. 직설적으로 말하면 짝퉁을 만드는 행동인 것이다. 그러나 이렇게 하면 실패하지 않을 가능성이 매우 높다. 재수 좋으면 성공의 길로 내달리는 것 역시 별로 어렵지 않다.

경제도 마찬가지 아닌가 보인다. 벤치마킹, 즉 짝퉁을 만드는 데 노력하면 실패를 최소화하는 것이 가능하다. 이 방면에서는 가히 일본이 세계적으로 알아준다. 남의 각종 성공 사례를 그대로 답습, 20세기의 기적을 일궈냈다고 할 수 있다.

한국 역시 크게 다르지 않다. 일본을 찜 쪄 먹는다는 말을 들어도 할 말이 없는 케이스에 속한다. 굳이 다른 사례를 들 필요까지 없을 듯하다. 지금도 각종 제조업 분야에서 벤치마킹이라는 미명하에 짝퉁 만들기가 횡행하니까 말이다. 간단한 사례를 들어보면 알기 쉽다. 세기를 초월해 팔리고 있는 초대형 베스트셀러 새우깡을 비롯해 고래밥, 초코송이 등의 과자들이 대표적이다. 일본 제품을 베꼈다는 말을 들어도 할 말이 없을 만큼 벤치마킹의 정도가 심하다. 예컨대 1971년 출시된 새우깡은 일본 가루비사가 64년 내놓은 '갓파에비센'과 포장지나 모양, 맛이 거의 비슷하다. 고래밥과 초코송이 등도 각각 일본 모리나가사의 '오도또', 메이지사의 '키노코노야마'와 크게 다른 점을 발견하기 힘들다.

명품 짝퉁들 역시 별반 다르지 않다. 한국에서 내로라하는 진짜 장인들까지 스카우트해서 시장을 교란하는 업자들이 적지 않다. 매년 대량으로 명품 짝퉁을 만드는 업자들이 구속되고 하는 게 현실이다.

최근 들어서는 중국이 이 방면에서 단연 세계 최고를 자랑한다. 아예 짝퉁 제조를 의미하는 산자이(山寨, 산적 소굴이라는 의미. 불법적으로 뭔가를 만든다는 뜻도 가지고 있음)라는 말이 고유명사화됐으니까 말이다. 수년 전에는 중국 네티즌에 의해 올해의 유행어로까지 선정되기도 했다.

정말 그런지 한번 살펴봐야 할 것 같다. 우선 짝퉁 오명을 쓰고 있는 한국의 고래밥을 예로 들면 알기 쉽다. 밥고래라는 이름의 짝퉁으로 만들어져 유통되고 있다. 또 스타벅스(Starbucks)는 스타퍽스(Starfucks)라는 기가 막힌 이름으로 벤치마킹되고 있다. 자동차 등에서도 벤치마킹되는 브랜드들은 많다. 심지어 벤츠와 BMW의 장점만을 그대로 디자인한 차도 있는 것이 현실이다. 오죽했으면 중국 전체 GDP에서 차지하는 짝퉁 산업의 비중이 최대 20% 가까이에 이른다는 말까지 있을까.

범위를 넓혀도 중국의 벤치마킹 흔적은 곳곳에서 발견된다. 중국 정부가 야심차게 추진하는 사회, 경제 개발 5개년 계획을 우선 봐야 할 것 같다. 지금은 유명무실해진 한국의 경제 개발 5개년 계획과 전혀 무관하다고 하기 어렵다. 사회 양극화 해소를 위해 최근 더욱 박차를 가하고 있는 신농촌 건설 운동 역시 크게 다르다고 하기 어렵다. 한국의 새마을운동을 모르고 추진한다고 얘기하면 중국에서도 그대로 바보가 된다. 최근에는 아예 중국 각급 농촌의 이 운동 책임자들이 새마을운동을 벤치마킹하겠다고 한국을 방문하는 사례도 잇따르고 있다.

이처럼 중국은 한국이 지난 세기에 각종 분야에서 일본을 따라 했던 것처럼 한국을 상당 부분 벤치마킹했다고 단언해도 틀리지 않다. 중국의 대부분의 경제 정책 역시 그렇다. 한국을 벤치마킹한 것이라는 평가를 들어도 서운해하지 말아야 한다. 이 사실은 이명박 대통령 당선 당시 중국 정부의 특사 자격으로 방한한 바 있는 외교부의 왕이(王毅) 부부장 입을 통해 어느 정도 확인된다. "후진타오 주석 겸 총서기께서 한국이 다시 한번 한강의 기적을 이루기를 기대한다는 말을 직접 전해 달라고 말씀하셨다"는 말을 함으로써 중국이 한국의 발전 모델을 주시하고 있다는 사실을 간접적으로 인정한 것이다. 천상성(陳尙勝) 산둥 대학 교수의 "한국은 전쟁 때문에 미국의 보호를 받았다. 그러다 한강의 기적이라는 천지개벽을 이뤄냈다. 지금은 활기가 넘치는 사회로 우뚝 섰다"는 평가 역시 뉘앙스가 크게 다르지 않다. 학계에서도 한국 스타일의 발전 모델을 주목하고 벤치마킹에 신경을 쓴다는 뜻으로 풀이할 수 있다. 사회과학원 라틴미주연구소의 장융(張勇) 연구원은 아예 대놓고 중국의 벤치마킹을 솔직하게 인정한 케이스다. 2010년 7월 16일 〈런민르바오〉를 통해 "한국은 일본처럼 12년 만에 중진국의 소득 함정에서 모두 벗어났다. 중국은 한국의 이런 경험을 잘 배워야 한다"면서 중국이 늘 한국을 지켜보고 있다는 사실을 숨기지 않았다.

상황이 이러니 개혁·개방 정책 실시 이후 지난 30여 년 동안에 걸친 경제 발전 노정이 마치 한국의 데자뷰처럼 보이는 것도 무리는 아니다. 펄쩍 뛸지도 모를 중국인이 있을지 모르니 한번 살펴봐야 할 것 같다. 주지하다시피 중국이 이른바 '덩샤오핑 노선'을 공식 천명한 것은 1978년 12월의 당 11기 중앙위원회 3차 전체회의에서였다. 이후 후속 조치로 광둥성과 푸젠(福建)성에 선전, 주하이(珠海), 산터우(汕頭), 샤먼(廈門) 등 4개 경제특구가 설치됐다. 언뜻 보면 한국과 별로 관계가 없는 것 같다. 그러나 전문가들에 의하면 그렇지 않다고 한다. 한국이 실시해 성공을 거둔 마산과 익산 수출자유지역모델을 상당히 많이 참고했다는 것이 정설이다. 특히 마산의 경우는 덩샤오핑이 직접 벤치마킹하도록 지시한 모델로 알려지고 있다. 이에 대해서는 베이징 대학 김경일 교수의 말을 들어봐야 고개가 끄덕여지지 않을까 싶다.

"일본의 개화는 멀리 거슬러 올라가면 도쿠가와(德川) 막부에 의해 1636년 나가사키(長崎) 앞바다에 축조된 데지마(出島)라는 인공 섬의 운용 성공과 밀접하게 연결이 된다고 할 수 있다. 이 섬은 훗날 대서방 창구가 돼 일본이 개국하기까지 200년 넘게 존속했다. 일본 문명의 개화에 결정적인 기여를 한 것이다. 한국의 박정희 대통령은 이 데지마를 마산 수출자유지역의 모델로 벤치마킹했을 가능성이 높다. 또 덩샤오핑은 데지마만큼 성공한 것으로 평가받는 마산 수출자유지역을 분명 염두에 뒀을 것이다. 개인적으로도 그렇게 들었다. 결론적으로 덩샤오핑의 판단은 옳았다. 요즘 말로 하면 경제특구는 완전 대박이 났다."

김 교수의 말대로 중국의 벤치마킹은 결론적으로 예상보다 훨씬 대단한 성공을 거뒀다. 4대 경제특구 설치 이전까지 거의 0에 가까웠던 외국인 직접 투자가 1982년 4억 달러를 시작으로 폭발적으로 늘기 시작한 것이다. 이 외국인 직접 투자는 2011년 현재 1200억 달러를 웃돌고 있다. 대박이 아니라고 감히 누가 말할 수 있겠는가.

이 과정에서 바늘 하나 제대로 못 만드는 수준에 있던 중국은 산업 구조도 빠른 속도로 고도화했다. 이후 선진 설비 도입과 R&D 센터 설립을 통해 중국의 전자, 통신, 가전, 자동차 등 일부 산업의 생산 공정과 기술은 세계적 수준에 도달하게 됐다. 역시 한국이 걸은 길을 의도적으로 그대로 따라 걸었다고 해도 지나치지 않다.

외자 유입을 통해 전통적인 제조업을 발전시킨 중국은 이제 신산업 육성 단계로 나아가려는 목표를 내걸고 있다. 자원 동원에 의존한 외연적 양적 성장을 점차 기술과 창의성이 중시되는 내연적 질적 성장으로 전환시키려 하는 것이다. 이를 위해 수년 전부터 생명공학, 정보통신, 신소재 등의 산업에 대대적인 투자도 시작했다. 또 향후 경제 성장에 따른 부의 불균형 문제 해결을 위해 허셰(和諧, 조화) 사회 건설이라는 기치 역시 내걸었다. 마치 한국의 상황을 힐끔힐끔 곁눈질하면서 커닝을 하는 듯한 느낌이 없지 않다. 실제로 허셰 사회 건설 같은 구호는 한국이 추구하는 상생이라는 구호와 마치 일란성 쌍둥이 같은 느낌을 주기도 한다.

미시적으로 들어가도 벤치마킹은 경제 현장 곳곳에서 이뤄지고 있다고 해야 할 것 같다. 부동산 정책이 대표적으로 그렇다. 예컨대 반값 아파트인 징지스융팡(經濟適用房)은 확실히 한국의 임대 아파트나 보금자리 아파트를 벤치마킹했다고 봐야 한다. 이에 대해서는 베이징의 부동산 업자인 허신(何新) 씨의 말을 들어보면 명쾌해진다.

"중국에는 사실 부동산 정책이라는 것이 특별하게 없었다. 과거에는 주택이라는 것이 이른바 푸리펀팡(福利分房, 복지 정책에 따른 주택 배분 방식)에 따라 거의 무상으로 공여되는, 상품이 아니었던 탓이다. 그러나 지난 세기 말부터 주택은 상품이 됐다. 시장이 형성된 지 얼마 되지 않은 것이다. 그러다 보니 정책이라는 것도 많지 않았다. 당연히 정부와 업계에서는 부동산 정책에 관한 한 일가견이 있는 한국을 벤치마킹하기 시작했다. 그래서 나온 상품 중에 하나가 이른바 징지스융팡(經濟適用房, 저렴한 국민 아파트)이라는 것이다. 확실히 한국의 반값 아파트와 같은 개념이라고 보면 된다."

기업들이 추진하는 국제화는 더 말할 필요가 없다. 대표적인 대상 기업은 삼성전자라고 단언해도 괜찮다. 추종 기업은 중국의 다국적 기업을 꿈꾸는 TCL, 롄샹(聯想, 레노보), 하이얼(海爾) 등을 꼽을 수 있다. 기업 관리, 브랜드 확장 방식 등의 측면에서 삼성전자를 모방하면서 국제화를 적극 추진하고 있다. 리둥성(李東生) TCL 회장의 말을 들어보면 어느 정도 감을 잡을 수 있다. "삼성을 학습 및 모방의 표본으로 삼아야 한다. 삼성이 지나간 길은 중국의 동종 기업들이 앞으로 5년 동안 반드시 직면하게 될 문제이자 표본이라고 해도 괜찮다"면서 벤치마킹 시간표까지 제시하는 것으로 알려지고 있다.

금융 부문이라고 예외는 아니다. 아니 금융이라는 개념이 다른 경제 분야보다 더 늦게 도입됐다는 사실을 감안하면 아마도 가장 적극적인 벤치마킹 대상은 바로 이런 부분이 아닌가 보인다. 2010년 7월 한국 기획재정부의 채권 담당 책임자들이 중국을 방문한 것을 보면 이 단정이 과언이 아니라는 사실을 바로 알게 된다. 더구나 이 방문은 중국 정부 요청에 의해 이뤄졌다. 당시 중국 측에서는 경제 부총리급 인사가 설명회에 직접 참석할 만큼 관료 대부분이 많은 관심을 보였다.

후진타오 주석은 학구적인 것으로 유명하다. 2002년부터 중국의 청와대에 해당하는 중난하이(中南海)에 정치국 멤버들을 중심으로 하는 스터디 그룹을 만들어 연간 8~10회에 이르는 토론회를 지금까지 개최해 오고 있다. 지금은 아예 정례화가 돼 있다. 시진핑 부주석이 집권해도 이 모임은 계속 이어질 가능성이 높아 보인다.

그렇다면 과연 이 스터디 모임에서 후 주석이 한국 경제를 벤치마킹하는 일이 일어나고 있을까? 단정은 못하겠으나 충분히 가능성은 있다. 개연성을 말해 주는 그의 발언도 없지 않다. 바로 2006년 3월에 열린 전국인민대표대회 석상에서 "한국의 새마을운동을 접목해 신농촌 건설 운동을 추진하자"는 입장을 밝힌 것이다. 이 대회 이후 그는 원자바오 총리 등 당정 및 31개 성시의 최고위급 인사들 200여 명과 합숙하면서 새마을운동의 역사와 성공 요인을 학습하기도 했다. 자신의 말을 그대로 실천에 옮겼다고 할 수 있다. 이로 볼 때 지금도 중국의 각급 관리들이나 기업의 CEO, 일선 실무진이 한국 경제의 벤치마킹에 적극적으로 나선다고 단정하는 건 결코 무리가 아니다.

한국이 과거 미국·일본·독일 등 선진국을 돌면서 국정 운영 및 사회 발전 시스템을 배웠듯이 중국은 지금 한국을 통해 많은 시스템을 취사선택하고 있다. 멀리 갈 것도 없이 자신들보다 조금 앞서 나가는 한국에 자신들이 채택해 적용하기 용이한 시스템이 많다고 보는 것이다. '모방은 창조의 어머니다'라는 구호와 함께 정부 관료, 기업인, 학자 등이 전 방위로 한국을 공적 혹은 사적으로 방문하여 벤치마킹하고 있다. 한국이 각 분야에서 중국 발전의 반면교사 역할을 하고 있는 것이다.

금융위기를 잘 극복하는 능력

중국은 엄청난 인구, 많은 자원에 비해 위기에 너무 취약하다. 역사적으로 봐도 그렇다. 우선 원나라 개국과 관련한 상황을 보면 간단하다. 한족이 똘똘 뭉쳐 단결했다면 한줌도 안 되는 몽골족이 결코 중원을 확고하게 장악하지 못했을 텐데도 현실은 달랐다. 심지어 한족은 원나라가 통치하는 100년 가까운 세월 동안 거의 노예 같은 삶을 묵묵하게 감수했다. 명나라 말기에도 크게 다르지 않았다. 만주족보다 최소 50배 이상 인구가 많았음에도 지리멸렬했다. 10만 대군이 고작 수천 명의 만주족 기병대에 무기력하게 몰살되었던 것이다. 심지어 이 과정에서 한족 장군들이 수없이 만주족에 투항, 창끝을 거꾸로 돌리기도 했다. 도저히 위기를 구할 자세를 갖추고 있지 못했다고 해도 좋았다. 내친김에 19세기 말부터 신중국이 건국되던 20세기의 1949년까지의 기간을 살펴보자. 위기를 막아낼 생각이 있었나 싶을 정도로 완전히 거대한 대륙 자체가 혼란의 도가니 속에 빠져버렸다.

한국도 일제 36년을 경험하지 않았냐고 한다면 별로 할 말이 없다. 중국과 오십보백보라고 해야 한다. 그러나 한국인들이 빼앗긴 조국을 찾기 위해 흘린 피와 간난신고의 역정을 생각하면 조금 달라진다. 굳이 다른 사례를 들 필요도 없다. 상하이 홍커우(虹口) 공원에서 시라가와 요시노리(白川義則) 대장 등 일본의 군부 핵심 인물들을 척살한 윤봉길의 의거만 봐도 충분하다. 국민당의 장제스조차 "중국의 군인 100만 명이 할 수 없는 쾌거를 윤 의사는 혼자의 힘으로 해냈다"고 찬탄했을 정도였다. 이뿐만이 아니다. 일제의 침탈 과정에서 끊임없이 일어난 의병, 독립군, 광복군 등의 저항은 세계 독립운동사에서도 그야말로 획기적인 일로 꼽힌다. 한동안 한국인들의 뇌리 속에 자리잡고 있는 독립군들의 숭고한 투쟁은 더 말할 필요조차 없다. 특히 북간도와 동북항일연군에서 맹활약한 한·일 투사들의 족적은 지금까지 중국인들의 심금을 울릴 만큼 감동적이다.

역사를 거슬러 올라가면 일제 36년에서보다 훨씬 더한 감동을 느낄 수 있다. 한족은 말할 것도 없고 유럽인들도 꼼짝 못한 몽골족의 원나라를 상대로 무려 30여 년이나 항쟁한 고려 삼별초, 임진왜란 때 흔쾌히 목숨을 버린 민초들과 승려들의 스토리는 정말 세계사에서도 유례가 드물다고 할 만큼 감동적이다. 특히 중국사에서는 아무리 눈을 까뒤집고 찾으려 해도 불가능하다.

한국인들이 외환위기 당시 보여줬던 놀라운 위기 극복 노력은 그래서 결코 우연의 산물이라고 하기 어렵다. 당시 미국의 컨설팅 회사인 부즈앨런 & 해밀턴은 '한국 보고서—21세기를 향한 한국 경제의 재도약'에서 한국의 상황을 호두 까는 기계인 '넛 크래커(Nut Cracker)'에 비유했다. 한국이 저비용의 중국과 고효율의 일본으로부터 협공을 받아 마치 넛 크래커 속에 끼인 호두가 됐다는 진단이었다. 아니나 다를까, 국내외 전문가의 한국 경제에 대한 진단과 우려 속에 동남아시아에서 시작된 금융위기는 빠른 속도로 한국으로 전염됐다. 이어 외환위기 파장의 확대에 따른 한국 정부의 대처가 미흡한 와중에 대기업 부도가 그야말로 줄을 이었다. 대기업의 부도 확대는 금융기관의 부실 규모를 더욱 증대시켰다. 더불어 정부의 문제 인식 및 해결 능력에 대한 대외 신인도는 크게 손상을 받았다. 위기의 진전은 금융 시장 안정 대책의 발표로 이어졌다.

급기야 한국 정부는 국제통화기금(IMF)에 구제 금융을 신청했다. 사실상 국가 부도였다. 2011년 하반기부터 본격화한 위기에 헤매고 있는 그리스 꼴이 따로 없었다. 한강의 기적이 끝났다는 자조와 비웃음도 국내외에서 퍼져나가기 시작했다. 미증유의 국가 위기라고 해도 틀리지 않았다. 그러나 한국은 이후 위기에 소리 없이 강한 기적을 보여줬다. IMF로부터 지원받은 195억 달러를 예정보다 무려 3년이나 앞당겨 완전히 상환했다. 공식적으로도 IMF 체제에서 탈피하게 됐다. 모두가 금 모으기 운동, 개혁 공감대 형성, 대외 신인도 회복 등으로 외환이 급속히 확충된 결과였다. 한국의 IMF 위기가 역사상 유례가 없었던 것처럼 당시의 빠른 회복 역시 인류 역사상 처음이었다. 전 세계적으로 긍정적인 평가를 받을 수밖에 없었다.

이런 시각은 지금도 유효하다. 미국의 경제 전문 통신인 〈블룸버그〉의 칼럼니스트 윌리엄 페섹은 세계 금융위기 이후 최근 구제 금융을 받게 된 그리스에 "한국의 외환위기 극복 사례를 배우라. 외환위기 때 한국은 세계 현대사에서 전례가 없는 금 모으기 같은 풀뿌리 캠페인을 벌였다. 이 결과 다른 아시아 국가보다 빠르게 위기에서 벗어났다. 그리스는 한국처럼 허리띠 졸라매기(tighten-your-belt) 캠페인을 벌여야 지금의 악몽 같은 위기를 극복할 수 있다"고 충고까지 할 정도이다. 앤 크루거 존스홉킨스 대학 교수의 말도 대동소이하다. 최근 "1990년대 외환위기를 겪으면서 금융 시스템을 재정비해 급속히 성장한 한국식 성장 모델을 선호한다"면서 한국의 위기 극복 사례가 세계적인 모범이라는 사실을 분명히 했다.

2008년 터진 미국의 서브프라임모기지 사태에서 촉발된 세계 금융위기를 극복한 사례 역시 크게 다르지 않다. 1997년 금융위기 극복과 교훈을 바탕으로 이에 신속 대응해 위기에서 누구보다 빠르게 벗어났다는 평가를 듣고 있다. 〈블룸버그〉, 〈파이낸셜 타임스〉 등 세계적인 경제 전문지들이 최근 한국이 1997년 외환위기 조기 극복의 경험을 살려 글로벌 금융위기에 가장 잘 대처하고 있다는 기사를 게재한 것은 절대로 공치사가 아니다.

당연히 한국의 금융위기 극복 사례는 경제대국으로 떠오르고 있는 중국에도 연구 대상일 수밖에 없다. 그것도 거의 경이에 가까운 눈으로 바라본다고 해야 맞다. 물론 IMF 위기 당시 중국 현지의 시각은 지금과는 180도 달랐다. 한마디로 "별것 아닌 것들이 거들먹거리더니 망하고 정말 꼴좋다"는 게 중국인들의 한국인들에 대한 평균적인 시선이었다. 교민 사회의 분위기도 크게 다를 게 없었다. 중국에 체류하는 한국인들은 자신이 죄를 지은 것처럼 고개를 숙인 채 다녔고 중국인들은 이들을 마치 점령군처럼 바라봤다. 하기야 대기업의 주재원들조차 야반도주하듯 순식간에 짐을 싼 다음 급거 귀국하는 것이 당시의 현실이었으니 그럴 수밖에 없었다. 이에 대해서는 한국 언론사 베이징 특파원 출신으로 현지 언론사 〈베이징 저널〉의 사장 신영수 씨 회고를 들어보면 이해에 도움이 된다.

"IMF 외환위기는 당시 갑과 을의 관계에 있던 한국인과 중국인들의 위치를 바꿔버렸다. 극단적인 예를 들어보자. 당시 한국인들에게 골프장 회원권을 많이 팔던 캐디 출신 중국인 L 씨가 있었다. 그는 캐디 출신이라는 자신의 출신 성분을 너무나 잘 알고 있었다. 큰 욕심도 없었다. 그러나 IMF 외환위기는 그의 인생을 완전히 바꿔버렸다. 그는 자신의 고객들이 갑자기 귀국하면서 골프장 회원권을 싼값에 내놓자 하나 둘씩 사들였다. 전혀 자신의 의지와는 관계가 없었다. 그런데 이게 큰돈이 됐다. 그는 한국인들의 뒤만 따라다니면 돈이 우수수 떨어진다는 사실을 직감했다. 그는 이후 한국인들이 급히 처분하는 골프장, 주택, 자동차 등을 거래해 주면서 엄청난 돈을 벌었다. 거의 줍다시피 했다. 그는 이때 번 돈으로 베이징 교외의 땅을 사들여 골프장을 조성했다. 지금은 골프장 사장으로 변신했다. 그는 지금도 당시를 회상하면서 한국의 IMF 사태가 자신에게는 거의 신의 축복이었다고 되뇌고는 한다."

외환위기 당시 한국인들의 허둥대는 모습을 본 중국인들은 한국이 다시는 재기하지 못할 것이라고 믿어 의심치 않았다. 그러나 그 생각이 틀렸다는 사실은 곧 증명됐다. 지금은 반한 감정을 가진 사람들조차도 외환위기 극복 스토리에 대해서는 찬탄을 금치 못할 정도이다.

요즘 중국의 금융 관계자들은 한국을 자주 찾는다고 한다. 목적은 다양하나 하나같이 벤치마킹하는 것이 있다. 바로 금융위기를 극복한 금융 노하우와 시스템이다. 벤치마킹은 당연히 즉각 정책으로 이어지기도 한다. 과거 한국을 우습게 생각하던 자세는 그 어디에도 없다.

지금 세계는 정보통신 기술이 발전을 거듭하고 있다. 하나의 거대한 통합된 세계로 변해 가고 있다. 2008년 미국에서 불어 닥친 경제위기는 지금 전 세계를 휩쓸아치고 있다. 중국이라고 경제위기에 빠지지 말라는 법이 없다. 이 경우 상황은 중국 국내 경제의 위기에 그치지 않는다. 전 세계의 경제위기로 번질 위험성이 있다. 이 때문에 한·중 양국은 통화 스와프 등 초보적인 금융 협력을 시작했다. 더불어 한국이 겪었던 1997년 금융 및 외환위기와 IMF 체제 경험 역시 금과옥조로 생각하고 이에 근거해 구축했을 법한 시스템을 가동할 태세를 갖추고 있다. 아무리 생각해도 중국은 위기에 소리 없이 강한 한국의 대응 능력을 진짜 높이 평가하는 것 같다.

글로벌 경쟁력을 갖춘 기업의 힘

중국은 태생적으로 세계에서 내로라하는 압도적으로 막강한 기업들을 가지고 있어야 정상이다. 더 나아가 세계 500대 기업 순위를 휩쓸어도 이상할 것이 없다. 그러나 현실적으로는 그렇지 않다. 2011년 현재 석유회사 시노펙이 겨우 5위를 기록하고 있을 뿐이다. 500대 기업의 반열에 들어간 기업 수도 별로 만족스럽지 못하다. 미국의 133개, 일본의 68개보다 못한 61개에 불과하다. 물론 지난 세기 말 500대 기업을 손으로 꼽았던 것에 비하면 이 정도 약진도 대단하다 할 수 있다. 하지만 역시 G2라는 말을 듣는 중국으로서는 아쉬움이 많다.

이에 반해 한국은 세계 경제에서 차지하는 비중에 비하면 중국보다 덩치 큰 기업들이 꽤 많다. 당장 세계 500대 기업 순위에 들어가는 기업이 14개에 이른다. 순위도 예상보다 높다. 삼성전자가 22위, 현대자동차가 55위를 2011년 현재 기록하고 있다. 이 밖에 82위, 161위, 219위, 237위를 각각 기록한 SK홀딩스, 포스코, 현대중공업, GS 등 다른 대기업들의 순위 역시 만만치 않다. 중국으로서는 부러워할 만하다.

혹자는 내실이 중요하지 세계 500대 기업에 포함되는 기업의 수가 뭐 그리 중요하냐고 할지 모른다. 그러나 그렇지 않다. 세계 500대 기업의 순위에 오르는 글로벌 기업을 보유한다는 것은 국가 경제력과 세계 산업에서 한 나라 경제력의 지위를 결정한다. 유엔무역개발회의(UNDP) 같은 경우는 때문에 업종별 세계 상위권 기업 5~10개 보유하는 국가를 선진국 대열에 진입한 국가로 판단하고 있다. 물론 한국의 대기업들은 아직까지 이 기준에 미흡하다. 그러나 한때 동남아 국가보다 못 살았던 나라가 이 정도 성취한 것을 결코 과소평가해서는 안 된다. 더구나 삼성전자를 비롯한 한국 글로벌 기업들은 세계 정치, 문화, 교육 등의 분야에서 덩치에 비해 중국의 글로벌 기업들보다 훨씬 더 큰 영향력을 행사하고 있다. 중국과는 차원이

다소 다르다고 해도 좋다.

이처럼 현실이 현실인 만큼 중국은 강소국 한국의 막강 글로벌 파워 기업들에 대한 관심이 지대하다. 이 말이 허언이 아니라는 사실은 2011년 10월 13일 광둥성 광저우시 톈허(天河)구에 해외 최초로 문을 연 현지 밀착형 기술 지원 센터인 '글로벌 테크니컬 센터'의 존재에서도 알 수 있다. 이 센터는 2011년 3월 단일 기업으로는 최초로 포스코가 광둥성 정부와 체결한 '광둥성 산업 고도화를 위한 전략적 협력사업 이행각서(MOU)'의 구체적인 결과물이다. 포스코가 중국에 판매하는 모든 제품의 연구 개발 단계부터 고객의 니즈까지를 반영한 고객 맞춤형 서비스를 지원하는 역할을 하게 되는 현장이다. 말할 것도 없이 중국의 철강업계가 강력하게 원했기 때문에 설립될 수 있었다. 중국 업계의 목적은 굳이 설명을 필요로 하지 않는다.

포스코 스테인리스 공장이 입주해 있는 장쑤성 장자강(張家港)시가 지난 2009년부터 포항시와 자매결연을 체결해 사회, 문화, 교육 등 다양한 분야에서 교류를 활성화해 오고 있는 것도 크게 다르지 않다. 뭔가를 배워야겠다는 중국 업계와 장가항시의 약속이나 한 듯한 생각이 어우러져 나온 포스코에 대한 배려의 결과라고 볼 수 있다. 이에 대해 포스코 차이나 정길수 사장은 당연하다면서 다음과 같이 부언한다.

"중국의 철강 산업은 생산량 면에서는 한국보다 훨씬 앞서 있다. 또 언제든지 압도적으로 한국을 누르는 것이 가능하다. 그러나 질적인 면으로 들어가면 말이 달라진다. 절대로 한국을 이기기가 쉽지 않다. 이 때문에 늘 벤치마킹 대상인 포스코의 일거수일투족에 주목한다. 앞으로도 이런 노력은 상당 기간 기울여질 것으로 보인다. 중국의 경쟁력 강한 한국 기업에 대한 관심은 우리의 상상 이상이라고 해도 좋다."

이뿐만이 아니다. 중국의 한국 글로벌 기업에 대한 관심은 한국 현지 방문으로도 이어진다. 이 때문에 SK그룹의 경우 매년 중국의 정부 기관이나 기업의 공식 방문단을 최소한 2~3차례 맞는 것이 관행이라고 한다. 방문하는 계열사도 정해져 있다. 세계적 기업으로 커나갈 유망주인 SK에너지, SK텔레콤, SKC, SK커뮤니케이션즈 등 SK그룹의 대표적인 회사들이다. 심지어 자국의 관련 부처 부장에게 "SK와 친구가 되라"고 주문한 것으로 유명한 원자바오 총리는 2007년 한국 방문 때 SK텔레콤 TD-SCDMA 테스트베드를 방문하기도 했다. 당시 그는 신식산업부(한국의 정보통신부에 해당) 부장과 3세대 기술을 이용해 화상 통화를 하는 등 각별한 관심을 기울였다.

당연히 오피니언 리더들도 원 총리와 비슷한 생각을 가지고 있는 듯하다. 예컨대 주바오량 중국 국가정보센터 부주임 같은 경우는 최근 "한국 대기업의 기술 혁신 능력은 대단하다. 현대자동차는 중국에 진출할 초창기만 해도 별 볼일 없을 것 같았다. 그러나 지금은 미국, 독일 차를 위협할 정도로 성장하고 있다"며 한국 글로벌 기업에 대한 중국의 시각을 솔직하게 토로했다.

그러나 중국이 한국 글로벌 기업에 얼마나 관심을 갖는지를 보여준 결정판은 역시 2011년 10월 말 한국을 방문한 바 있는 리커창(李克强) 부총리의 행보라고 해야 할 듯하다. 당시 그는 경제 담당 부총리답게 서울에 발을 내딛자마자 한국의 경제 현황에 많은 관심을 보였다. 서초구 양재동에 자리 잡은 LG전자 서초 R&D 캠퍼스를 방문, LG의 첨단 제품 디자인 및 연구 시설을 시찰한 것은 그래서 전혀 이상한 일이 아니었다. 하지만 그는 현장에 도착해서는 수행한 LG그룹 관계자들을 당황하게 만들었다. 스마트 가전 시스템 등 IT 분야 디지털 컨버전스(융합) 관련 제품에 높은 관심을 나타냈을 뿐 아니라 연구진이 아니면 대답하지 못할 수준의 질문을 퍼부었기 때문이다. 그가 얼마나 LG전자에 관심을 가졌고 사전에 연구를 많이 했는지를 보여준 대목이 아니었나 싶다. 그가 한국에 머무는 동안 줄곧 한·중 FTA의 체결을 들먹인 것은 다 이유가 있었던 것이다.

이런 중국 지도부의 자세는 최근 들어 일반 중국인들의 생각에도 영향을 미친 것 같다. 2010년 10월 상하이 엑스포 한국 기업 연합관이 6개월 동안의 대장정을 마쳤을 때의 통계가 이 사실을 웅변해 준다. 누적 관람객 470만 명을 돌파하면서 외국 기업관 중 방문객 수 1위를 기록한 것이다. 이에 대해 당시 무역협회(KITA) 관계자는 "중국 관람객들의 성향을 고려한 맞춤 기획과 삼성전자, 포스코, 현대차 등 12개 기업이 참여한 기업 주간 활동을 계기로 재미와 감동을 체험하도록 했다. 중국인들의 뇌리에 중국 내에서의 사회 공헌, 친환경, 미래 지향적 첨단 기술 등 우리 기업 이미지를 심어주고 중국 언론과 네티즌으로부터 꾸준히 긍정적인 평가를 받아왔다"고 그 이유를 밝혔다. 그러나 역시 결정적인 이유는 중국인들의 한국 기업에 대한 지대한 관심이라고 단언해도 좋다.

한국 경제가 빛의 속도로 고성장을 구가한 데는 세계적인 기업들의 출현이 결정적 역할을 했다고 말할 수 있다. 중국 정부와 기업, 중국인들은 이 사실을 너무도 잘 알고 있다. 또 이렇게 하는 것이 현재의 중국에는 최선의 길이라는 사실도 모르지 않는다. 중국의 한국 글로벌 기업에 대한 관심은 앞으로도 죽 이어질 수밖에 없다.

중국 정부는 현재 '큰 것은 더욱 틀어쥐고 작은 것은 놓아주는' 방향으로 국유기업과 산업의 구조조정을 추진하고 있다. 즉 공산당의 권력 기반인 전력·통신·석유·식량·은행 등의 국유기업은 더욱 대형화·국제화를 추진하여 중국의 간판 기업으로 키우고 일반 업종의 기업은 자본주의 시장경제

시스템에 맡겨 경쟁력을 키워 살아남는 기업은 지원하고 그렇지 못하는 기업은 도태시키는 것이다. 물론 중국도 민간에서 한국의 대기업과 같이 세계를 휘젓는 기업이 출현하기를 기대하고 있지만 한편으로는 특정 지역에서 민간 기업이 너무 커지는 것도 우려하고 있다. 왜냐하면 이들 기업에 문제가 생기면 지역의 사회 안정에 직접적인 영향을 미쳐 고스란히 공산당의 부담이 되기 때문이다. 체제 특성상 특출한 기업 정신으로 무장한 기업인이 출현하기 어려운 토양이라 앞으로도 한국의 대기업과 같은 글로벌 국제 기업이 나타나는 데는 시간이 걸릴 것이다.

경계의 대상이 아니라 선망의 대상

이명박 대통령은 2010년 9월 13일 삼성전자, 현대자동차 그룹 회장 등 대기업 총수 11명과 청와대에서 조찬 모임을 가졌다. 이 대통령은 이 모임에서 "2008년 하반기 시작된 세계 금융위기를 극복하는 데 있어 대기업이 주도적 역할을 했다. 이런 금융위기를 극복하는 과정에서 한국 기업들은 세계 어느 나라 기업보다 잘해 줬다. 대기업이 정말 애를 많이 썼다"면서 대기업 총수들을 격려했다.

높은 물가, 낮은 경제 성장률 때문에 헤매고 있는 한국의 현실을 생각하면 이 대통령의 이 격려는 지나친 면이 있다 하겠다. 그러나 현실적 통계나 실적 등을 보면 결코 틀린 말은 아니다. 한국 기업들이 최근 들어 일본 기업들의 기존 경쟁 전략과 완전히 다른 패턴으로 단기간에 그들을 능가하는 성과를 거두고 있는 것도 사실이니까 말이다. 단적으로 삼성전자의 케이스를 거론해 보면 알기 쉽다. 소니, 파나소닉 등을 필두로 하는 일본 전자업계의 공룡들을 다 합친 것보다 더 많은 영업이익을 2009년 이후 매년 올리고 있는 것이 분명 현실이다.

이뿐만이 아니다. 한국 기업들은 2008년 리먼 사태로 인한 금융위기가 전 세계로 확산됐을 때에도 적극적 M&A 등의 경영 전략을 통해 해외 경쟁사와 격차를 벌리면서 금융위기를 오히려 기회로 활용했다.

지금도 예외는 아니다. 한국 기업들은 대부분 경제위기 속에서도 유수의 글로벌 경쟁자들을 제치고 시장 지배력을 높여가고 있다. 이는 해외에서 한국 대기업들이 선전하는 모습을 매일같이 세계 각국 언론이 보도하고 있다는 사실에서도 확인된다. 이 점에서는 중국 언론도 크게 다르지 않다. 한국 경제와 기업의 예상보다 괜찮은 행보에 경계보다는 선망의 눈길을 보내고 있다.

현실을 들여다보면 중국이 한국 기업과 경제에 선망의 눈길을 보내는 것도 충분히 이해가 된다. 우선 세계 메모리 반도체 시장의 현황이 그렇다. 한국산 제품이 60%를 점유하고 있다. 스마트폰을 비롯한 세계 휴대전화 시장은 또 어떤가. 삼성전자를 비롯한 한국 기업의 제품이 전체 시장의 30%를 장악하고 있다. 한국을 자주 방문한다는 왕즈웨이 베이징 대학 경제학원 교수가 "한국의 삼성, 현대, LG, SK 같은 대기업의 경쟁력은 정말 대단하다. 중국 현지에서도 이들의 성과는 괄목할 만하다. 특히 한국 대기업의 R&D 역량이 경쟁력의 원천이 아닌가 생각된다. 이 점은 중국 기업이 많이 배워할 부분이다"라고 높이 평가하는 것은 괜한 립 서비스는 분명 아닌 듯하다.

개별적인 언론 보도를 봐도 더욱 이런 기분은 느껴진다. 예컨대 〈신징바오〉 같은 신문은 최근 보도에서 "중국과 같은 개발도상국에서 공업화는 본 질적으로 제조업의 발전을 의미한다. 제조업 분야에서 대기업의 탄생과 핵 심적 역할은 공업화의 결과이자 산업구조 고도화의 중요한 지표라고 해야 한다. 이는 제조업의 기술적 특성상 노동 분업이 발달하고 고정 비용의 비 중이 높아져 규모의 경제가 발생하기 쉬운 자본 및 기술 집약형 산업에서 만이 진정한 대기업이 탄생할 수 있기 때문이다. 지금 중국은 한국을 배우 고 있다. 또 배워야 한다"면서 한국 기업의 약진을 선망의 시각으로 설명한 바 있다.

물론 현재 한국 경제나 기업들의 약진에 대해서는 당연하다는 시각도 전 혀 없지는 않다. 이유는 나름 그럴듯하다. 산업발전 모형(flying-geese model) 에 따르면 이런 얘기가 가능하다. 일본이 선도적인 분야를 개척한다고 치 자. 그러면 한국, 대만, 홍콩, 싱가포르 등이 그 뒤를 따른다. 이어 조금 시 간이 경과하면 아세안(ASEAN) 각국이 뒤를 졸졸 쫓아간다. 더 시간이 지나 면 중국 등 후발국들이 그 뒤를 따르게 된다. 실제로 한국은 1990년대 후반 부터 시작해 10여 년 사이에 일본을 제친 다음 세계 1위를 차지한 산업이 여러 개에 이르고 있다. DRAM 분야에서는 일본이 원조인 미국을 제치고 세계를 제패했지만 1990년대 후반 들어 한국이 1위를 차지한 바 있다. 또 몇 년 뒤 TFT-LCD 분야에서도 한국은 비슷한 방법으로 일본 추월이라는 기적을 일궈냈다.

2000년대 이후에는 조선 산업에서 이런 현상이 나타났다. 한국이 세계 시장 점유율 경쟁에서 일본을 따돌리고 명실 공히 세계 조선 산업의 선두 주자로 나서게 된 것이다. 산업별로는 섬유, 의류, 신발→TV, 가전→철강, 조선→자동차→반도체, 통신 등으로 산업의 고부가 가치화가 이루어졌다고 보면 된다. 이제 이런 상황이 한국과 중국 사이에서 진행되고 있으므로 완전히 틀린 시각이라고는 하기 어렵다. 그러나 아무리 이론이 그렇더라도 실현에 옮기는 것은 쉽지 않다. 한국 경제나 기업들이 올린 실적을 폄하해서는 곤란하다는 얘기이다. 하기야 그러니까 중국이 한국 경제와 기업에 대한 선망의 눈초리를 보내고 있지 않나 싶다.

사실 한국의 경제나 기업은 충분히 선망의 대상이 될 만한 실적을 지난 40여 년 동안 올렸다고 해도 과언이 아니다. 이를 증명하기 위해 쓰레기통에서 장미가 피었다는 아날로그 시대의 전설 같은 말을 들먹일 필요는 없다.

가는 길이 약간 험난하기는 하겠지만 미래도 결코 어둡지 않다. 2011년에 GDP 1조563억 달러로 경제 규모 세계 랭킹 13위에 오른 다음 2015년까지 이 자리를 유지할 것으로 예상되고 있다. 특히 중국의 경우는 국무원 산하 싱크탱크인 사회과학원이 한국의 경제 전망을 긍정적으로 평가하고 있다. 도시 및 경쟁력 연구센터가 독자적으로 계측한 세계 100개국 경제, 문화 등을 평가한 다음 경쟁력 순위를 매긴 '2010년 국가 경쟁력 청서'에서 한국을 4위에 선정한 것이다.

중국인들의 눈에는 한국이 비록 작지만 세계적 경제 대국을 향해 나아가는 강한 국가로 비춰지고 있다는 결론이 충분히 가능하지 않을까 싶다. 또 아마도 이 때문에 최고 지도부까지 나서 FTA 체결을 그토록 열망하는 듯하다.

양국의 경협 심화에 비춰볼 때 솔직히 FTA 체결은 시기가 문제이지 언젠가는 가야 할 길이 아닌가 보인다. 더구나 연구 결과를 살펴보면 FTA 체결은 양국의 국가경제 발전에 긍정적인 영향을 미칠 것이라는 결과가 많이 나오고 있다. 첫째, 양국 간의 무역 장벽이 사라질 경우 지역 내 시장 규모가 확대된다. 이는 경제 성장의 원동력으로 작용할 가능성이 높다. 둘째, FTA

체결은 양국이 공동으로 직면한 경제 구조 조정 비용을 상호 보완 관계를 통해 줄여나갈 수 있게 해 준다. 자연스럽게 경제의 효율성을 제고시키는 결과를 거두게 된다. 셋째, 양국 간 경제 협력이 강화되면 한국의 통일 문제, 중·일 영토 분쟁 등과 같은 지역 안보 문제 해결에 돌파구가 마련될 가능성이 농후해진다. 어쩌면 주객이 전도된다고 해도 좋을 정도의 부대 효과가 아닌가 보인다. 마지막으로 양국 간 경제 연합의 구축은 다변화된 무역 체제 속에서 유럽이나 북미 등 여타 무역 블록과의 협상에서 유리한 조건을 가질 수 있도록 만든다.

양국의 FTA는 구체적으로 추진될 조짐도 보이고 있다. 양국 경제계가 적극 협력하기로 조율하고 있다는 얘기이다. 실제로 장신썬 주한 중국대사는 2010년 4월 "중국 정부는 적극적인 태도로 FTA 체결을 위해 노력할 예정이다"면서 한·중 간의 조속한 FTA 협상의 뜻을 밝힌 바 있다.

한국 입장에서도 중국 내수 시장 개척을 위해선 한·중 FTA가 필요하다. 그럴 수밖에 없다. 모건 스탠리 보고서에 의하면 전 세계 소비 시장에서 중국이 차지하는 비중이 2005년 3.4%에서 2020년 12%로 급증할 것으로 예상되고 있다. 한국이 이를 나 몰라라 하기 어려운 것이다. 더구나 한국 경제의 지속적인 발전을 위해서도 한·중 FTA 조기 체결은 상당히 중요한 의미를 담고 있다. 하지만 현재 분위기만 놓고 보면 FTA를 서두르는 쪽은 역시 중국인 것 같다. 중국이 이렇게 나오는 데는 한국 경제와 기업을 바라보는 눈길이 경계에서 선망으로 바뀐 것이 절대적 영향을 미쳤다고 해도 과언은 아닐 듯하다.

물론 한국과 FTA 체결을 원하는 중국의 의도에 경제적 동기만 있다고 보긴 어렵다. 동아시아 경제 통합에 있어 최소한 일본에만은 주도권을 빼앗기지 않겠다는 의도 하에 한국이 미국에 이어 일본과 FTA를 체결하는 것보다는 먼저 하겠다는 것이다. 조용히 지역주의의 주도권을 장악해 나가는 가운데 해양세력과 대륙세력의 중심에 있는 강력한 인접국인 한국과의 FTA를 서두르는 것은 어쩌면 당연하다고 볼 수 있다. 중국이 이미 체결한 인접국과의 FTA 협정 특성만 보아도 상대국 사정에 따라 협정 수준의 높낮이를 조절하며 대응한다는 것을 알 수 있다. 실제 2006년 한·중 FTA 실무 연구 트랙에서도 중국은 농업 분야에서 양보하겠다는 비공식 의사를 표명한 바 있듯이 한국과의 FTA를 절실히 바라고 있다. 하지만 중국인이 매우 실사구시적이란 것을 잊어서는 안 된다. 외교 안보적 동기 외에 한국과의 FTA는 한국의 기술력, 자본력, 선진 경영 이념 등을 도입할 수 있어 자신들의 국민경제 구조조정에 큰 도움이 된다고 판단하기 때문이다. 그리고 그 사고의 중심에 바로 뛰어난 활약을 보이고 있는 한국 대기업이 있다.

에너지 산업과 녹색 성장의 희망

중국은 한국 경제의 미래를 그다지 나쁘게 보고 있지 않다. 당연히 자국과의 미래 산업 분야에서 협력 가능성이 크다고 높이 평가할 수밖에 없다. 더구나 세계 금융위기 이후의 산업 구조 개편으로 중국 역시 선진국들과 마찬가지로 사활을 건 산업 전쟁을 본격화하고 있다. 신성장 동력 분야에 빠르게 눈을 돌려야 하는 상황이다. 한국과의 긴밀한 협력 가능성에 주목하지 않는 것이 오히려 이상하다고 해야 한다.

묘하게 양국은 약속이나 한 것처럼 미래 산업인 신성장 동력 분야에 적극적으로 눈을 돌리고 있다. 우선 한국은 2009년 1월 국가 과학기술위원회에서 녹색 기술, 첨단 융합, 고부가 서비스 산업 등 3대 분야에서 17개 신성장 동력 산업을 선정하고 집중 육성에 돌입했다. 여기에는 신재생 에너지, 그린 수송 시스템, 로봇 응용, 신소재, 나노, 바이오 제약, 소프트웨어, 녹색금융 등 한국이 기술 수준이나 잠재력, 인력 여건에서 상대적으로 경쟁력을 갖춘 차세대 산업이 총망라됐다. 그 이후 신성장 동력 분야에서 신규 투자만 2009년 6월 기준으로 18조4000억 원이 이뤄졌다.

중국은 한국보다는 다소 늦은 감이 없지 않다. 2010년 10월 18일 폐막된 당 17기 중앙위원회 5차 전체회의에서 신재생 에너지 및 에너지 절감과 관련된 7대 전략 신흥 산업을 적극 육성한다는 방침을 세웠다.

자료: 국가발전개혁위원회의 7대 전략적 신흥 산업(2010. 10. 21)

산업 분야	주요 내용
에너지 절약 및 환경보호	철강재, 건설자재, 공업 분야의 낙후 설비 및 기업 구조조정. 자동차, 가전에 대한 혁신 및 역량 강화 등
차세대 정보 기술	네트워크 설비, 3망(網, 텔레콤, 컴퓨터, TV 네트워크)의 융합, 고성능 집적회로, 첨단 소프트웨어 개발 등
바이오	바이오 농업, 바이오 제조업, 바이오 헬스케어, 광역 단위의 대형 제약사 육성 등
신재생 에너지	태양광, 지열, 풍력, 원자력, 해양 에너지, 바이오 소재, 핵융합 에너지의 발명 및 응용 등
신에너지 자동차	연료전지 자동차, 혼합 동력 자동차, 전기자동차, 수소 에너지 동력 자동차, 태양 에너지 동력 자동차 등
첨단장비 제조	궤도 교통 설비, 해상 유전 엔지니어링, 석탄 화공, 전자 집적회로, 핵 발전, 첨단 선반공작 및 절삭기계 개발 확대 등
신소재	나노 소재 중심의 신소재 및 고성능 복합 소재 응용 등

'12·5 계획'의 7대 전략적 신흥 산업 〈신화통신〉

이보다 앞서 중국은 2010년 초 신성장 산업 육성에 정부 자금 709억 위안을 쏟아붓는다고도 발표했다. 이는 전년도의 379억 위안보다 2배 가깝게 증액한 것이다. 실제로 중국 경제 당국은 이 전체 예산 가운데 500억 위안을 에너지 보전 및 탄소 배출 감소를 위한 연구 개발에 집중 투입했다. 또 신재생 에너지 개발에도 109억 위안을 지원한 것으로 알려지고 있다. 이에 대해 국가발전개혁위원회 장샤오창(張曉强) 부주임은 "신성장 전략 산업의 발전 속도를 가속화하는 것이 중국 경제 전반에 매우 중요한 과제이다. 지금까지 정부 차원에서 신에너지, 환경, 바이오, 통신 등 다양한 미래 성장 동력 산업을 연구해 왔던 것도 이런 현실과 깊은 관련이 있다"고 설명한 바 있다.

중국 성장 패러다임 전환의 큰 흐름과 중국 정부의 육성 의지 등을 고려해 볼 때 중국 미래 신흥 산업의 앞날은 상당히 밝아 보인다. 예를 들어 에너지 분야를 거론해 봐도 좋다. 사실상 에너지 부족 등의 심각한 문제에 봉착한 중국 입장에서 지속 가능한 발전을 위해서는 신에너지 산업 육성은 선택이 아닌 필수 사항이기 때문이다. 이런 전망은 중국 정부가 2008년에 내놓은 '신재생 에너지 11차 5개년 계획'에 이어 2009년에 공개한 '신에너지 산업 진흥 계획 초안'을 통해 발전 목표를 대폭 상향 조정한 것만 봐도 크게 무리하다고 하기 어렵다. 실제 '초안'은 신에너지를 중국 전체 발전 설비 용량의 15%까지 끌어올리는 것을 목표로 한다. 중국 정부의 신재생 에너지 발전 의지를 잘 나타낸다 하겠다.

그렇다면 한국은 중국이 기대하는 미래 산업 협력 파트너로서의 능력을 갖추고 있을까? 가능성은 높다. 현실을 봐야 할 것 같다. 이명박 대통령은 2008년 8월 15일 광복절 경축사에서 "건국 60년을 맞는 오늘 저탄소, 녹색 성장(Low Carbon, Green Growth)을 새로운 비전으로 제시하고 싶다. 이는 한강

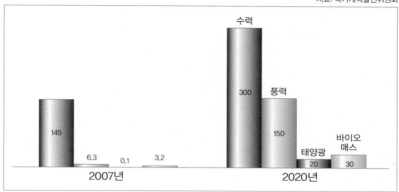

자료: 국가개혁발전위원회

수력

풍력

300

바이오
매스

150

태양광

145

20

30

6.3

0.1

3.2

2007년

2020년

중국 신재생 에너지 2020년 발전 목표(GW)

의 기적에 이어 한반도의 기적을 만들 미래의 전략이다"고 말했다. 이어 이 대통령은 "2020년이면 3000조에 달할 청정 에너지 시장의 선도국이 될 것"이라고 강조하면서 미래 산업의 발전에 대한 의지를 다시 한번 다졌다. 이런 한국의 저탄소 녹색 성장 계획이 말뿐인 것은 절대 아니다. 실행 계획도 현재 착착 진행되고 있다. 그래서인지 무엇보다도 해외에서 꽤 좋은 평가를 받고 있다. 유엔환경계획(UNEP)이 대표적으로 긍정적 시각을 갖고 있다. 2009년 5월 말 이탈리아에서 열린 G20 환경장관 회의에서는 한국을 녹색 성장의 모범 사례로 적극적으로 홍보도 했다. 내용을 봐도 그런 사실을 잘 알 수 있다. "모든 국가들이 하나같이 녹색 성장을 원한다. 그러나 구체적인 방법을 잘 모른다. 이런 국가들은 한국을 보면서 노하우를 배워야 한다"면서 한국의 사례를 극찬했다. 세계은행 역시 그렇다. HSBC가 주요 20개국의 녹색 경기 부양책을 분석한 보고서 '회복 분위기(A Climate For Recovery)'를 인용해 G20 회원국 중 한국이 가장 친환경적이라는 사실을 직접적으로 언급했다. 중국이라고 이런 현실을 외면할 까닭이 없다. 관영 〈신화통신〉

이 발간하는 시사 주간지 〈랴오왕(瞭望)〉은 이에 주목한 대표적 언론으로 꼽힌다. '녹색 성장은 한국의 새로운 성장 동력이 될 것이다. 한국은 녹색 성장에 최선을 다하고 있다'는 제하의 특집 기고문을 통해 한국의 녹색 성장 계획을 자세히 소개하면서 "이명박 대통령의 저탄소 녹색 성장 계획은 신형 경제 발전 패턴으로 볼 수 있다. 금융위기로 인해 우리 모두가 새로운 성장 동력을 찾고 있을 때 이웃 국가에서 왕성하게 진행 중인 녹색 성장 계획은 우리에게 많은 깨우침을 주고 있다"고 지적했다. 한마디로 "중국에 큰 교훈을 주고 있다"는 결론이다. 당연히 한국과 이 분야에서 협력해야 한다는 주장을 했다고 단언해도 괜찮다.

한국과 중국이 미래 산업에서 협력할 가능성은 2008년 8월 방한한 후진타오 주석의 행보에서도 어느 정도 파악이 가능하다. 당시 그는 바쁜 일정을 쪼개 이명박 대통령과 함께 뚝섬의 서울 숲을 방문, 기념 식수를 한 바 있다. 언뜻 보면 그의 행보는 별다른 의미가 없다고 치부해도 괜찮을지 모른다. 그러나 외국 정상이 도심에서 상당히 떨어진 서울 숲을 방문한 것은 그가 처음이었다. 더구나 중국 측에서 서울 숲 방문을 강력하게 요청했다. 대도시의 대기 오염 문제가 심각한 중국의 상황에 비춰보면 어느 정도 이해가 간다. 이뿐만이 아니었다. 그는 이 대통령과 10분 동안 대화를 나누면서 주로 환경 문제와 녹색 성장을 화제로 올렸다. 향후 이 방면에서의 양국 협력 가능성이 충분히 예상되는 대목이 아니었나 보인다. 이와 관련, 중국 사회과학원의 경제연구소 잔샤오홍(詹小洪) 연구원은 "이명박 대통령의 저탄소 녹색 성장 계획은 신형 경제 발전의 패턴으로 녹색 기술과 에너지 보호를 통해 발전 동력을 창조하고 일자리를 만들 수 있다"면서 "한국 정부의 녹색 성장 계획은 중국에도 많은 깨우침을 주고 있다"고 평가하기도 했다.

중국이 미래 산업에서의 협력 파트너로 한국을 의중에 두고 있다는 사실을 개인적으로 피력했다고 볼 수 있다.

한국과 중국의 경제 협력은 향후에도 엄청난 속도로 진행될 것이 분명하다. 중국이 한국 경제 및 산업의 잠재력을 높이 평가하는 만큼 당연히 미래의 신성장 동력 관련 산업이 협력의 주축이 될 수밖에 없다. 바야흐로 미래 산업에서도 한·중 양국의 협력 시대가 열릴 것으로 보인다.

환경·신에너지·금융 분야는 미래 중국 경제 발전을 이끄는 새로운 동력과 축이 될 것이다. 이 분야들은 중국의 지속 발전은 물론 정치·사회 안정에도 직접적인 영향을 미치는 산업들로 요즘 중국 지도부가 외국 순방 중에 가장 큰 관심을 보이는 분야다. 비록 한·중 양국이 경제 목표로 설정한 미래 신성장 산업에 중복되는 것이 많고 최근 중국의 산업 기술력이 강화되고 있어 양국이 과도한 경쟁 국면에 빠질 수도 있다. 하지만 관련 기술에 대한 선택과 집중 능력이 탁월하고 테스트 베드로서의 시장 검증이 빠른 한국은 중국이 채택하기 편하고 협력 방식의 여러 가지 조합이 가능해 협력의 틀만 잘 만든다면 양국이 공동으로 세계 시장을 개척하는 윈-윈 게임을 할 수도 있을 것이다.

수출 거점 확보와 내수 진출 균형

개혁·개방 이후 지난 30여 년 동안 중국은 거시적으로 봤을 때 대단히 놀라운 성과를 거뒀다. 연평균 경제 성장률은 10%에 가까웠다. 인플레이션 역시 비교적 안정적으로 관리돼 왔다. 정부 재정 역시 대단히 건전한 구조를 가지고 있다. 이뿐만이 아니다. 경제 구조도 도시화와 산업화의 양 측면에서 봤을 때 성공적으로 달성한 것으로 평가할 수 있다.

그러나 문제들이 전혀 없는 것은 아니었다. 가장 심각한 문제는 다름 아닌 허약한 내수 시장이 아닐까 싶다. 다시 말해 국내 소비와 가계 소비가 전체 GDP에서 차지하는 비중이 너무나 낮은 것이다. 상대적으로 국민 경제 성장에 대한 기여도가 낮았다는 얘기다. 진짜 그런지를 한번 따져볼 필요가 있을 듯하다. 미국의 경우 전체 GDP에서 차지하는 내수 시장 비중이 무려 71%에 달한다. 역시 빚을 내서 열심히 쇼핑 하지 않느냐는 말을 듣는 미국답다고 하겠다. 반면 중국은 G2라는 말이 기가 막힐 정도라고 해야 한다. GDP 대비 내수 비중이 35%에 지나지 않는다. 내수가 말도 안 되게 빈약하다.

그러나 앞으로는 달라질 수밖에 없다. 향후 10년이 그동안 지나온 35여 년 세월이 가져온 변화보다 더 극적일 것으로 전망되는 탓이다. 무엇보다 경제 규모가 달라졌다. 속된 말로 모든 것에 0이 하나 더 붙는다고 보면 된다. 손수건을 한 장 팔아도 13억 개라는 말이다. 사회 역시 개개인의 소득 향상에 따라 변화하고 있다. 더구나 공산당도 경제 운용 방식의 변화를 공언하고 있다. 국민들의 삶의 질 향상을 위해 내수 확대로 눈을 돌리겠다는 의지가 엿보인다.

사실 중국이라는 나라가 세계의 공장에서 세계의 시장이 될 것이라는 전망은 중국 정부의 11차 5개년 계획이 공개된 2005년부터 지배적인 것이 됐다. 강력한 국가 주도 경제 성장을 추진해 온 중국에서 공산당과 중앙정부가 제시하는 청사진은 높은 신뢰도를 자랑한다. 게다가 5개년 경제 계획이 11차례 추진돼 오는 동안 양적(量的) 경제 지표는 대부분 목표 시기를 앞당겨 달성했다. 수출과 투자 중심의 성장 전략이 바람직하지도 않고 향후 가능하지도 않을 것이라는 판단은 현실을 바로 본 것이다. 이제는 성장 엔진을 자체적으로 찾아야 한다는 얘기가 자연스럽게 나온다. 이를 위해서는 소비와 소비용 투자를 늘리는 것이 불가피하다. 중국 내수 시장을 키우는 결과가 온다는 것은 삼척동자도 다 아는 사실이 될 수밖에 없다.

2010년부터 출범한 12차 5개년 계획에 포함된 핵심적인 내용 역시 크게 다르지 않다. 투자와 수출에 대한 과도한 의존에서 탈피해 장기적으로는 국내 소비 및 가계 소비가 경제 성장을 이끌어나가는 쪽으로 전환할 것을 강조하고 있다. 더불어 제조업 구조를 고도화시키면서 동시에 3차 산업의 성장을 추진해 나가는 것 역시 과제로 삼고 있다.

솔직히 중국 정부의 판단이나 조치들은 13억 시장의 가능성에 매료돼 일찌감치 중국 시장에 진출한 다국적 기업들에는 가뭄 속 단비와 같은 메시지라고 해야 한다. 특히 문화적 이질성도 상대적으로 크지 않은 한국 기업들에는 절호의 기회로 다가오고 있다. 더구나 중국 정부 역시 한국 기업을 원하지 않을 까닭이 없다. 분위기도 상당히 좋다. 중국 정부가 2008년의 세계 금융위기 극복을 위해 한국의 1년 예산의 두 배 이상인 4조 위안이라는 막대한 재정 지원을 통해 내수 시장 활성화 작업에 착수하면서 내수 시장 확대에 박차를 가하고 있기 때문이다.

한국 기업들 역시 이에 적절하게 대응하고 있다. 과거 수출 거점 확보 차원에서 중국에 진출했다면 지금은 내수 시장 진출 스타일로 바뀌어가고 있다. 한국 기업으로서는 또 이렇게 하지 않으면 안 될 절대적인 이유가 있다. 지난 20년 동안 연해 지역을 중심으로 임가공 위주의 수출 기지 건설에 주력한 한국 기업들이 임금 상승과 인력 부족 등으로 고전을 면치 못하고 있는 탓이다. 이와 관련해서는 최근 KOTRA가 주최한 '급변하는 중국의 노동 환경 어떻게 대응할 것인가'라는 설명회에서 발제자로 나온 이평복 칭다오 KBC 해외투자기업진출지원센터, 노동 문제 컨설턴트 상임고문의 말이 상당한 설득력을 가지는 것 같다.

"최근 중국 광둥성 선전의 팩스콘 직원들을 비롯한 근로자들의 연쇄 자살 사태와 혼다자동차 부품 공장 파업을 기점으로 임금 인상을 요구하는 파업이 속출하고 있다. 이제 저임금 시대의 중국은 막을 내렸다. 중국 정부가 수출 주도형 정책에서 내수 소비형 경제 모델로 전환함에 따라 내수 촉진, 빈부 격차 감소를 위해 임금 인상을 유도하는 정책이 잇따라 입안되고 있다"면서 한국 기업이 중국의 방침에 발맞춰 나가야 할 것이라는 입장을 강하게 피력했다.

각종 설문조사를 봐도 한국 기업들은 적절하게 대응하는 느낌을 준다. 코트라가 중국에 진출한 한국 기업들을 대상으로 최근 실시한 설문조사 결과가 대표적으로 꼽힌다. 이에 따르면 한국 기업의 70% 이상이 중국 내수 시장 진출 전략을 추진 중이거나 추진 예정인 것으로 확인됐다. 또 60% 이상의 기업이 향후 5년간 연 10% 이상의 매출액 신장세를 전망하고 있다. 90%의 경우는 내수 시장 적극 참여를 위해 중국 사업을 유지 또는 확대하겠다는 입장을 보였다.

일부 기업은 성적표도 좋다. 대표적으로 대중국 수출 비중이 높은 국내 자동차 업체들이 그렇다. 예컨대 현대자동차와 중국 공장에 동반 진출한 현대모비스, 새로오토모티브, 평화정공, 성우하이텍 등과 같은 부품업체들의 중국 실적은 이미 2~3년 전부터 중국의 내수 확대 추세에 맞춰 성장을 계속하고 있다. 또 중국 홈쇼핑 시장을 개척하고 있는 CJ오쇼핑은 중국의 홈쇼핑 시장 규모가 2008년 2조5000억 원에 그친 탓에 고전했으나 2013년에는 12조 원까지 높아질 것으로 보이는 만큼 고속 성장을 지속할 것으로 예상되고 있다.

물론 한국 기업이 처해 있는 상황이나 조건이 완벽한 것은 아니다. 무엇보다 한국의 직접 투자 지역이 아직도 최대 내수 시장인 상하이를 정점으로 하는 화동 지역과 광둥성 지역이 아닌 산둥성을 비롯한 베이징, 톈진 등 화북 지역과 랴오닝성 등 동북 지역에 치우쳐 있다는 사실이 문제로 지적된다. 화북이나 동북 지역은 한국과 지리적으로 가깝기 때문에 한·중 간 분업 구조의 이점을 살리기에는 대단히 좋다. 그러나 분명 최대 내수 시장으로부터의 지리적 한계가 존재한다. 중국 시장에서의 성공은 제품별 시장 잠재력이 큰 지역에 판매 또는 생산 거점을 적기에 마련하는 조치나 시장 특성에 맞는 차별화를 필요로 한다. 또 목표 시장이 자리 잡은 경제권의 규모와 성장성은 물론 경제, 지리적 특성까지 감안해야만 한다. 그래야 더욱 효과적인 시장 접근이 가능하다. 따라서 앞으로는 보다 새로운 전략의 필요성도 대두되고 있다.

현재 중국 정부의 내수 부양책은 나름 상당한 효과를 거두고 있는 것으로 분석되고 있다. 무리하게 빚내서 소비를 하지 않았어도 2011년 3/4분기 소비 시장이 전년 동기보다 15% 전후로 상승하는 등 폭발적인 증가세를 보이고 있다. 일부에서는 거품이라는 지적이 없는 것은 아니나 현재까지의 상황으로 볼 때는 너무 과한 평가라고 해야겠다.

향후 중국 정부는 산업의 구조 조정, 소득 분배 개선 및 임금 수준 제고 노력을 지속적으로 기울여 나갈 것으로 보인다. 이 경우 생산 기지로서 중국의 매력도는 점차 감소할 수밖에 없다. 또 저임금에 의존하는 임가공 수출업체는 중국 서부 내륙 지방이나 베트남, 인도 등으로 공장 이전을 가속화할 가능성이 농후하다. 그러나 중국 내수 시장을 목표로 하는 기업에는 이 상황이 오히려 기회의 요인으로 다가올 수 있다. 중국 경제의 고속 성장으로 중국의 대국화와 대중국 의존도의 가속화는 피할 수 없는 현상이다. 하지만 위기가 기회라는 말이 있듯 한국은 중국의 성장 방식을 기회로 활용해야 한다. 내수 시장에 대한 기술적 측면과 제도적 측면에서 경쟁력을 갖춘 전략적인 접근을 시도해야 한다. 이 경우 향후 지속될 중국 경제 고성장의 혜택을 한국 기업은 지속적으로 누려나갈 가능성이 크다. 중국 정부 역시 이 부분에서는 한국 기업에 상당히 우호적이다. 아니 어쩌면 더 간절히 바라고 있는지도 모를 일이다.

중국은 모든 선진국에 립 서비스처럼 자신들의 발전에 이바지하고 그 성과를 함께 누리자는 천하주의를 얘기하지만 솔직히 한국 입장에서 볼 때 중국 시장 진출은 이제 숙명처럼 개척해야 할 길이다. 중국은 한국이 선택이지만 한국은 중국이 필수인 상황이 그려지고 있다. 다행히 중국보다 한 발 앞선 발전과 지리적·정서적인 우호 감정으로 인해 한국은 중국이 원하는 '함께'라는 명분을 가지고 중국 시장에 진출할 수 있다. 2010년 대중국 수출액 중에서 내구 소비재류의 수출은 전체의 5.5%에 불과했다. 이들 소비재 제품은 중국이 보호를 필요로 하는 고관세 품목들이지만 한편으로는 향후 중국의 내수시장을 개척할 수 있는 공간이 무궁무진하다는 것을 말해준다. 중국의 내수 확대 정책과 한·중 교역 구조의 변화와 함께 향후 기술력과 디자인을 바탕으로 쓰기에도 편리하고 가격도 적당한 제품을 연구 개발하여 중국 산업구조의 고도화와 소비자의 물질문명 창도에 기여할 필요가 있다.

한국 기업들의 적극적 사회봉사 활동

　기업은 단순히 생산 중심의 경제적 가치만이 아니라 전체 사회 속에서 인간적 가치를 중시해야 한다. 사회적 책임을 잊지 말아야 하는 것이다. 기업 환경이 변하면서 기업의 생존을 위해서는 사회적 책임이 지속 가능한 경영에 필수적인 요소가 됐다. 눈치 빠른 한국 기업이 이 사실을 모를 까닭이 없다. 최근 각 기업들이 통 큰 기부를 통해 사회 활동 공헌에 적극 나서려는 듯한 모습을 보이는 것은 다 까닭이 있는 것이다.

　해외에서도 이런 자세는 필요하다. 외국이라고 반기업 정서라는 것이 존재하지 말라는 법이 없으니까 말이다. 더구나 현지 기업에 대한 M&A를 통해 진출하거나 현지에서 번 돈을 대부분 자국에 송금하는 경우가 많으면 이런 분위기는 더욱 고조된다. 한국의 경우 사회 공헌에 인색한 국내의 외국계 은행들이 여론의 질타를 받는 것은 다 이런 현실과 밀접한 관계가 있다.

　다행히도 해외에 진출한 한국 기업은 국내의 외국계 은행들과는 많이 다른 듯하다. 삼성, LG 등이 활발한 사회 공헌 활동을 하고 있는 만큼 이렇게 단언해도 괜찮다. 중국에서도 마찬가지라고 해야 한다.

　역시 삼성전자를 대표적인 기업으로 꼽아야 한다. 지속적인 자원봉사, 사회 복지, 문화 예술, 학술 교육, 환경 보전, 국제 교류 등의 분야에서 다양한 활동을 펼치고 있다. 또 외국 기업으로는 최초로 중국 정부로부터 사회 공헌을 잘한 다국적 기업으로 공식 인정돼 2009년 '중화 자선상'을 수여했다. 삼성의 가장 대표적인 사회 공헌 프로그램은 이른바 '일심일촌(一心一村)'으로 중국 정부가 최근 새마을운동을 벤치마킹해 추진하는 신농촌 건설 운동과 어울려 더욱 부각되고 있다. 이 프로그램은 중국 내 사업장 1개 사가 중국의 1개 농촌 마을과 자매결연을 맺어 지원하는 것으로 2005년부터 본격 시작됐다. 최근에는 농로 확장에서 마을회관 개축, PC방 설치까지 활동 범위를 넓혀가고 있다. 쓰촨성 원촨(汶川) 대지진 때는 베이징 올림픽 성화 봉송 주자 28명을 쓰촨성 재해 지역민들로 선정한 바 있다. 이로 인해 당시 중국 언론에는 "삼성이 올림픽을 보여준다는 약속을 지켰어요"라는 기사가 많이 보도되기도 했다.

한국에서 거둔 신화를 대륙으로 연결시키고 있는 이랜드 역시 만만치 않다. 2011년 7월 한국 기업으로는 삼성에 이어 '중화 자선상'을 수상하는 두 번째 기업이 됐다. 이랜드는 지난 1994년 중국에 진출한 이후 순이익의 10%를 사회에 환원한다는 원칙을 무슨 일이 있더라도 지켰다. 이 결과 2000년부터 11년째 상하이에 있는 나병원 자원봉사를 이어올 수 있었다. 또 2002년부터 시작한 장애인 대상의 의족 지원 사업을 통해 1000여 명 넘는 이들이 혜택을 입도록 했다.

2005년 이후에는 120명이 넘는 백혈병 환자에게 치료비를 지원했다. 지진이나 홍수 등의 재난 지역도 외면하지 않았다. 2011년 말 현재까지 3만 개(30억 원 상당)의 긴급 구호키트를 보낸 것으로 알려지고 있다. 이외에 5000명의 빈곤층 자녀를 선발, 고등학교 3년 학비 전액(65억 원)을 지원하는 장학 사업도 2011년 이후 본격적으로 시작했다.

포스코는 자연재해를 당한 이재민들에게 신경을 비교적 많이 쓰는 케이스에 속한다. 칭하이(青海)성 위슈(玉樹) 대지진, 윈난(雲南)성 가뭄 등으로 엄청난 손실과 피해를 본 이재민들에게 회사와 직원 공동으로 재해 복구 기금을 모금해 의류와 생수 등을 지원해 온 바 있다. 또 자매결연 학교를 지원하거나 중국 내 한국 학교 지원 사업에도 힘쓰고 있다. 이뿐만 아니라 환경 보호를 위한 나무 심기 활동, 대학생 문화행사 개최, 베이징 올림픽 기념 한·중 문화 교류 등 다양한 사회 공헌 활동 역시 꾸준히 전개하고 있다. 포스코는 이처럼 비즈니스 외적으로도 다양한 사회봉사 활동을 통해 중국 내에서 신뢰받는 기업 이미지를 만들어가고 있다.

이런 노력은 중국 정부의 인정도 받았다. 포스코 차이나가 2008년과 2009년 2년 연속으로 중국 사회 공헌 100대 기업으로 선정된 것이다. 또 지방의 일부 사업장 역시 중국 정부 기관으로부터 선진 노사문화를 갖춘 기업으로 인정받고 있다. 사업장 소재지 시 정부로부터 환경 모범업체로 선정되는 것은 때문에 별로 뉴스거리도 안 된다.

SK텔레콤은 2010년 베이징 SK타워에서 중국 대학생 자원봉사단 발대식을 열었다. 'SK써니' 봉사단으로 명명된 이 조직은 현재 중국 전역에서 활발한 활동을 벌이면서 한국 기업의 제품과 서비스뿐만 아니라 사회 공헌 사업도 세계화할 수 있다는 사실을 증명해 주고 있다. 공청단의 기관지인 〈중궈칭녠바오(中國青年報)〉가 2010년 10월 29일자 기사에서 "SK는 기업의 사회적 책임을 다하는 모범적 기업이다"고 평가하면서 그동안 SK그룹이 중국에서 실행한 사회봉사 활동과 수상 경력을 보도한 것은 그래서 크게 이상할 것도 없다.

LG도 중국에서 사회 공헌에 노력하는 기업 명단에서 제외하면 섭섭하다. 학생 대상 퀴즈 프로 지원, 교육 사업 지원, 사회봉사 활동, 스포츠 경영 활동을 활발하게 진행하고 있다. 2010년 10월에는 LG 브랜드도 알리고 봉사 활동도 하는 이른바 '일석이조(一石二鳥)' 사회 공헌 활동을 펼쳐 눈길을 끌기도 했다. LG전자 중국지역본부가 중국 내 LG희망학교 우수 학생 및 교사 100여 명을 초청해 2박 3일간 상하이 엑스포를 포함해 상하이 및 난징(南京)의 명소를 관람하는 문화 체험 행사를 실시한 것이다. LG는 또 LG 희망학교 활동을 통해 가난한 농촌에 학교를 세워주는 활동도 꾸준히 하고 있다.

이외에도 중국에서 활발한 사회 공헌 활동을 하는 한국 기업은 많다. 예컨대 유한킴벌리는 중국에 나무 심기 운동인 '한·중 미래 숲' 캠페인을 지난 10년여 동안 전개했다. 또 '그린 캠프', 희망의 집 방문, 사라의 낙원 건설, '장강 물을 함께 마시자' 공익 활동, 동북아 사막화 방지 등의 프로그램을 실시했다.

이런 한국 기업의 적극적인 사회 공헌 활동은 최근 글로벌 기업으로 부상하고 있는 중국의 현지 기업들에도 상당한 영향을 미치고 있다. 또 활동에 동참할 의사를 밝히는 기업들이 계속 늘어나고 있다. 중국 당국이 한국 기업들을 좋게 평가하지 않을 수 없다. 더구나 중국 기업들은 기본적으로 사회 공헌에 대한 의식이 박약하다. 중국에 진출한 한국 기업들이 좋은 멘토가 될 수 있다.

실제로도 삼성전자 같은 경우는 사회 공헌 프로그램 추진 경험을 중국의 삼성전자로 불리는 하이얼(海爾) 같은 기업들에 전수하고 있다. 한국 기업들이 기업 이미지를 새롭게 하고 나아가 중국 일각에서 불고 있는 혐한 감정을 누그러뜨리는 것은 따라서 이제 시간문제가 아닌가 싶다. 중국 당국 역시 이런 한국 기업들은 쌍수를 들어 환영한다.

초기 한국 기업의 사회 봉사 활동은 그 진의를 의심받기도 했고 기업의 사회 공헌 관념이 미약했던 중국 기업들로부터 괜히 쓸데없는 일을 한다는 인상을 받기도 했다. 이 과정에서 중국 정부는 자국 기업을 매개체로 사회 구성원들에게 봉사 정신을 교육할 수 있다는 방법을 발견하였고 국유기업을 필두로 지금은 많은 중국 기업이 자발적으로 사회 봉사 활동에 참여하여 나눔의 미덕을 실천하고 있다. 한국 기업의 각종 사회 활동이 중국의 이와 같은 사회 분위기 형성에 적지 않은 역할을 한 것이다. 앞으로도 중국에서 활동하는 외자기업에 대한 사회적 책임에 대한 요구는 갈수록 높아질 것이다. 무엇보다 진심이 담긴 꾸준함이 중요한데, 2008년 쓰촨 대지진이 발생했을 때 한국 기업들은 사우디아라비아에 이어 가장 많은 성금을 했음에도 불구하고 집행 시기가 다소 늦어지는 바람에 중국 네티즌으로부터 성의와 진의를 의심받기도 했다. 중국에서는 사회 봉사 활동도 기업 경영 전략의 일부라는 것을 일깨워 준 사례다.

---- ★ ----

한반도와 중국의 안정, 나아가 동북아 및 세계의 안정을 위해 한·중 양국이 함께 상생의 길을 고민하는 일도 대단히 중요하다. 그러기 위해서는 한국에는 중국을 아는 오피니언 리더들의 역할이 무엇보다 절실하다. 이 점은 중국도 크게 다를 바 없다. 이들이 상호 존중을 바탕으로 한 소통과 대안 개발로 21세기 한·중 양국의 상생의 길을 모색해야 한다. 다시 말해 양국의 핵심 인사들이 한·중 양국의 미래를 위해 토론하고 기획하면서 실천할 수 있는 토양을 지금부터라도 만들어야 하지 않을까 싶다.

8장
원교근공(遠交近攻),
동상이몽(同床異夢)을 넘어서

동북아 평화와 다자주의 안보 시스템

　중국의 세계 전략은 결론부터 말하면 일본과 미국을 완전히 따라잡은 다음 제쳐버리는 것이라고 해야 할 것이다. 또 미래 어느 날 이들 국가보다 두세 배 더 큰 시장을 창조하는 것일 수도 있다. 중요한 사실은 이게 별로 어렵지 않다는 점이다. 두 나라보다 인구도 훨씬 많을 뿐 아니라 시간이 갈수록 1인당 소비 수준도 상승할 가능성이 높기 때문이다. 게다가 인민폐 역시 계속 절상될 가능성이 농후하다. 원하지 않더라도 소비 시장이 계속 커지는 운명을 받아들여야 한다. 반면 빚을 내서 소비하는 미국인들은 한계에 직면하지 않을 수 없게 된다.

　이런 중국이 그랜드 플랜의 발전 전략을 세우지 않을 까닭이 없다. 당연히 그렇다고 해야 한다. 중국의 발전 전략은 한마디로 평화 발전 전략이라고 해도 크게 틀리지 않는다. 그러나 여기에는 두 가지 개념이 포함돼 있다.

하나는 지속 가능한 발전, 다른 하나는 지속 가능한 안보를 추구한다는 것
이다. 이는 당장의 눈앞 이익보다 멀리 보고 이익을 추구해 나가는 전략이
라고 볼 수 있다. 또 지속 가능한 안보는 지속 발전을 위한 전제조건이다.
지속 가능 안정 시스템을 구축하는 것은 비용이 적게 든다. 나아가 일단 구
축되면 오랜 시간 유지할 수 있다.

중국은 이를 위해 주변 지역과의 협력 모델을 아주 중시한다. 여기에는
중국과 동북아 및 중국과 동남아 협력이라는 두 개의 노선이 있다. 다행히
도 현재 이른바 '10+3' 모델이 안정적으로 구축돼 굴러가고 있다. 이 모델은
아세안 10개국을 끼고 한·중·일이 이 지역을 완충지대로 놓는 모델이다.
아직까지는 한·중·일 3국 사이에 서로의 민감한 문제를 피하면서 협력 시
스템을 잘 추진해 나가고 있다.

또 중국은 향후 한·중·일 3국 간 FTA 체결 문제를 풀어나가는 데 있어서
아세안 간의 FTA 체결과 시행을 좋은 사례로 삼을 수 있을 것으로 보인다.
중국은 이외에 한·중·일 3국의 무역 거래 대금을 미국의 뉴욕이 아닌 한·
중·일 은행끼리 상호 결제가 가능하도록 할 필요가 있다. 이렇게 하지 않을
경우 향후 미 달러 가치 하락으로 인해 3국은 큰 손실을 볼 수 있다. 또 미
래 지역 화폐의 탄생과 지역 경제 통합 추진 과정에서 큰 장애를 겪지 말라
는 법도 없다.

당연히 중국은 이런 지역 간의 순조로운 협력을 위해 세 가지 외부 환경
을 조성해야 할 필요가 있다. 우선 에너지가 부족한 지역 국가의 에너지 협
력을 위해 러시아를 끌어들이는 것이 소망스럽다. 또 남북 관계가 개선되지
않고서는 지역 협력을 기대할 수 없을 것이므로 이에 노력해야 한다. 어쨌
거나 향후 일정 기간 동안에는 역시 미국의 시장이 필요하기 때문에 미국과

마찰을 일으킬 필요도 없다. 말할 것도 없이 중국은 이 모든 것을 간파하고 현실로 나타나도록 노력하고 있다.

현재 동북아 지역에 존재하는 많은 문제는 역사가 남긴 유물이다. 따라서 중국은 물리적인 방법을 통해 문제를 해결하려 들지 않는다. 만약 그럴 경우 일시적으로 문제는 해결될 수 있다. 하지만 중국 자신에게는 말할 것도 없고 지역의 장기적인 안정과 발전에 전혀 도움이 되지 않는다. 그래서 동북아 지역의 지속 가능한 안정을 위해 아시아 특색의 다자주의 안보 시스템 구축을 주장하고 있다. 이는 미국이 독자적으로 추진하는 안보 시스템과 다르고 또한 전쟁을 목적으로 하는 체계가 아니다. 지역의 평화 안정을 목적으로 하는 아시아 특색의 다자주의 안보 시스템이다. 중국은 바로 이런 것이 필요하다고 주장하는 것이다. 이를 위해 중국은 지역에 이미 존재하는 아세안의 ARF, 6자회담, 상하이협력기구 등에 참여하거나 주도하면서 이를 연구하고 실험하고 있다. 모두가 중국의 국가 발전 전략의 두 가지 기둥인 지속 가능한 발전과 지속 가능한 안정 체계를 구축하기 위해서라고 해야 한다.

역사적 경험으로 미뤄볼 때 후발 제국은 전쟁을 통해 헤게모니를 장악했다. 하지만 지금은 식민지 시대가 아니다. 중국은 이런 전통 문화를 가진 나라도 아니다. 과거 중국의 지배 개념에는 패도(覇道)와 왕도(王道)가 있었다. 전자는 패권을 지향하는 제국주의적인 대국의 운영 방식, 후자는 평화를 추구하는 운영 방식이라고 보면 된다. 역사적으로 중국에서는 패도를 추구한 왕조는 오래가지 못했다. 중국 최초의 통일 왕조인 진나라와 원나라가 대표적으로 그랬다. 반면 왕도를 추구했던 국가는 자신은 말할 것도 없고 주변국 모두 발전과 안정을 이뤘다. 당나라와 명나라가 이런 노력을 기울인 왕조라고 할 수 있다.

이 때문에 중국의 정부 연구기관과 오피니언 리더층에서는 왕도주의와 천하(天下)주의 등의 말을 많이 한다. 왕도주의는 부언하면 일본이 지향했던 민족주의, 국수주의, 폐쇄주의 같은 노선을 따르지 않는다는 원칙이다. 또 중국이 미래에 미국을 초월한 이후 동맹국이 없는 세계 전략을 편다는 원칙과도 맥락이 닿아 있다고 보면 된다. 천하주의도 왕도주의와 큰 틀에서는 다르지 않다. 단적으로 말해 지구촌의 공생, 공존을 표방하는 것으로 동아시아의 역사, 경제, 정치적 문제를 동양적 사상 및 문화로 풀 수 있다는 생각이다.

　물론 천하주의가 동양 국가끼리 가능한 소통 방식이기 때문에 미국 등 서방 국가들과는 어려울 가능성은 있다. 그러나 천하주의가 인류의 보편적 원리라는 점과 각국의 최종 목표가 국가의 이익을 추구하는 것이라는 사실을 감안하면 얘기는 달라진다. 평화를 담보로 이익을 실현하는 유일한 길일 수 있다. 더불어 중·미 관계가 이런 관념을 공유할 수 있다면 당사국은 물론 세계 발전에도 중요한 영향을 미치는 것이 가능하다. 따라서 중국의 오피니언 리더들은 중국의 세계 전략 핵심이 바로 공동 번영으로, 중국이 가야 할 길은 이전의 다른 대국들이 걸었던 것과는 완전히 다른 평화의 길이 될 것이라고 주장하고 있다.

중국이 과연 G2일까?

　중국은 자신들로 하여금 왕도에 입각한 왕도주의와 천하주의를 추구하지 않으면 안 되게 만드는 미국과 도대체 어떤 관계에 있을까 하는 의문이 들지 않을 수 없다. 지금 중국은 거의 타의에 의해 G2 국가가 됐다. 자의와는 거리가 멀다. 더 직설적으로 말하면 미국에 의해 그렇게 됐다고 해야 한다. 중국이라고 이 사실을 모를 까닭이 없다. 또 역사적으로는 2인자가 항상 위험했다는 사실 역시 잘 알고 있다. 가깝게는 과거 미국에 맞섰던 일본과 독일이 주저앉았다. 따라서 중국은 미국과의 마찰을 가능한 한 피하고 협력 관계를 유지하는 것이 중요하다는 사실을 모르지 않는다. 곳곳의 국가적 전략에서도 이를 위한 노력의 흔적은 눈물겹도록 묻어난다. 더구나 중국은 아직 미국이 강요하는 G2의 지위에 합당할 정도로 질적으로는 크지 못했다. 배추로 따지면 아직 속이 꽉 찼다고 하기 어려운 것이다. 실제로도 내부적으로 문제가 많다. 급속한 양극화, 환경 오염, 주민들 대부분이 빈농인 농촌 문제 등은 특히 상황이 심각하다. 사회 안정을 위협할 수준이다.

그럼에도 미국을 비롯한 국제 사회는 3조2000억 달러의 외환보유액을 자랑하는 중국에 더 많은 공헌을 주문한다. 특히 미국은 대대적인 개방과 획기적인 인민폐 평가 절상을 요구하고 있다. 앞으로는 더욱 거세질 가능성도 농후하다.

이런 상황은 솔직히 지난 세기 말만 해도 상상이 불가능한 일이었다. 중국의 곳간에 달러가 별로 없었던 데다 인민폐가 달러와 비교하면 완전히 거지 화폐라고 해도 좋았으니까 말이다. 그러나 중국의 오피니언 리더들 주장에 의하면 중국이 세계무역기구(WTO) 가입 이후 폭발적으로 성장하면서 미국의 생각은 달라졌다. 미국은 향후 전개될 EU와의 경쟁을 위해 중국을 자기편으로 만들 필요성이 있었다. 더구나 소련 해체 후 EU는 유로화를 출범시켜 미국에 대항하려고 했다. 미국은 급기야 G2라는 용어를 만든 다음 중국의 협력을 끌어내려 했다. 그러나 중국은 유럽과는 달리 미국으로부터 대등하고 공평한 파트너 대우를 받지 못했다. 당연히 'NO'라고 말했다. 이후 미국의 아시아 개입 속도는 빨라졌다. 특히 천안함 사건은 미국에 절호의 찬스를 제공했다. 미국 역시 기회를 놓치지 않고 중국과 한국의 관계를 소원하게 만들었다. 이어 서해 군사 훈련을 대대적으로 실시하는 구실을 만들었다.

장기적으로 볼 때 미국이 일본, 한국, 아세안을 낀 채 중국과 마찰을 일으키려고 하는 것은 진정으로 중국과 대립하고자 함이 아니다. 중국은 미국이 이후에 전개될 유럽과의 일전을 준비하기 위한 것이라고 이해 해야 한다고 믿고 있다. 다시 말해 동북 및 동남아시아 국가들과 중국의 마찰을 유도해 중국으로 하여금 순순히 미국 말을 듣게 하려는 의도가 있다는 것이다. 이는 분명한 사실 하나도 말해 준다. 미국이 금융, 경제, 무역 분야의 협력에 있어서 중국을 믿지 않고 있다는 사실을 말이다. 또 중국이 미래 세계의 리더가 될 수 있다고도 보지 않는다는 사실을 웅변해 준다.

중국 역시 미국의 이런 시각에 동의한다. 도광양회의 전략을 계속 추진하겠다는 생각이 아닌가 싶다. 그래서 미국의 립 서비스에 불과할 뿐 아니라 자신들에게 부담만 지우려는 G2라는 호칭에 거부 반응을 보이고 있다. 심지어 최고 지도부에서는 중국은 아직 개발도상국에 지나지 않는 가난한 나라라고 주장한다. 미국과 함께 세계를 경영할 만한 능력이 없다는 것에 대해서는 더 말할 것도 없다. 미국으로서는 카드를 빼다가 들킨 격이라고 해도 좋을 듯하다.

중국 경제는 향후 3~5년이 아주 중요하다. 세계가 글로벌 경제위기를 벗어나더라도 국가별 차이는 더 벌어질 가능성이 농후하다. 미국의 금융 자본주의 시스템 역시 회복되거나 재가동되려면 시간이 걸릴 수밖에 없다. 당연히 미국은 말과는 달리 중국의 너무 빠른 발전을 경계할 것으로 보인다. 내심으로는 자신들을 바짝 추격하는 세계 2인자를 원치 않는 것이다.

이에 중국은 내부 문제에 집중하겠다는 의사를 표시하면서 미국의 견제를 피하려는 전략을 채택할 것 같다. 실제로도 중국은 정치력, 경제력, 군사력, 문화력 등 모든 면에서 2%가 부족하다.

그럼에도 향후 미국이 중국의 협조를 구하는 일은 점점 많아질 수밖에 없을 듯하다. 이런 측면에서 한·중·일의 협력은 대단히 중요하다. 이때 일본을 반드시 포용하는 것을 잊지 말아야 한다. 그렇지 않으면 동북아시아는 혼란에 빠질 가능성이 크다. 이는 미국이 바라는 바다. 중국도 이제 입으로는 미국이 두렵지 않다고 말하기 시작했다. 그들의 행보도 지켜보고 있다. 한국은 운명적으로 가장 중요한 국가인 바로 이들 국가의 관계와 행보를 잘 탐색해야 한다. 그래야 미래 전략을 세우는 데 있어 헤매지 않게 된다. 더불어 한·중 관계의 바람직한 미래 구축에도 도움을 받을 수 있다.

중국은 미국과 달리 현재 세계 전략을 가지고 있다고는 보이지 않는다. 그럴 여유도 없다. 중국 궐기에 대해 패권이라 의심하고 집적거리는 이들이 많다. 이에 대해 일부 학자가 왕도주의, 천하주의 등을 얘기하는데 이는 과거 조상들이 추구했던 천하태평을 위한 바람과 이데올로기 소개에 불과하다. 그때의 천하는 중국이었지 전 세계가 아니었다. 중국은 미래의 지속 발전과 민족 중흥을 위해 현재 국토 보위와 발전 기조를 유지하고 나아가 대만과의 통일을 신앙 목표로 삼고 전진할 뿐 세계 경영을 위한 생각도 능력도 아직은 없다. 오히려 미국이 대등한 파트너란 이름으로 중국을 띄워주고 부추겨 활용하고, 중국은 이에 말려들지 않으려 애쓰는 형국이다. 이것이 중·미 관계의 현주소이며 당분간 이러한 추세는 지속될 것이다. 미국이 글로벌 금융위기 이후 힘이 다한 것처럼 보이지만 고대 로마제국도 재정위기를 겪은 이후 패망 때까지 장장 200년을 더 유지했다. 중국은 국가 및 민족 분열이 발생하지 않고 안정된 지속 발전을 원한다. 가능한 한 미국과의 마찰을 피하려고 한다. 이에 한국은 미국과의 관계는 그들의 세계 전략에 맞춘 유연한 전략적 사고를, 중국과의 관계는 그들의 안정적 발전을 도와준다는 실리적 사고를 바탕으로 대미·대중 관계를 설정할 필요가 있다.

차기 한국 지도부에 관심이 많은 중국

중국은 G2로 떠오른 지금은 얼굴에 미소를 띠고 있으나 개혁·개방 정책을 시행해 온 지난 30여 년 세월이 결코 행복했던 것은 아니다. 지금은 회고해도 좋은 추억이 됐으나 짧지 않은 시간 동안 아찔한 순간들이 한두 번이 아니었다.

무엇보다 정치적으로는 1989년 6월 4일 유혈로 막을 내린 톈안먼 사태가 뼈아팠다. 또 이후 개혁 진보파와 보수파 간의 수면 하 보혁(保革) 갈등, 알게 모르게 전개된 각 계파 간의 권력 투쟁 역시 없지 않았다. 경제적으로도 가격 체계 개혁 논쟁, 부동산과 증시의 거품 논쟁 등을 비롯한 이익집단 간의 갈등이 끊이지 않았다. 이 와중에 금세기 초에는 IT 산업에 잔뜩 낀 거품이 붕괴돼 언젠가는 중국 경제가 경착륙할지 모른다는 공포까지 유발하기도 했다.

그러나 어쨌든 지금 당장 중국 정치와 경제는 큰 문제는 없어 보인다. 끝이 좋으면 다 좋다고 현재까지는 분명 그렇다. 지금까지의 지도부가 중국을 그럭저럭 잘 이끌어왔다는 얘기이다. 이런 상황은 앞으로도 별로 바뀔 것 같지 않다. 각각 총서기와 총리 등 차기 지도자로 내정돼 있는 시진핑 국가 부주석과 리커창 상무 부총리가 그동안 산적했던 각종 정치, 경제, 사회적 현안과 문제들을 갑작스레 통제 못할 정도로 무능한 행보를 보이지 않을 것이라는 얘기이다.

그러나 위기가 전혀 없을 수는 없다. 더구나 시진핑, 리커창 등은 혁명 세대인 덩샤오핑, 장쩌민 등과는 달리 문혁 이후 세대인 탓에 선배들과는 근본적으로 시대적, 사상적 차이를 가지고 있다. 위기의 순간에 필요한 불굴의 의지나 임기응변에는 약점을 보일 가능성이 전혀 없지 않은 것이다. 물론 중국 오피니언 리더들의 차기 지도자 시진핑에 대한 평가는 역시 무능한 행보를 보이지 않을 것이라는 긍정적인 쪽으로 모아지기는 한다. 태자당이라는 간판이 늘 따라다니는 유복한 집안의 출신임에도 힘든 일을 많이 한 데다 동부 연안 지역에서 일을 오랫동안 한 경험을 가지고 있기 때문이다. 더구나 그는 농촌과 도시 생활을 모두 경험했을 뿐만 아니라 한국 같으면 이장 같은 아주 기층 간부에서부터 공직 생활을 시작했다. 생각보다는 훨씬 경험이 많고 노회하다고 봐도 괜찮다.

중국에 향후 20~30년은 대단히 중요한 시기이다. 단정적으로 말하면 체제의 전환기라고 해도 틀리지 않다. 당연히 국가 관리를 잘해야 한다. 그렇지 않으면 G1은 말할 것도 없고 지금은 고사하고 있는 G2의 위상도 감당하지 못할 가능성이 없지 않다. 시-리 지도부는 이 문제 역시 깊이 고민해야 한다.

위기가 불쑥 튀어나올지도 모를 중국의 전환기 관리는 한국에도 꽤 중요하다. 이에 대해서는 굳이 더 이상 설명할 필요도 없다. 한국이 중국의 차기 지도부 선출에 관심이 많은 것은 그래서 당연하다. 그러나 일단 차기 지도부의 성격에 대해서는 크게 걱정하지 않아도 좋을 듯하다. 비록 시-리 라인이 아직까지 이념적으로 완전히 탈색된 세대는 아님에도 비교적 유연한 것으로 알려진 탓이다.

더구나 한·중 관계는 수교 이후 지난 20년 동안 지금처럼 좋지 않았던 적이 없었다. 아무리 나빠도 지금보다는 나빠지지 않을 것이라는 단정이 충분히 가능하다. 또 이제는 떼려야 뗄 수도 없는 밀접한 경제 협력으로 인해 더 이상 사이가 나빠져서도 안 된다. 이 점에서는 일본, 미국, EU와도 크게 다르지 않다. 차기 지도부의 유연한 사고로 볼 때 지금보다 관계가 좋아지면 좋아졌지 껄끄럽게 되지는 않을 전망이다.

이 경우 시-리 라인에게 남겨진 임무는 정치 개혁, 경제의 연착륙을 통한 사회 안정이 아닐까 한다. 하지만 정치 개혁은 아직 한계가 있다. 노벨 평화상을 수상한 류샤오보(劉曉波)의 행보에 대해 그렇게나 민감한 반응을 보이는 것이 현실이라는 사실을 감안하면 더욱 그렇다. 그렇다면 시-리 라인이 경제에 올인할 것이라는 유추는 별로 어렵지 않다. 말할 것도 없이 최종 목표는 2011년부터 출범한 12·5 계획을 무리 없이 완수하는 것이다. 이 계획의 목표는 분명하다. 지속 가능한 발전을 위해 연착륙을 유도하고 허세 사회를 정착시키는 것이다.

이를 위해서는 반드시 경제 성장 방식의 전환과 산업 구조조정, 내수 확대, 빈부 격차 해소 등 미시적인 목표도 완수해야 한다. 하지만 쉽지만은 않을 것이 분명하다. 워낙 아직 모습을 완전히 드러내지 않은 산적한 내부 모순이 많은 데다 이익집단의 반발 역시 예상되는 탓이다.

시-리 라인의 관리 능력 역시 긍정적으로 평가되기는 하나 완전히 검증되지는 않았다. 이들이 이 전환기의 경제를 잘 관리하고 지속 성장을 이루기 위해서는 세 가지 문제를 해결할 필요가 있다. 우선 외부 마찰도 피하고 적은 부담을 지기 위해 외형 규모보다는 내실을 다져야 한다. 이를 위해 향후 10년을 투입하는 결심도 망설이지 말아야 한다. 내수가 확대되면 개방 폭을 늘려야 한다거나 국제 사회에 대한 비용 부담도 줄이는 것이 가능하다. 또 외부 세계의 비판과 마찰은커녕 환영과 존중도 받을 수 있다.

다음으로는 국민의 욕구 관리를 잘할 필요가 있다. 이는 경제 성장을 추동하는 것보다 더 어렵다. 실제로 국민의 욕구 관리를 잘 못해 주저앉은 국가들의 사례는 적지 않다. 원래 1인당 GDP가 5000~7000달러 전후에 이르면 자동차 소비 붐이 일어난다. 또 해외여행 붐도 일면서 해외에서 식견을 넓혀오고 일과 휴식을 같이하려는 욕구가 사회 전체에 유행한다. 노조의 활동과 저항도 강해진다. 이를 극복하지 못하면 중국은 필연적으로 중진국 함정에 빠지게 된다. 한국의 경우는 이 관리를 비교적 잘해 왔다. 한국의 과정을 벤치마킹할 필요가 있다.

마지막으로 주변 인접국과의 협력을 강화하고 지역 발전을 선도하는 역할을 자임하지 않으면 안 된다. 이렇게 하지 않으면 미국의 지역 개입과 간섭을 제거하지 못할 가능성이 커진다. 한국, 일본과의 협력도 더 이상 발전하지 못할 개연성도 농후해진다. 만약 중국이 이런 세 가지 문제를 잘 풀어나가고 전환기 관리를 잘 조정한다면 향후 30년 동안 계속 발전해 나가는 것은 그다지 어렵지 않을 수 있다.

그러나 반대가 되면 새 지도부는 예상과 달리 자신의 선배들보다 더 혹독한 상황에 봉착할 수 있다. 미국이 국민의 욕구를 만족시켜주지 못하고 잘 관리하지 못해 발생한 2008년 금융위기는 그래서 중국의 반면교사가 충분히 될 수 있다. 이런 측면에서 국민 욕구 관리에 포커스를 맞춘 12·5 계획은 비교적 적절한 타이밍에 마련된 프로그램이다.

다가올 위기를 피하면서 복잡 다변한 지속 가능한 발전을 이루기 위해서는 중국 정부와 중국인은 자기 확신이 무엇보다 중요하다. 오토바이나 자전거를 타고 갈 때 속도를 갑자기 줄이면 넘어질 수 있다. 그러나 천천히 가더라도 쓰러지지 않는다는 확신이 있다면 계속 잘 타고 갈 수 있다. 다만 속도를 줄이면 그동안 몰랐던 각종 문제들이 있다는 당연한 사실을 알게 될 것이다.

그래도 12·5 계획 기간에 성장률 8%를 넘도록 해서는 안 된다. 특히 자원의 효율적 이용을 통해 국민 소득의 증대를 꾀해야 한다. 감속 경제를 추구하되 잘 돌아가고 있는 시스템은 계속 가도록 하고 미진하고 낙후된 부분은 정리하는 슬기도 필요하다.

다행히 외부 환경 변화에 민감한 한국과는 달리 중국은 엄청난 잠재적 내수 시장이 있다. 한국과 달리 독자적인 생존 기반인 내수가 존재하는 것이다. 중국은 때문에 지역별, 도농별, 성(省)별로 상호 보완 발전하면서 시차와 방법을 두고 내수 확대를 도모해 나가는 것이 가능하다. 동시에 앞으로는 독이 든 성배가 될 9% 이상의 경제 성장 유혹에 휘둘리지 말고 인프라 투자도 계속해야 한다.

그러면 12·5 계획이 끝날 즈음 세계에서 가장 활력 넘치는 소비, 투자 시장이 될 수 있다. 나아가 한국, 일본, 아세안에도 발전 공간을 제공해 주는 것이 가능하다. 중국의 내수 확대가 동북아시아 국가의 내수 확대로 이어지고 역내 경제 통합 진전에도 영향을 주게 된다.

시진핑과 리커창의 새 지도부는 자신들의 역할을 잘 알고 있다. 자신들이 중국의 미래에 직접적인 영향을 미칠 전환기 관리의 지도부라는 사실을 말이다.

이 때문에 이들은 한국을 비롯한 주변국과 유연한 관계를 가지면서 경제에 사활을 걸 수밖에 없다. 한·중 양국의 미래는 그래서 긍정적이라고 단언해도 결코 경솔하지 않다.

중국의 12·5 계획의 중점 목표는 양적 성장에서 질적 성장으로의 전환과, 포용과 조정이라는 분배에 역점을 두는 국가 정책의 전환이다. 즉 맹목적 정책 목표를 위한 고비용·저효율의 양적 팽창보다 속도는 느리지만 내실 있게 국민경제를 구조조정해 나가는 발전 방식을 취하고, 또한 개혁·개방 이후 발전의 성과를 상대적으로 덜 누려온 사회 소외계층을 끌어안고 국가의 부를 나누어 사회 안정을 도모하는 것이다. 중국도 본격적인 전환기 시대에 진입하고 있는 것이다.

요즘 중국 지도부가 공식 행사 때 국민들을 향해 '감사'란 표현을 자주 쓰는 이유도 경제 발전과 국민 사고의 성숙에 따라 전환기 사회에 진입하고 있어 더욱 겸허한 자세로 국민이 주인이 되는 정책을 해 나가겠다는 의지의 표현이다. 국민의 욕구 분출이 점증되는 전환기 시기에 들어서는 중국의 제 5세대 지도부는 자신들의 문제를 잘 관리해 나가기 위해서라도 주변의 안정과 협력에 더욱 힘을 쏟을 것이다.

한·중 관계로 북한에 의한 미국 개입이라는 돌발적인 상황과 이로 인해 양국 간의 심각한 외교 마찰만 없다면 경제 협력과 민간 교류는 더욱 강화될 것이다.

결론적으로 중국은 과거 손자병법에서 제시한 원교근공(遠交近攻)을 넘어서 원교근교(遠交近交)해야 하고 동상이몽(同床異夢)을 넘어서 동상동몽(同床同夢)해야 닥쳐오는 전환기 관리에 성공하고 지속발전 지속안전을 이룩할 수 있다고 하겠다.

북한 문제 해결이 우선이다

역사적으로 힘에 의존하는 제국은 오래가지 못했다. 반면 주위와 협력을 잘하는 국가는 오래갔다. 2차 대전 이후 패권을 잡은 미국이 대표적인 사례이다. 힘으로 밀어붙이다 서서히 한계에 봉착하고 있는 듯하다. 특히 중국의 부상으로 이런 한계는 더욱 분명해지고 있는 느낌이다. 그러자 동북아 국가들의 미국에 대한 시각이 변하기 시작했다. 이 지역에 대한 미국의 영향력 역시 급격히 줄어들기 시작했다. 두 차례의 금융위기와 함께 미국은 이제 과거 세계 속의 미국에서 미국 속의 미국으로 위축되었다.

이런 주위 정세의 변화에 맞춰 한·중 양국도 생각을 달리 할 필요가 있을 것 같다. 무엇보다 미국이 동북아 지역을 견제하면 할수록 중국은 한국을 감싸 안을 필요가 있다. 그래서 한·중 양국의 관계가 긴밀해진다면 미국이 끼어들 여지는 없게 된다. 바로 이렇기 때문에 미국은 동북아 지역에 대한 영향력 지속을 위해 한반도 통일을 원하지 않을 수 있다. 같은 대국인 중국 역시 이와 비슷한 생각을 할 것이라 여기는 사람도 없지 않다. 그러나 자신의 발전과 이익을 위해 주변 안정이 절대 명제인 중국으로서는 중·미 관계도 중요하나 분열된 한반도보다는 통일된 한국이 더욱 유리하다. 역시 정답은 한국 포용이다.

남북 통일의 전제는 북한의 개혁·개방이 우선이다. 이 과정이 순조롭다면 한반도 통일은 물론 지역의 경제 협력, 안보 문제도 해결점을 찾을 수 있다. 반면 미국은 동북아 지역의 안정을 바라지 않고 북한, 대만, 남중국해, 댜오위다오, 독도 등의 문제를 놓고 지역 문제에 개입하는 도구로 계속 활용할 가능성이 높다. 그러나 아시아 국가들의 교류와 소통이 강화되고 중국의 내수 시장이 팽창한다면 그동안 미국 시장에 크게 의존했던 동북아 국가들의 생각도 달라질 것이다. 세계의 중심이 되고 있는 동북아에서만큼은 분명한 중국의 시대가 펼쳐진다고 예상한다.

분위기도 좋다. 지역의 경제 협력은 아주 순조롭다. 지역 경제 통합에 관한 담론도 많이 나오고 있다. 관련 국가의 공감을 얻기도 하고 있다. 물론 해결해야 할 문제들이 전혀 없지는 않다. 예컨대 북한 문제와 각국의 영토 분쟁이 지역 협력을 일시에 경색 국면으로 빠트릴 뇌관이 될 가능성이 농후하다. 특히 일본과 러시아, 중국과 일본, 한국과 일본 간의 영토 분쟁은 지역의 경제 협력을 가로막는 가장 큰 위협 요인이 되고 있다. 중국은 1978년 일본과 평화협정 조약을 체결했다. 이 때문에 댜오위다오 문제를 공동 이익에 입각한 공동 개발 등의 방법으로 천천히 해결하는 것이 가능하다. 이에 반해 러시아가 실효 지배 중인 북방 4개 섬은 일본 패망 후 평화조약 없이 러시아가 점령하고 있는 상태인 탓에 협상이 쉽지 않다. 다시 말해 러시아와 일본은 한국과 북한과 마찬가지로 아직 전쟁 상태에 있는 것이다.

이런 각국의 영토 문제로 인해 동북아 지역의 교류와 경제 통합에 대한 진전은 향후 많은 곡절을 겪을 가능성이 높다. 당연히 군사, 외교적인 힘의 균형 원리와 경제적인 이익의 균형은 같이 생각할 필요도 있다. 그러나 지역의 선진국인 일본은 그렇게 생각하지 않는 것 같다. 현안에 대한 접근법으로 해양적인 것과 대륙적인 것이 있다. 전자는 발산하고 분출하는 방식, 후자는 지키면서 포용하는 방식으로 접근하는 경향이 있다. 이에 대해 중국은 불만이 많다. 일본에 대해 "때로는 현실주의를 초월해서 사고해야 한다. 역사가 남겨 놓은 문제는 천천히 풀어 나가고 이익을 중심으로 소통해야 한다. 그러나 일본과는 영토 분쟁도 분쟁이지만 소통하는 사고방식의 차이가 더 힘들게 만드는 것 같다"는 요지의 입장을 토로하고 있다. 즉 일본은 민족주의, 국수주의가 너무 강해 사고 구조가 이에 함몰돼 있다는 것이다.

솔직히 말해 중국도 아직은 멀었다. 당연히 중국 스스로도 이 사실을 모르지 않는다. 아직 모든 면에서 부족하다는 것을 잘 안다. 이 때문에 지역을 리드할 생각이 별로 없을 것이다. 이뿐만 아니라 당분간 리드하려고 들지도 않을지도 모른다. 그러나 외부 세계는 그렇지 않다. 중국 국민의 사고 수준, 복지 수준은 보지 않은 채 정치, 경제, 군사적인 국력만을 직시하고 G2에 걸맞은 비용을 요구한다. 따라서 향후 중국 지도부는 국내 문제에 더욱 힘을 써야 한다. 해외에서 보는 중국에 대한 인식과의 균형을 맞춰가야 한다.

중국은 인접국과의 관계도 더욱 중시해야 한다. 현대 국제 사회에서는 손자병법의 원교근공(遠交近攻) 전략은 맞지 않다. 경제 협력의 확대와 함께 현실을 뛰어넘어 이상을 추구하는 논의도 시작해야 한다. 현대는 전쟁으로 문제를 해결할 수 없다. 역사, 영토 분쟁 등 바보스러운 사고에서 진화하게 되면 동북아 지역은 협력의 활력이 넘치게 된다. 그 매개체는 말할 필요도 없이 지역의 공통 문화가 될 가능성이 크다.

한·중·일은 모두 단오절의 이름은 같이 쓰지만 각자 그 전통 유래가 다르다. 그럼에도 불구하고 서로 자기 것이 원조라고 주장하고 있다. 지역 공동의 문화유산은 잘 보호하고 서로 즐기면 되는 것이다. 얼마 전 영국과 프랑스는 협의를 통해 항공모함을 같이 사용하기로 했다. 이는 서로에게 이익이 되기 때문이다. 또 이는 그들의 사고가 얼마나 성숙해 있는지를 보여주는 대표적인 사례이다. 과연 동북아 지역에서도 이와 같은 군사 협력이 가능하겠는가.

이런 측면에서 지역의 중심 국가로 부상하고 있는 중국의 능동적인 역할이 절대적으로 필요하다. 특히 북한 문제를 푸는 열쇠를 쥐고 있는 중국의 태도는 지역 경제 협력은 물론 안보 협력 진전에 결정적인 요인이 된다. 한국 속담에 "송장 만지고 살인 누명 쓴다"는 말이 있다. 곧 무너질지도 모르는 북한에 대한 맹목적인 지원은 향후 중국에도 불리하다. 중국 지도부에 내심 다른 계획이 있더라도 한국 국민은 드러난 사실에 분노하고 오해를 할 수 있다. 일본과의 댜오위다오 영토 분쟁 이후 중국인의 반일 시위에 중국 지도부가 난감해지듯 중국은 주변국의 정서와 국내의 욕구를 잘 조화시키고 현명하게 대처해야 한다. 그래서 각국 지도층의 비공식 접촉 외에 청소년 간의 대화와 교류도 강화해야 한다. 중국에 유학하고 있는 한국과 일본 학생들은 생활상의 문제를 일으키기는 하나 역사와 현실 문제를 객관적으로 보고 판단하려는 성숙함을 가지고 있다. 이들을 다소 다른 민족주의적 성향을 보이는 중국과 북한 학생들과 연결해 소통시키도록 하는 것은 정말 절대적으로 필요하다.

앞으로 중국은 더욱 커질 수밖에 없다. 동북아 지역의 중국화가 속도를 높여갈 개연성이 농후하다. 그러나 중국의 일방적인 독주가 돼서는 곤란하다. 또 각국이 가지고 있는 약점은 상호 협력을 통해 해결하되 중국은 한국, 일본이 동양의 문화 전통을 국가 발전에 잘 융합시킨 경험을 배울 필요도 있다. 특히 한국이 개도국 발전 과정에서 이룬 민주화 진전 경험을 벤치마킹하는 것은 중국이 위기를 헤쳐 나가는 데 큰 도움을 줄 것으로 보인다.

한국도 지난 40여 년간 일본의 성장과 함께했다. 이제는 중국을 바라보면서 성장을 지속하고 있다. 사실 한국은 주변 국가의 덕을 많이 봤다. 일부 행운도 있었다.

　중국의 안정과 지속 발전은 한국과 일본에도 아주 중요하다. 중국이 위기를 맞으면 한국과 일본에도 재앙이 된다. 급부상하는 중국, 위축되는 일본, 선진화돼 가는 한국은 마치 어항 속의 메기 두 마리와 한 마리의 붕어에 비유된다. 한·중·일 3국은 서로 견제하고 협력하고 이해하면서 어떻게든 같은 어항 속에서 잘 생존해 나가야 한다. 그러면서 동북아의 미래를 이끌어야 한다. 그래야 미래가 있고 평화가 있다. 일본의 역할도 필요하나 한·중의 협력과 역할이 절대적이라고 결론을 내려도 좋다.

　중국은 역사적으로 주변국과 상하 관계에 있었던 시간이 대부분이라 주변국과 동등하게 소통하고 판단하고 교류하는 데 서툴다. 최근 들어 글로벌 사회의 일원임을 인식하면서 조금씩 노력하지만 급성장으로 인한 관련 국들의 견제로 이마저 여의치 않아 보인다. 그나마 북한 문제로 가끔씩 마찰은 있지만 지리적·정서적으로 가까운 한국과 진심이든 의도적이든 대화하려는 모습이 엿보인다. 한국의 지정학적 특성과 경제적 위상, 미국 및 일본과의 관계를 볼 때 한국이 자신들의 가상 적이랄 수 있는 미국·일본을 읽는 창의 역할과 교류 중재자 역할이 가능하다고 보는 것이다. 한국은 주변 강대국에 의해 이리저리 차이며 눈치만 보던 구한말 시대의 한국이 아니다. 경제 강국으로서 국제 사회를 주도하는 일원으로 중국과 대등하게 외교 안보적인 정치 거래도 할 수 있는 위치다. 미래 한·중 양국의 깊은 대화는 서로를 이해하고 필요로 한다는 것을 일깨워 줄 것이다. 아울러 양국의 협력은 집 나간 아들이 돌아오듯 일본도 대화의 장으로 끌어들일 수 있을 것이다. 아시아적 가치관을 바탕으로 한 동북아 지역의 안정 및 공동 번영을 위해 한·중·일 3국의 대승적인 미래관이 필요한 시점이다.

정치와 경제를 함께 이해하라

현재 한·중 양국 간에는 경제 협력이라는 큰 원과 외교 안보라는 큰 원이 있다. 다시 말해 한·중 경협이라는 원과 한·미·일 동맹이라는 원이 바로 그것이다. 다소 상반되는 이 원 중에서 한·중 경협은 양국 FTA 체결 연구 등으로 통합의 방향을 향해 순조롭게 나아가고 있다. 반면 외교 안보 부문은 북한으로 인해 긴장이 계속되고 있다. 상충되는 것만큼이나 순조로운 면에서도 차이가 있다.

한·중 양국 간에도 경협과 안보는 서로 상충되는 요인이 있다. 당연히 이를 방치해서는 안 된다. 양국의 미래 이익에 부합하는 두 개의 큰 원이 교차되는 접점을 찾아야 한다. 나아가 교집합이 되는 부분을 넓혀가는 노력을 시도해야 한다.

그러나 현실은 별로 그렇지 못하다. 현재 경제 협력은 매우 순조롭다. 그러나 안보 외교 면에서는 다소 다른 듯하다. 중국이 한·미·일 동맹에 맞서 의식적으로 북한을 지지, 지원하고 있는 것이 현실이다. 경제 협력이 정치 긴장 관계를 완화시킬 수 있다는 논리가 많은 제약을 받고 있다. 중국의 현 체제가 변하지 않거나 민주화 진전이 없다면 현재와 같은 국면이 개선되기는 어려울 가능성이 높다. 체제가 변하지 않고서는 그 체제 속에 사는 국민들의 사고도 변하기 어려운 탓이다. 양국 간에 경제 협력과 외교 안보 측면에서 모두 공감대를 공유할 교집합을 만들어 가기에는 현실적으로 적지 않은 문제가 내재하고 있는 것이다.

과거 중·일 관계도 그랬듯 정치적으로는 차가워도 경제적으로는 좋은 관계를 유지하는 것이 가능했다. 그러나 지금은 중국 사정이 많이 변했다.

중국의 발전과 더불어 민족주의, 애국주의도 발흥하는 탓에 주변국과의 나쁜 정치 관계는 바로 경제 관계에 지장을 주게 된다.

한·미·일 동맹이 쉽게 변하기 어렵다는 전제는 이처럼 미래 한·중 간의 경제 협력에도 영향을 줄 수 있다. 이 때문에 이 부문에서 어떻게든 교집합을 마련하는 것이 소망스럽다. 이를 위해서는 두 가지 전제조건이 반드시 필요하다. 하나는 중국의 민주화 진전이다. 그러나 이 조건은 공산당 일당 독재를 규정하고 있는 중국 체제 특성상 구비되기가 쉽지 않다. 더구나 중국 국내에는 각종 문제가 산적해 있다. 다른 하나는 한국, 미국, 일본의 태도이다.

한국만을 따로 놓고 보면 한·중 양국은 우선 안보 관련 대화를 빠른 시일 내에 시작할 필요가 있다. 양국의 심도 있는 교류와 대화 채널 구축은 북한이 더 융통성을 발휘해 대화 테이블에 나설 수 있도록 유인 작용을 할 가능성이 있다. 또 이와 같은 상황이라면 중국, 한국, 북한은 협상 테이블에서 논의할 경협 방안과 지역 안보 관련 솔루션을 함께 연구하고 준비하는 것도 가능하다. 특히 차기 한국과 중국 지도자는 더욱 많은 대화 교류를 통해 경제적인 이익과 정치적인 이익 사이의 밸런스를 잘 조절해 나가야 한다.

이러한 여건의 조성을 위하여 민간부문, 연구기관 학계의 대화도 필요하다. NEAR재단이 금년 5월에 북경에서 시작한 NEAR-Qinghua 안보전략 대화가 10월에 한국에서 2차회의를 통해 더욱 기반을 조성한 것이 좋은 예가 아닐까 생각한다.

양국은 상호 경협 확대와 함께 동북아 지역 발전과 통합을 위해 함께 노력함으로써 미래 공동 이익을 위한 교감을 넓혀가는 것에도 신경을 써야 한다. 이를 위해서는 양국 간에 이슈가 되고 있는 FTA 체결에 눈을 돌리는 것도 나름의 방법이다. 만약 체결이 된다면 무엇보다 양국 간의 경제 협력이 증가하게 된다.

더불어 정치 방면에서도 어느 정도 양국 간의 마찰과 모순을 줄일 수 있다. 궁극적으로 동북아는 물론 동아시아 및 아시아 공동체 등의 지역 협력 추진에 매우 긍정적인 작용을 하는 것 역시 상정이 가능하다. 이 경우 한·중 양국은 지역 통합을 주도하는 선도적 역할을 할 수밖에 없다.

한·중 양국은 북한 리스크로 인한 정치적 충돌만 없다면 역사가 남겨놓은 문제가 크게 없기 때문에 충분히 경제와 정치가 조화를 이루면서 공동 발전을 추구하는 것이 어렵지 않다. 여기에 양국은 상호 우호적인 데다 문화적, 전통적으로 연결돼 있다. 영토 분쟁 역시 없다고 해도 좋다. 조선족을 포함한 중국인들은 한국에 가서 비교적 쉽게 정착해 살기도 한다. 또 한국이 성장할 때 추진했던 산업 정책, 무역 정책, 전환기 관리 등은 중국이 배우고 인용할 부분이 적지 않다. 한마디로 한국이 미래 중국 경제의 길라잡이 역할을 하지 말라는 법이 없는 것이다.

이 부분은 보다 자세하게 살펴봐도 좋을 듯하다. 1998년 IMF 금융위기 직후 한국은 반도체, 자동차, 철강 등의 분야에서 대대적 구조조정을 단행했다. 이 조치는 결국 제품의 경쟁력 향상에까지 이어졌다. 당시의 외환위기는 기존 경제 체제에 새로운 시스템을 단기간에 접목시키려는 시도를 했다. 그럼으로써 한국 경제는 상당한 비용을 지불했다. 그러나 장기간 지속돼 온 문제점을 알고 있으면서 스스로 해결하지 못한 경제 시스템의 개혁에 나서는 계기를 마련해 줬다. 이와 같은 한국의 경험은 중국에 아주 귀중한 교훈이 될 수 있다. 중국이 시장 관리의 소프트웨어 측면이 엉성할 뿐 아니라 사회 각 부문에 대한 경제 원리의 미 정착에 따른 불균형적 시장 발전으로 인해 언제든지 대내외적인 위기를 맞이할 수 있기 때문이다.

차기 지도자 시진핑은 큰 문제가 없으면 2022년까지 중국이라는 항공 모함을 이끌고 갈 가능성이 크다. 아무리 늦어도 이때 즈음이면 포스트 시진핑 시대가 열릴 것이라는 얘기이다. 이때에는 당연히 큰 변화가 예상된다. 우선 1인당 GDP가 1만 달러를 훌쩍 넘어갈 가능성이 크다. 당 총서기와 총리가 해외 유학에서 돌아온 이른바 바다거북인 하이구이(海龜, 해외 귀국파 하이구이海歸와 발음이 비슷해 이렇게도 부름)들 중에서 배출되지 말라는 법도 없다. 이렇게 되면 중국은 전근대, 근대, 탈근대가 어우러진 복합 사회를 벗어나 명실상부한 선진국으로 향해 달려 나가게 된다. 그러나 이렇게 되기 위해서는 중국은 다음과 같은 네 개의 다리를 건너야 할 것이다.

우선 신뢰, 투명성, 법질서를 근간으로 하는 사회적 자본화의 다리를 건너야 한다. 둘째 정부와 시장의 균형 속에서 시장형 사회 지배 구조의 다리를 건너야 한다. 다음으로 실물 경제와 궤를 같이하는 금융 혁신의 다리 역시 운명적으로 직면해야 한다. 마지막으로 국제적 영향력에 상응하는 국제적 지도력 자질 및 능력을 시험받는 국제 사회 지도력의 다리를 통과해야 한다. 이뿐만이 아니다. 경제 실물 분야에서도 해결해야 할 문제가 많다. 먼저 지역적으로 아직도 낙후돼 있는 중서부 내륙 지역에 대한 투자를 통해 성장을 이끌어야 한다. 상대적으로 낙후한 서비스 산업 역시 성장 궤도에 올려놓지 않으면 안 된다. 우주 산업, 태양광 에너지 및 풍력 등 그린 에너지 산업 등의 신흥 부문에 대한 투자를 늘림으로써 기술적으로도 도약할 가능성을 타진해야 한다.

마지막으로 아직 47%에 지나지 않는 도시화 수준에 박차를 가하는 것도 소망스럽다. 이 모든 부문에서 한국은 중국에 정도와 시기의 차이는 있으나 교집합을 공유하고 있다고 해야 한다. 한국이 도움을 주는 길라잡이 역할을 하는 게 가능하다는 얘기이다.

한 국가의 발전은 세계와 주변국과의 협력과 밀접하게 연관돼 있다. 함께 발전해 나가는 것이 정말 중요하다. 한·중 양국은 더 말할 나위도 없다. 상호 보완성도 커 미래의 협력 공간이 아주 넓다. 이는 항상 걸림돌이 되는 정치적 문제도 극복하는 밑거름이 될 수 있다. 향후 한·중 양국은 서로의 입장을 이해하고 포용하는 자세를 보여야 한다. 양국 간의 각종 문제를 대화 채널을 통해 풀어나가야 한다. 이런 가운데 경제 협력과 외교 안보 사이의 접점을 찾아 그 교집합을 넓혀가는 노력을 함께 한다면 양국의 이익은 배증할 가능성이 높다. 말할 것도 없이 북한 문제도 쉽게 접근할 수 있는 길이 생긴다고 단언하고 싶다.

현재 한·중 양국의 경제 협력은 역사적으로도 그 사례가 많지 않을 정도로 순조롭다. 강력한 상호 보완성으로 인해 중국은 한국의 자본, 기술, 선진 경영이념의 도입을 통해 국민경제가 발전하고 고도화되고 있다. 한국은 인접국의 거대한 외부 수요 창출로 지속 발전을 도모할 수 있게 되었다. 비록 북한 문제가 양국 관계에 영향을 미칠 수도 있으나 현재 양국 간 민간 교류를 보면 외교 안보 문제와 경제 협력이 서로 얽히지 않으면서도 투 트랙으로 잘 발전할 수 있다는 것을 나타내주고 있다. 이는 양국이 각자 자신의 근본 이익을 추구하면서도 동시에 역사·문화·사상 등 동방 유산의 상당 부분을 공유하기 때문에 가능한 일이다. 중국의 12·5 계획의 핵심인 '포용과 조정'처럼 향후 양국은 서로의 처한 입장을 이해하고 존중하며 한반도의 영구 안정과 발전을 위해 결자해지 차원에서 함께 노력해 나가야 할 것이다.

지도자의 성향이 미래를 결정한다

현재 한국과 중국 사이에는 외교 안보 전략을 둘러싼 정치적 견해 차이가 분명 존재한다. 그럼에도 2012년 말 양국의 새로운 지도자가 선출된 이후 문제가 더욱 복잡하게 얽힐 가능성은 상대적으로 작다. 더불어 견해 차이도 점차 좁혀질 것으로 예상된다. 이렇게 전망하는 이유는 간단하다. 중국의 새로운 개혁·개방이 계속되면서 양국 간 외교 안보에 대한 간격이 점차 줄어들 것으로 보이는 탓이다. 이 경우 정치적 아이디어가 생겨나고 그 가치는 공유가 될 것이다. 당연히 수교 이후 지금까지 지속돼 온 20년의 한·중 관계보다 향후 5년 동안의 관계가 더 중요해질 수밖에 없다. 실제로도 향후 양국 간에는 많은 변화가 일어날 개연성이 크다. 하지만 그것은 긍정적인 변화가 될 것이다. 양국 정부는 말할 것도 없고 더욱 많은 지식인과 국민이 서로를 이해하려고 노력해야 한다.

부언하건대 중국은 경제뿐만 아니라 지역 안보 문제에 있어서도 전환기에 접어들었다. 지금까지는 미국이 지역의 안보 문제를 주도해 왔다. 그러나 향후 10~15년 이후부터는 각국이 중국과 안보 문제를 얘기하려 할 것이 분명하다. 이미 몇몇 강국은 이 문제를 인식하기 시작했다.

한국과 중국 역시 한·미·일 동맹 관계가 단기간에 깨지기 어려운 상황 속에서 이 문제를 놓고 지금부터라도 얘기를 시작할 필요가 있다. 다행히 중국의 정치권과 군부의 주류는 한·미 동맹을 그렇게 걱정하지는 않는 것 같다. 한·미 동맹의 창끝이 직접 중국을 겨냥하고 있다고 생각하지 않기 때문이 아닌가 한다.

긴 안목에서 볼 때 한·중 관계는 밝다. 우선 북한이 10년 내에 무너질 가능성이 많다. 지리적, 문화적으로도 한반도 통일은 중국에 유리하다. 통일 한국과 베이징 사이에 고속철도가 놓이면 베이징에서 한국 가는 길은 고작 2~3시간 남짓이다. 중국이 남북 통일을 지지하면서 통일된 한국은 향후 30년 이후 일본을 추월할 가능성도 없지 않다. 따라서 양국 정부는 물론 지식 계층, 민간, 군사 쪽에서도 양국의 미래를 위해 지금부터 대화를 시작할 필요가 있다.

한국도 이런 상황에 대비해야 한다. 중국과의 대화 채널 구축과 함께 북한이 단기적으로 개혁·개방의 전향적인 자세를 보인다면 주동적이고 포용적인 자세로 남북 직접 대화를 전개하는 것이 소망스럽다. 이렇게 해서 한반도가 안정을 찾으면 한국은 중국과 군사 동맹을 맺고자 할 수도 있다. 물론 많은 주변 국가는 한국과 중국이 동맹 관계로 발전하는 것은 불가능하다고 생각한다.

또 한국이 중국과 지속적인 교류를 이어가는 것은 말처럼 쉽지 않다. 한국이 5년 단임 대통령제이기 때문에 5년에 한 번씩 체제가 바뀌는 탓이다. 그래서 중국은 한국 지도자와 한국 정치인을 잘 모른다. 현재 중국에서 그나마 유명한 한국의 정치가는 중국 지식인들과 교류가 잦았던 김대중 전 대통령 정도이다. 반면 현 이명박 대통령은 잘 모른다. 더구나 중국 정치의 중심지인 베이징 지식인들의 한국에 대한 관심은 최근 이 대통령의 중국 무시 정책으로 인해 많이 저하됐다.

중국은 한국이 미국에 상당히 경도돼 있다는 사실을 잘 알고 있다. 이 때문에 한·중 양국 간에 정치적 장애가 생기게 된다는 사실을 인정해야 한다. 그럼에도 양국 정상은 앞으로 더 많은 교류와 대화를 통해 오해가 발생하는 것을 원천적으로 봉쇄해야 한다. ASEM이나 APEC의 공개된 장소보다 비공개된 장소에서 알맹이 없는 내용은 지양하고 보다 실체적이고 구체적으로 대화를 해 나가야 한다. 또 솔직하고 오픈된 자세로 토론과 대화를 나눠야 한다.

정당 간의 교류 역시 중요하다. 이 점에서는 중국 공산당과 북한의 노동당 간의 교류가 지속적이고도 깊은 관계를 이어왔다는 사실에 주목할 필요가 있다. 중국과 북한 관계는 형식적인 교류가 아니라 장기적이고 전략적으로 실체적인 대화를 해 왔기 때문에 가능했다. 한·중 양국 역시 이런 전략 대화를 지금부터 시작해야 한다.

걸림돌이 없지는 않다. 천안함 사건에 대한 중국의 뜨뜻미지근한 입장이 그렇다. 한국인의 감정이 많이 상해 있다. 중국이 표면상으로는 북한을 지지하나 심적으로는 한국을 이해한다고 하더라도 이는 매사가 분명하고 화끈하면서도 단순하고 흥분을 잘하는 한국인에게는 용납되지 않는 태도라고 해야 한다.

이런 측면에서 양국은 서로를 잘 이해하고 상호 심층 대화가 가능한 인재를 육성해야 한다. 중국은 한국에 엄청나게 많은 것을 바라지 않는다. 외교 정책에 있어 한국이 한쪽으로 쏠리는 일 없이 공평하고 공정한 태도만 보여도 만족한다고 한다. 중국의 내심에 귀를 기울이고 한국의 견해를 전달하는 밀담 형식의 교류를 시작해야 한다.

의제로는 한·중 FTA, 공동 첨단 기술 개발, 공동 군사 훈련 등을 상정할 수 있다. 설사 주한미군이 한국에 존재하더라도 한국은 양쪽으로 균형 외교 전략을 추진하는 것이 가능하다. 중국은 외교 안보 전략에 한국을 끌어들일 필요가 있기 때문이다. 한국도 이를 염두에 두고 미래 외교 전략을 세워야 한다.

2012년 말이 되면 한국과 중국에서는 동시에 지도자가 바뀐다. 밖에 공개되지 않는 밀담이 필요한 시기가 다가오고 있다. 밀담이 성사되기 위해서는 우선 양국 정부에 영향을 줄 양국 전문가의 내부 토론이 필요하다. 이는 소위 NGO의 임무와 역할이라고 해도 좋다. 양국에 비판적인 지식인이 있는 것도 정상이다. 일부 의견을 침소봉대하면서 해석할 필요도 없다. 한국의 지식인이 미국적 사고를 아직 떨쳐버리지 못했듯 중국도 아직 사고가 성숙하지 못하고 있다. 의견 개진에 대한 논리력도 부족하다. 그러나 이게 걸림돌이 돼서는 안 된다.

한·중 양국의 오피니언 리더 그룹 역시 각자의 체제 및 사상의 한계를 극복하고 미래 양국의 국익에 부합하는 대화 노력을 경주해야 한다. 특히 한국과 중국의 정상급 인사, 학자의 교류를 통해 양국 정부에 영향력을 발휘해야 한다.

마지막으로 한국과 중국의 새 지도자들과 한·중 미래를 걱정하는 양국의 선구자들이 할 일이 있다고 생각한다. 그것은 북한 문제의 평화적 해결을 위한 새로운 대화와 기초 작업을 시작해야 한다는 것이다. 이렇게 하면 한국, 중국, 북한 3자 간에 새로운 관계가 형성되는 것이 가능하다. 또 이 관계는 지역 내 외교 안보 문제를 해결하는 결정적 계기가 될 것이다. 이 관계 형성을 하는 데 걸리는 시간은 짧으면 짧을수록 좋다.

2012년에 한·중 양국의 지도자와 지도부가 모두 바뀐 이후 향후 5년간은 미래 한국과 중국을 위해 참으로 중요한 시간이다. 역사의 흐름이 양국 편에 있다면, 한반도를 둘러싼 강대국 간의 얽히고설킨 이해 관계에 대한 관련국의 조정과 합의가 불가능해 보일지라도 양국에서 영민한 지도자와 혜안을 지닌 선구자들이 나타나 운명적인 기회를 놓치지 않고 미래 한반도 통일과 한·중 공동 번영을 위한 큰 밑그림을 그리게 될 것이다.

에필로그

★

한 · 중 추격전은 시작되었다

7년 만에 중국 친구들을 만났다. 그들의 얼굴에서 세월의 흔적을 느꼈다. 그러나 오히려 더욱 활력 있는 모습에 위안과 놀라움이 교차했다. 세계 속으로 뻗어나가는 중국의 발전이 그들의 몸과 마음에도 영향을 미치는 모양이었다. 친구들은 다들 정부와 대학, 연구소 등에서 조직의 책임자가 돼 있었다. 예전과 다름없이 각자의 분야에서 열정적으로 연구와 임무를 수행하고 있었다. 다소 노화된 모습과는 대조적으로 중국 친구들의 눈빛은 아직 살아 있었다. 대담을 시작하기가 무섭게 담론들을 쏟아냈다. 7년의 세월이 그들의 내공을 더욱 다져놓지 않았나 싶다. 친구들은 중국의 정치, 외교, 경제, 사회 등의 문제를 놓고 국내외를 넘나드는 사고로 자신들의 견해를 피력했다. 중국 국내 문제에만 천착해 있던 그들의 사고가 7년 전에 비해 글로벌화된 것이다. 이 때문에 본의 아니게 중국의 세계관, 중·미 관계, 중국과 북한 관계, 중국의 지역 안보 전략, 중국의 한국관, 중국의 한반도 통일에 대한 시각 등을 체계적으로 들을 수 있는 호기를 잡을 수 있었다. 더불어 필자의 사고와 시각이 끊임없이 확장되는 기쁨도 느꼈다. 그러나 권한이 커지면 책임도 커지는 법이다. 그들은 자신들이 속한 조직에 대한 책임은 물론 중국의 세계에 대한 책임과 스스로의 지속 가능한 발전, 지속 가능한 안정에 대해 우려하는 모습도 보여줬다. 그들은 중국의 문제점이 무엇인지 잘 알고 있었다. 그래서 어쩌면 한국이 더욱더 미래 중국의 길라잡이 역할을 자임해야 할 필요가 있을지도 모르겠다.

나는 중국이 선진국에 진입하려면 앞으로 4개의 다리를 건너야 할 것이라고 믿는다. 그들이 과연 그 4개의 다리를 건너 선진국 반열에 오를 수 있을까? 아니면 강력한 중진국으로서 국력은 크나 질적으로는 발전도상인 나라로 남을 것인지 필자로서는 지금 판단이 서지 않는다.

즉 신뢰와 투명성을 기본으로 하는 사회적 자본의 다리, 정부와 시장이 수평적으로 분업하고 사회 지배 구조 속에서 민간의 자율과 창의가 미래의 성장 동력과 사회 안정을 유지하는 사회 지배 구조의 다리, 실물 경제의 발전과 함께 화폐 경제가 이를 효율적으로 뒷받침하도록 하는 금융 혁신의 다리, 전 지구적 문제에 해법을 제시하고 그리고 응분의 비용 부담에 기꺼이 응하는 세계적 리더 국가가 되는 국제 지도력의 다리다.

아직도 중국에는 법치가 이루어지지 못하고 가짜 상품이 범람하고 부정부패와 사회 비리가 만연하는 개도국 증후군이 잔존하며, 국민의 정신세계를 지배하는 가치 체계의 혼돈 속에서 돈이면 무엇이든 가능하고 돈을 숭배하며 인류의 높은 가치보다는 국수주의적 민족주의가 확산되고 있다.

나는 이 책을 통해 중국을 어느 정도 이해할 수 있기를 기대하고 있다. 그럼에도 한국이 대중국 전략을 수립하는 데 있어 꼭 알아야 할 것들을 노파심에서 다시 첨언해 보고자 한다.

우선 중국 지도부가 제한적이기는 하나 장기적인 비전을 가지고 있다는 사실이다. 이는 차기 지도자들인 시진핑, 리커창에게서 더욱 두드러진다. 이들이 은퇴하는 2020년께에는 중국의 모습이 훨씬 달라질 것이라는 얘기가 나올 수밖에 없다. 당연히 모습은 긍정적일 것이다.

민족적인 자존심, 다시 말해 내셔널리즘의 목소리는 이전보다는 훨씬 커질 것으로 예상된다. 다행스럽게도 현재는 중국의 장기 발전과 세계 속의 중국을 지향하면서 사회적 자본화, 민주화, 시장 체제 강화, 구조조정, 지속 가능한 성장을 추구하는 이성적인 그룹의 목소리 역시 들린다. 물론 장기적으로는 후자의 세력이 더 커질 가능성은 높다. 따라서 당분간 한국은 중국을 바라보는 시각과 자세에 있어 침착해져야 한다. 인내심도 가질 필요가 있다. 그러면 장기적으로는 과거 어느 때보다 좋은 한·중 관계가 분명 다가올 가능성이 높다.

통일 한국의 도래 가능성 역시 높아진다. 『한국을 보는 중국의 본심』을 쓴 이유도 바로 이런 사실을 강조하고 싶어서였다. 내용 중 상당한 부분을 중국의 진정한 속내를 파악하는 데 비중을 두었다.

그러나 이 책을 독자 여러분께 바치면서 몇 가지 상념이 나의 머릿속을 떠나지 않는다. 아직도 중국이라는 나라의 실체를 해부학적으로 분석해 적나라하게 보여드리지 못했다는 점이 첫 번째 아쉬움이다. 중국은 참으로 난해한 나라다. 평생 공부해도 다 알 수 없는 큰 나라, 다양한 나라, 강한 나라, 문제점 많은 나라, 계속 변화하고 진화하고 창조적 파괴가 진행되는 나라를 단지 8년 정도 단편적으로 보고 들었으니 그 지식의 천박함이며 직접 체득한 경험의 경박함을 부인할 수 없다.

둘째, 중국이 한국의 미래에 큰 도움을 주겠지만 큰 위험 요소이기도 하다는 점이다. 중국은 힘으로 세계를 지배하기에는 부족하고 소프트파워

(Soft power)로 세계를 지도하기에는 거리가 있는 나라다. 옛 소련처럼 하드파워(Hard power)로 지구의 일부를 지배하다 주저앉는 제한적인 국가라고 생각한다. 앞으로 한국과 중국이 얼마만큼 서로 필요하고 중요한 나라가 될지는 주변 환경 변화와 중국의 변화 방향과 속도에 큰 영향을 받을 것이다. 현재로서는 그들이 강대국의 흥망성쇠의 운명적 경로를 그대로 답습할 것 같은 우려가 앞서는 이유는 무엇 때문일까?

셋째, 한국은 중국이 잘못될까 봐 가장 걱정을 많이 하는 나라에 속한다. 중국이 잘못되면 한국도 크게 손상을 입을 수 있기 때문에 한국이 잘 되려면 중국이 잘 되어야 하는 공동운명체와 비슷한 관계다.

그러나 중국이 너무 잘 되고 너무 커지고 발전하면 한국에는 여러 가지 위협 요인이 되기도 한다. 중국이 주도하는 동아시아 질서에 한국이 순응해야 할지도 모를 일이다. 그래도 우선은 중국 경제, 사회, 정치 발전이 순항하기를 기원할 수밖에 없다.

장기적으로 중국은 한국과 절대로 적대할 수 없다. 아직은 한국이 미국의 파트너로서 미국 중심의 세계 질서에 순응하고 있지만 결국 중국과 한국은 한 배를 타야 하고 같은 꿈을 갖는 동질적인 나라가 될 것이라고 그들도 믿고 있다.

그러나 현재의 중국은 참으로 복잡 미묘하고 불안하게 국력을 키워가며 내부를 유지하고 있다. 앞으로 어떻게 바뀔지 확신이 서지 않지만 최소한, 현재의 영토를 통일 국가로서 공고히 지키면서 주변 국가와 친화하고 미국, 일본, 러시아 등 잠재적인 안보 대치국과의 군비 경쟁에도 박차를 가할 것이다. 이 과정에서 한국의 외교안보 전략은 방향성을 갖고 유연하면서도 신뢰 있게 확립해 가야 하는데 미국과 중국 사이에 균형 감각을 키워서 생존 방정식과 통일 방정식을 동시에 풀어야 하는 고난도 게임을 성공적으로 수행해야 한다.

세계 질서의 재편과 환경 변화를 고려할 때 우리는 중국을 속속들이 알아야 하고, 그들과 각 분야에서 공개적으로나 밀담을 통해 긴밀히 소통하고, 서로의 입장이 충분히 고려된 상호 공존의 생존 전략을 추구해 나가야 한다.

그러나 지금 그것이 제대로 진행되고 있는지 확신이 없다. 중국 전문가도 별로 키워놓지 못했고 인적 네트워크도 잘 만들어놓지 못했다. 북한을 사이에 두고 심한 갈등을 겪으면서 오해와 반목도 커지고 있다.

중국과 동질화되면서 차별화하고 중국의 대국화에 선진국화로 대응하면서 한국이 중국의 영원한 추격(Catch up) 대상으로서 위치를 확고히 하는 길은 우리 모두가 깨어 있는 것이다.

따라서 한국의 선진국 추격은 계속되어야 하며 기술력의 한계를 뚫고 중국과의 기술 거리를 계속 확대하며 자유와 복지 그리고 높은 생산성의 나라가 되는 것만이 중국의 번영과 흥망성쇠 과정에서 흔들리지 않고 중국과 차별화된 번영을 지속할 수 있을 것이다. 긴 호흡을 갖고 길게 보며 우리의 능력과 잠재력을 키워야 한다.

한국이 선진국 경제구조에 진입하면 불가피하게 발전 여백(余白)이 축소된다. 포화상태의 일본, 구미 제국의 노화 현상이 이를 보여준다. 그런 면에서 한국은 중국이라는 방대한 여백을 활용할 수 있어 행복하다. 젊은이들의 분노와 답답함도 이를 통해 해소할 수 있지 않을까 생각한다.

다가오는 복지의 확장기를 지나면서 지난 반세기에 경제 발전을 이룩한 한국의 저력이 유감없이 발휘되어 복지 확대기에 후발자 이익(Late comer Advantage)을 최대한 살려나가는 지도력이 필요하다. 높은 사회적 생산성,

실현 가능성, 지속 가능성을 3대 요소로 하는 새로운 한국형 복지 모형을 창출하는 지혜로운 국민이 돼야 한다.

여기에서 국민의 마음을 하나로 동이는 끈이 필요할 것이다. 물개 숨을 쉬지 말고 고래 숨을 쉬며 다음 세대를 이끌고 갈 영웅적 리더를 큰 바위 얼굴 기다리듯 기다려야 한다.

이 책은 필자의 저작이기는 하나 앞서 언급했던 친구들의 도움이 없었다면 출간되지 못했을 것이다. 그들의 미래 전망에 대한 영감, 학문적인 솔직한 자세, 한마디라도 더 해 주려는 우정이 이 책의 근간을 이뤘다는 얘기이다. 그래서 책의 말미에 이들의 이름을 감히 적어보는 용기를 냈다. 중국 체류 중에 그 많은 질문에 답해 주시고 이 책의 내용에 상당한 기여를 해주신 여러분의 명단을 적어 본다.

위융딩(余永定): 중국사회과학원 전세계 정치경제연구소 소장

장쑤광(張曙光): 중국사회과학원 교수

스샤오민(石小敏): 중국경제체제개혁연구회 부회장

마오위쓰(茅于軾): 베이징 톈쩌(天則)경제연구소 이사장

왕즈웨이(王志僞): 베이징 대학 경제학원 교수

류스진(劉世錦): 국무원 발전연구중심 부주임

예즈청(葉自成): 베이징 대학 국제관계학원 교수

차이팡(蔡昉): 사회과학원 인구 및 노동경제연구소 소장

주바오량(祝寶良): 국가정보센터 부주임

성훙(盛洪): 베이징 톈쩌(天則)경제연구소 소장

리이후(李義虎): 베이징 대학 국제관계학원 교수

장즈룽(張植榮): 베이징 대학 국제관계학원 교수

추수룽(楚樹龍): 칭화 대학 공공관리학원 교수

왕젠(王建): 국가발전개혁위원회 중국거시경제학회 부회장

후안강(胡鞍鋼): 칭화 대학 국정연구센터 주임교수

류장융(劉江永): 칭화 대학 국제문제연구소 교수

팡중잉(庞中英): 중국인민대학 국제관계학원 교수

허판(何帆): 중국사회과학원 세계경제정치연구소 부소장

린솽린(林双林): 베이징 대학 경제학원 교수

스인훙(時殷弘): 중국인민대학 국제관계학원 교수

류민취안(劉民權): 베이징 대학 경제학원 교수

샤오천(蕭琛): 베이징 대학 경제학원 교수

류란뱌오(劉蘭飈): 난카이 대학 국제금융연구센터 주임교수

황차오한(黃朝翰): 싱가포르 국립대학 동아시아연구소 교수

판웨이(潘維): 베이징 대학 국제관계학원 교수

옌쉐퉁(閻學通): 칭화 대학 국제문제연구소 소장

장하이빈(張海濱): 베이징 대학 국제관계학원 교수

국경과 민족, 나이 등을 초월해 학문적 우정을 나눈 이들의 건강을 빌어 마지않는다.

2011년을 보내며 어느 고즈넉한 저녁녘에

여의도 니어재단 연구실에서 정덕구